真言秘密の魔力
実修法 通信伝授 秘録

木原鬼仏

眞言秘密の魔力

實修法秘錄

通信傳授

（全四巻合本）

靈術道場

弘法大師御影像

役の行者

神變大菩薩御影像

開講の辭

卍、風は曠野に收つて烟條直しとかや。万籟寂たる深山の巖洞に獨座淨念、靜かに万象の行方を尋ね、徐ろに本有の風光を想へば心はいつしか悠久なる無盡莊嚴の靈域にわけ入りて生死を斷ち涅槃を斬る阿字の一刀は戛々として腰間に自から聲あり、文殊殺佛の利劍は空に倚りて夏尚ほ寒きを覺え、眼を開けば白光の淨界、忽然として現前するに會す。これ吾等が本有の宮殿にあらずや。これ吾等が本倶の大魔力にあらずや。

卍、思ふに方今物質万能の夢漸く覺めて、靈界に現實的奇蹟を求めんとし、之れに憧憬するもの多きの運に會しぬ。奇蹟の力を迷信なりとして一笑に附するの時代は既に去れり、奇蹟は人間の力なり、神變不可思議の神通力は人力の發現し得る所なり、之を熱望して眞面目に修練するものの日々多きを加へ來る、亦喜ぶべきに非ずや。然れども此の時に當りて不健全なる實修法は何等の靈力を獲得し得ざるのみならず、ますく\靈力は失なはしむ。今や、諸子は、我が眞言祕密の實修法の出現に感激し、あらゆる他の靈的會團をば後《しりへ》に見て玆に本道場に入門し、今より玄理妙々なる眞言靈術の傳授を受けんとす。諸子の決心や、夫れ大いに祝福すべきかな。

卍、本祕錄の執筆に際しては齋戒沐浴、大斷食の行をなし、神嚴なる光明眞言の三昧に住しつゝ全身の丹誠を罩めて之を謹書し、尚ほ其の上は勿體《もつたい》なくも春日大明神と不動明王との大開眼を施したれば本祕錄は此のまゝ有難き御尊體とも云ひべきなり。斯くの如く本祕錄は絶對的の神聖を保持するものなれば、不淨の手を以て之に觸れ、不淨の心を以て之を讀み、或ひは伏臥しつゝ讀むなど、本祕錄の神聖を穢すの行爲は斷じて之れあるべからず。即ち宮殿の如き小祠でも設けて其の御厨子《おづす》の中に本祕錄をば御神體として祭り込み、斷えず燈花香など献じて跪拜し、本道場門生以外の者には斷じて此の表紙すら見せるべからず。

卍、右の如く本祕錄の中には絕大なる神佛の魂《たましひ》を吹きこみ偉大なる靈力の精氣が罩り宿れるを以て、本祕錄の表紙に手を觸れたるだけでも、電氣に打たるゝ如くピリ〳〵と手が痲痺《しび》れるほどなれば、内容の神驗《あらたか》なるは、また云ふまでもなし。

よろしく本祕錄に手を觸れんとする前には必ず光明眞言二十一遍づゝを唱へて、而して後ち、之を手にせよ。たとへ小冊子なればとて決して輕侮の念を起すべからず。同じく紙製の印刷物なれども、他の書物と大いに其の實質が異《ちが》ふぞよ。

卍、而して、本祕錄を一段《いっん》ん讀み出したならば一字一句と雖も忽《ゆるかせ》にせず始めから終りまでよく熟讀玩味し、苟しくも拔讀《ぬきよみ》するが如きこと決つして之れあるべからず。拔讀《ぬきよ》み、拾讀《ひらひよ》みは啻に本祕錄の神聖を冒瀆するのみならず、内容をも了解し能はざらん。これ本祕錄に於ては故《ことさ》らに章を設けず、書き流しにして抜讀みを防げる所以なり。されば入門者たるものは、よく熟讀玩味、七度び繰返し讀みて、而して徹底的の實修に取り掛れ。誠意と熱心との充實は、以つて諸子に遠からず大魔力と大神驗とを與へん。夫れ大いに奮發して實修し、以つて一日も早く實驗報告の提出を望む。

靈術道場

第壹巻　初傳の部

虎の巻

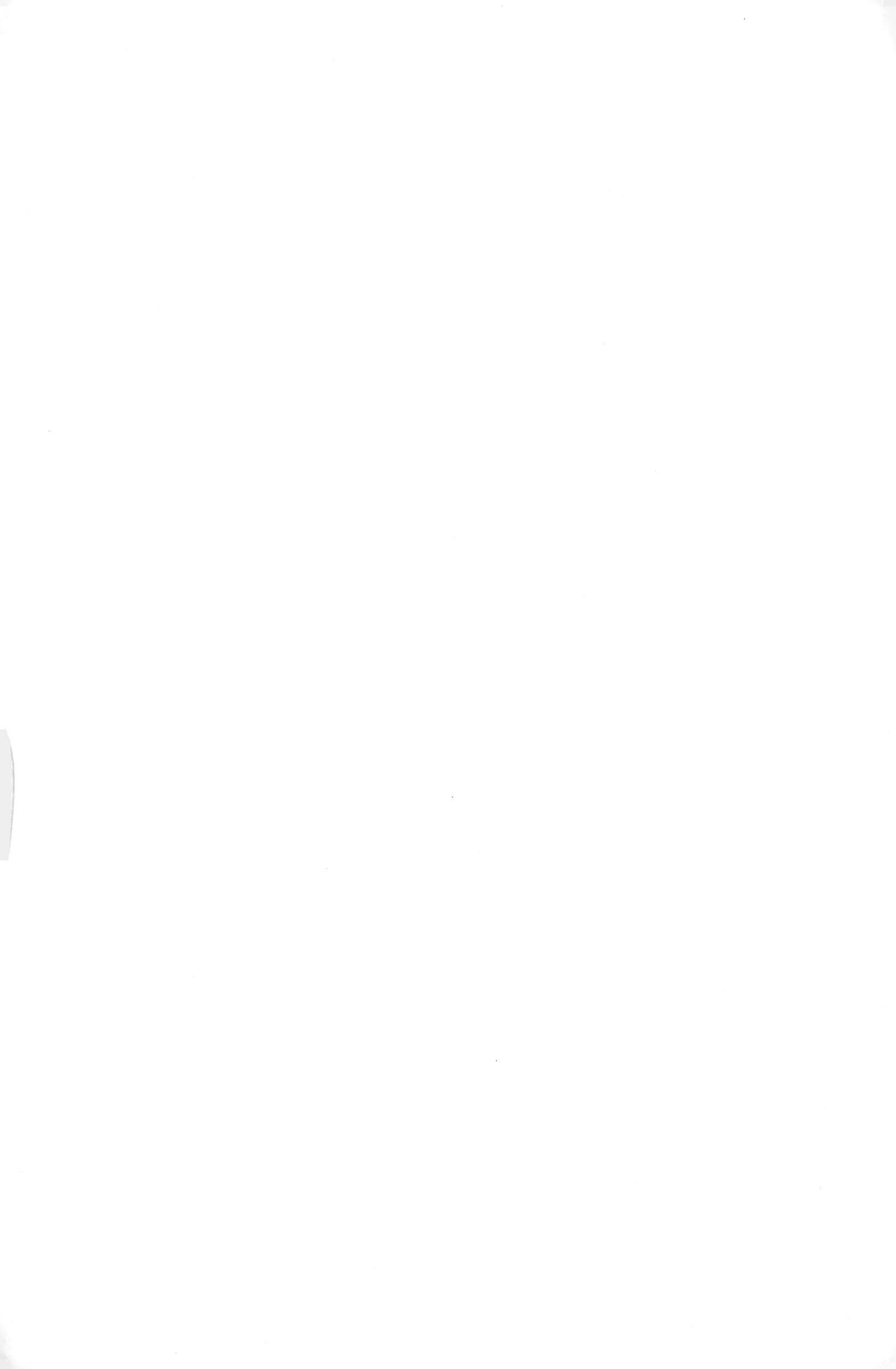

大師流の文字『南無大師』

有難《ありがた》や『虎の巻』

靈術道場

◉掛卷母《カケマクモ》恐伎《カシコキ》、大元能《オポモトノ》父母登《チチハハト》仰奉利《アフギタテマツリ》、我靈術道場《ワガレイジユツドウゼウ》及《ノ》神聖奈流《シンセイナル》總本山《ソウホンサン》登崇《トアガメ》奉利《タテマツリ》天祖大神遠《アマツミオヤノオホカミラ》始奉利《ハジタタテマツリ》道能《ミチノ》御祖登《ミオヤト》慕奉流《シタヒタテマツル》。富士岳《フジタケ》高神德開分命能《タカミ井ヅヒラキワケノミコトノ》、宇頭能《ウヅノ》御前仁《ミマヘニ》、身毛《ミモ》心毛《ココロモ》打淸米《ウチキヨメ》天《テ》恐美恐美毛白左久《カシコミカシコミマチサク》、天地能位正之久《アメツチノクライタダシク》、四季能《ヨツノ》時候違波受《トキタガハズ》、萬物蕃殖榮方《ヨロヅノモノウマハリサカヘ》、人道開進美《ヒトノミチヒラケススミ》、天下參利《アメノシタマ井リ》國治麻利《クニオサマリ》行久《ユク》、廣伎《ヒロキ》厚伎《アツキ》大《オホ》

御陰能《ミカゲノ》中仁《ナカニ》毛《モ》、掻鳴須也《カキナスヤ》玉能《タマノ》小琴能《ヲコトノ》殊更仁《コトサラニ》、奇之伎《クシキ》御靈遠《ミタマヲ》奉蒙良麻久止《カガフリマツラマクト》、我《ワガ》靈術道場能《レイジユクドウゼウノ》木原鬼佛我《キハラキブツガ》、一向仁《ヒタスラニ》願白志《ネギマヲシ》請白須《コヒマヲス》、其眞心能《ソノマゴコロノ》緒呂遠《オロヲ》中取持天《ナカトリモチデ》、今日能《ケフノ》吉日仁《ヨキヒニ》心盡能《ココロヅクシノ》幣帛於《ミテグラヲ》捧奉利《サヽゲタテマツリ》、嚴乃《イヅノ》神法執行比《カミツサトリオコナヒ》仕奉良久遠《ツカヘタテマツラクヲ》、神長柄毛《カムナガラモ》阿波禮止《アワレト》見行之《ミソナハシ》、米具志止《メグシト》聞召天《キコシメシテ》、雜々乃《クサ〴〵ノ》枉難波《マガゴトハ》、科戸乃《シナドノ》風仁《ガゼニ》雲霧乃《クモキリノ》晴流々《ハルル》事乃《コトノ》如久《ゴトク》、旭乃影仁《アサヒノカゲニ》露霜乃《ツユシモノ》消由流《キユル》事乃《コトノ》如久《ゴトク》、拂比除計《ハラヒソゲ》給比《タマヒ》、諸々乃《モロ〳〵ノ》福利波《サチハ》、水分乃《ミクマリノ》水仁《ミヅニ》草木乃《クサキノ》潤布《ウルホフ》事乃《コトノ》如久《ゴトク》、烏羽玉乃《ウバダマノ》暗路仁《ヤミヂニ》燈火遠《トモシビヲ》得多流《エタル》事乃《コトノ》如久《ゴトク》、惠美《メグミ》助給比天《タスケタマヒテ》、凡天《スベテ》凶事波《マガゴトハ》吉事止《ヨゴトト》反之《カヘシ》給比《タマヒ》、吉事波《ヨゴトハ》彌幸久《イヤサキク》進給比《ススメタマヒ》、萬乃事等《ヨロズノコトラ》爲須《ナス》我隨仁《ガママニ》事麗之久《コトウルハシク》成良之米《ナラシメ》給比《タマヒ》、求流我隨仁《モトムルガママニ》、事速計久《コトスミヤケク》得左之米《エサシメ》給比天《タマヒテ》、行力《ゲウリキ》毛《モ》魔力《マリキ》毛《モ》法力毛《ホウリキモ》神通力毛《ジンツウリキモ》富士乃《フジノ》高嶺仁《タガネニ》月日影《ツキヒカゲ》、匂比《ニホヒ》照合布《テリアフ》事乃《コトノ》如久《ゴトク》、面照足波之《オモテリタラハシ》給比《タマヒ》、壽命毛《イノチモ》心根毛《ココロネモ》富士乃《フジノ》御山乃《ミヤマノ》烏帽子石乃《エボウシイハノ》、雨降里《アメフリ》風荒倍士毛《カゼスサベドモ》、動久事無久《ウゴクコトナク》變流《カハル》事無伎《コトナキ》事乃《コトノ》如久《ゴトク》、面變里《オモガハリ》爲受《セズ》、彌高仁《イヤタカニ》彌堅石仁《イヤカキハニ》、守幸給方止《マモリサキハヘタマヘト》、平手拍上計天《ヒラテウチアゲテ》恐美恐美《カシコミカシコミ》毛白壽《マヲス》。

◉高天原仁《タカマガハラニ》 神留坐須《カムトマリマス》 皇親神漏岐《スメムスカムロギ》神漏美《カムロミ》乃《ノ》命乎以弖《ミコトヲモッテ》 釜所乃《カマトノ》御前仁《ミマヘニ》 謹而《ツツシミテ》言《マヲサク》、歸命《キメウ》
頂禮《チヤウライ》 六根《ロクコン》清淨《セウジヤウ》ニ 眞言宗《シンコンシウ》本尊《ホンゾン》南無《ナム》金剛界《コンゴウカイ》大日如來《ダイニチニヨライ》、胎藏界《タイゾウカイ》大日如《ダイニチニヨ》
來《ライ》、南無《ナム》大聖《タイセウ》不動明王《フドウミヨウワウ》、南無《ナム》龍猛《リウメウ》龍樹菩薩《リウジユボサツ》、南無《ナム》空海《クウカイ》弘法大師《コウボウダイシ》、
大峯《オホミネ》開祖《カイソ》役行者《エンノゲウジヤ》南無《ナム》神變大菩薩《ジンベンダイボサツ》、修驗道《シユゲンドウ》中興《ノチウコウ》南無《ナム》理源大師《リゲンダイシ》、陰陽《オンヨウ》
道乃行者《トウノゲウジヤ》南無《ナム》歸命頂禮《キメウチヨウライ》阿部《アベノ》晴明《セイメイ》、兩部神道《リヨウブシントウ》乃祕密《ノヒミツ》相承《ソウゼウ》南無《ナム》春日大明《カスガダイメウ》
神《ジン》、南無《ナム》三國列祖《サンゴクレツソ》一切三寶《イツサイサンボウ》日本國中《ニホンゴクチウ》大小神祇《ダイシヨウノジンギ》、天神《アマツカミ》天常立《アメノトコタチノ》尊《ミコト》、地神《クニツカミ》國常立《クニトコタチノ》
尊《ミコト》、南無《ナム》天照皇大神《アマテラスオホミカミ》、南無《ナム》八幡大菩薩《ハチマンダイボサツ》、南無《ナム》稻荷大明神《イナリダイメウジン》、南無《ナム》釋《シヤ》
迦《カ》如來《ニヨライ》、阿彌陀如來《アミダニヨライ》、南無《ナム》日天《ニッテン》月天《ガワッテン》、南無《ナム》孔雀明王《クジヤクメウオウ》、愛染明王《アイゼンメウワウ》、
南無《ナム》大聖勸喜天《タイシヨウカンギデン》、南無《ナム》勢至菩薩《セイシボサツ》、千手千眼《センシユセンゲン》、觀世音菩薩《カンセオンボサツ》、我今茲仁《ワレイマココニ》
青體乃《アヲトノ》幣帛《ミテクラ》白體乃《シロトノ》幣帛乎《ミテクラヲ》 奉捧利《ササゲタテマツリ》、種々乃《クサグサノ》色物乎《イロカヲ》 横山仁《ヨコヤマニ》 置足志弖《オキタラシテ》 祭祀事乎《マツリマヲスコトヲ》、神《カミ》
佛《ホトケ》聞食牟《キコシメセン》、如是《カク》聞食弖波《キコシメシテハ》 崇止云《タタリトイフ》 崇禍比波《タタリハザハヒハ》 不在物乎《アラシモノヲ》 登《ト》 祓賜比《ハラヒタマヒ》清賜比弖《キヨメタマイテ》、限無伎《カギリナキ》 靈《レイ》
術《ジユツ》於得左之氷賜事《エサシメタマフコト》乃由乎《ノヨシヲ》 八百萬乃《ヤホヨロズノ》 神等諸共仁《カミタチモロトモニ》 聞食止《キコシメセト》恐美《カシコミ》 恐美《カシコミ》 申須《マヲス》○

◉扨《サ》て、先づ最初、眞言秘密の『事相』と云ふことより述べ出さんに、眞言宗には二個の方面あり、其の一面を教相《きやうそう》と云ひ他の一面を事相《じそう》と云ふ。教相は教理的方面にして事相は乃はち實修的方面なり。興教大師が『教相ノ花ニヨリテ事相ノ果ヲ結ブ』と述べ賜ひしが如く、實に此の教相と事相とは車の兩輪鳥の雙翼の如き關係あるものなり。何れの宗教でも空理空論を尊ぶものに非ずして實際的の事實を主とするものなるが就中、眞言密教は特に實際的方面に重きを置くものなれば眞言秘密の法として尊ばれるもの皆な事相より出づ。故に、本秘錄に於ても主として其の事相を解説する事に努めん。事相は絶對的の秘密にして昔から口傳相承《くでんそうぜう》即ち、面授口傳《めんじゆくでん》にあらずんば斷じて漏らさゞりしを以て容易に其の内容を知る能はず、教相は現今にても數多の研究書が出版され居るが故に容易に研究する事を得。故に諸子は其れ等の書籍によりて教相の方をも充分に學ぶ事を要す。

◉事相とは具《つぶさ》には『事業儀相《じげふぎそう》』と云ふ。大日經疏に『凡ベテ祕密宗ノ中ニハ皆ナ因緣ノ事相ニ託シテ以テ深意ヲ喩フ、故ニ此ノ如ク傳授ヲ作《な》ス也』とあるを本據となすものにして擇地、造壇、灌頂、修法、印契、眞言、などの如き威儀行法の諸事象をば皆な事相となす。されば事相は上は大日法身如來および諸佛菩薩、諸天夜叉神の妙行より下は一切衆生の所爲に至るまでを包含するものにして、其の事相の行法をなす事によりて本尊と行者とが彼此涉入し感應同交して普ねく宇宙に及ぼし、以て其の熱誠の結果、神變不可思議なる無盡藏の大魔力と大靈力とを發現し得るものとせらる。

而して其の事相たるや極めて廣く且つ深く、つひに所謂る『**事相三十六流**』或ひは『**事相七十二流**』と云ふ多數の分派あり。中でも仁和寺、大覺寺、醍醐寺、勸修寺、隨心院の如き寺院は所謂る『**事相本山**』として何れも事相の源泉地たり。斯くの如き多岐なる事相を研究するには實に容易の事にあらず。而も近世の眞言僧は皆な此の深遠なる事相を知らず。依て本道場は經軌および口傳の祕密を探《さぐ》り、現今まで未だ明《あか》されし事なき祕密境を公開せむとす因みに『**事相の三師**』即ち源仁僧都、益信僧正、聖寶理源大師は最も事相の太祖なり、何れも龍樹菩薩の正流を直傳せられしものなるが故に本祕錄に於ても主として以上三師の說を採《と》らむとす。

◉扨て上述は眞言宗の事相のみの意義なりしが、之を廣き意義に於て考ふるときは眞言のみならず、修驗道、陰陽道、兩部神道にも事相あり。夫れ、修驗も陰陽も兩部も互ひに名こそ異なれ、共に等しく密教に屬し、眞言と同一流派に含まるべきものなり。故に密教なる點より見る時は天台宗の中にも密教あり、日蓮宗の中にも密教あり、ばらもん教の中にも密教あり。これら總べての密教的部分の中より事相に關するもののみを拔き、打つて一丸とせるもの卽ち我が道場の事相なり。

◉實修法を述ぶるに先き達ちて種々の注意事項あれども、其れらの事は追々と述ぶる事とし、先づ印の結《むす》び方《かた》より說明せむ。卽はち宗祕論に曰はく『印ハ是レ諸佛ノ印、妙用不思議ニシテ神通功力迅《すみ》ヤカナリ、天ヲ指セバ星月落チ、地ヲ指セバ江湖盡ク、之ヲ呼ブニモ印ヲ用ヒテ招《まね》キ、之ヲ遣《や》ルニモ印ヲ用ヒテ趁《はし》ラシム、怨魔百萬億、咸《ことごと》ク順調ナラシム、密印ヒトタビ之ヲ搯《さしま》ネケバ魔軍自カラ消殞スベシ』と。卽ち印契は實に其のまゝ如來の御神體なるが故に一指一印が直ちに宇宙に周遍し、一指わずかに曲《ま》げれば天地を鳴動せしめ一指わずかに伸《の》ばせば諸神佛が其の指の中へ乘移《のりうつ》り給ふ、其の不可思議甚深の力は實に凡夫の測知し能はざる所とす。印を結ぶときは決して輕忽に爲すべからず。卽ち大日經疏の密印品に曰はく、『善無畏三藏ノ曰ク、西方ニハ尤モ印法ヲ祕ス、作ス時ハマタ極メテ恭禮ス、必ズ尊室ノ中及ビ空靜淸潔ノ所ニ在テ嗽浴シ嚴身スベシ、若シ一々ニ浴スルコト能ハザレバ必ズ須ラク手ヲ洗淨シ口ヲ嗽ギ塗香ヲ以テ手ニ塗リ方ニ作スコトヲ得、叉作ストキハ須ラク威儀ヲ正シ跏趺等ニ坐ス、然ラザレバ罪ヲ得テ法ヲシテ速ニ成スコトヲ得セシメズ』と。又、靑龍儀軌に說て曰はく『印ヲ結バント欲セバ敬ヒテ十方三世ノ諸佛ニ白セヨ、我等下輩愚鈍ノ凡夫、此ノ印ヲ掌持スト雖モ、蚊蟻ノ須彌山ヲ掌ルガ如シ、恐ラクハ勢力ナケン、只願クバ諸佛我等ヲ加護シテ我ヲシテ無上正覺ヲ成スコトヲ得セシメタマヘ、此ノ印ヲ維持スレバ佛ノ勢力ニ同ジ、此ノ語ヲ發シ已テ誠ヲ至シテ拜禮セヨ云々』と。又、陀羅尼集經にも曰はく、『佛ノ前ニテ印ヲ作サムニハ袈裟ヲ以テ覆ヒ、或ヒハ淨衣ヲ以テ覆フ』と。されば眞言宗の廣澤流にては左の法衣の袖中に於て結印し、小野流にては右の法衣の袖中に於て結印し、安流にては袈裟の下に於て結印するなり。本道場にては何れとも指定せず、たゞ上述の諸經軌に從て輕忽ならざる範圍に於て、各自よき方法にて之をなすべし。

印契は實に『小宇宙』なり、僅かに十指の屈伸に過ぎざれども其の變化は無限にして如何なる事をも形にて表はす事を得るなり。即ち印契が小宇宙なるは此の十本の指に無量無邊の功德を附するに依るものにて、攝無碍經には『左手ノ五指ヲ胎藏界五智ト名ヅケ、右手ノ五指ヲ金剛界五智ト名ヅケ、十指卽チ十度或ヒハ十法界或ヒハ十眞如ト云フ』とあり。今、諸經に從つて十指の意義を擧ぐれば左の如し。

右＝佛＝精神＝金剛界＝陽＝淨

大指	空	けん	きや	禪《ぜん》	大日如來	大聖不動明王
食指	風	うん	か	進《しん》	阿閦如來	金剛夜叉明王
中指	火	ら	ら	忍《にん》	寶生如來	大威德夜叉明王
藥指	水	び	ば	戒《かい》	彌陀如來	軍荼利夜叉明王
小指	地	あ	あ	壇《だん》	釋迦如來	降三世夜叉明王

左＝衆生＝物質＝胎臓界＝陰＝穢

小指＝地＝あ＝あ＝慧《ゑ》＝釋迦如來＝降三世夜叉明王
藥指＝水＝び＝ば＝方《はう》＝彌陀如來＝軍荼利夜叉明王
中指＝火＝ら＝ら＝願《ぐわん》＝寶生如來＝大威德夜叉明王
食指＝風＝うん＝か＝力《りき》＝阿閦如來＝金剛夜叉明王
大指＝空＝けん＝きや＝智《ち》＝大日如來＝大聖不動明王

故に十本の指は實に小なりと雖も此の十本の指に依つて無量無邊の意義を表はし而して以て之を大宇宙と觀ずるなり。卽ち十本の指の屈伸によつて大は地震雷鳴などの天變地異より小は人事の禮節送迎の境界をも結び表はして自身が其の境界中の人と化し去るなり。卽ち大海の印を結べば渺々たる海中の人となり火焔の印を結べば焰々たる猛火の中に包まるると觀ずるなり。斯くの如く十本の指は僅かに五寸に滿たざるほどの小なるものなれど之を直ちに大宇宙と觀じ

十二合掌の圖

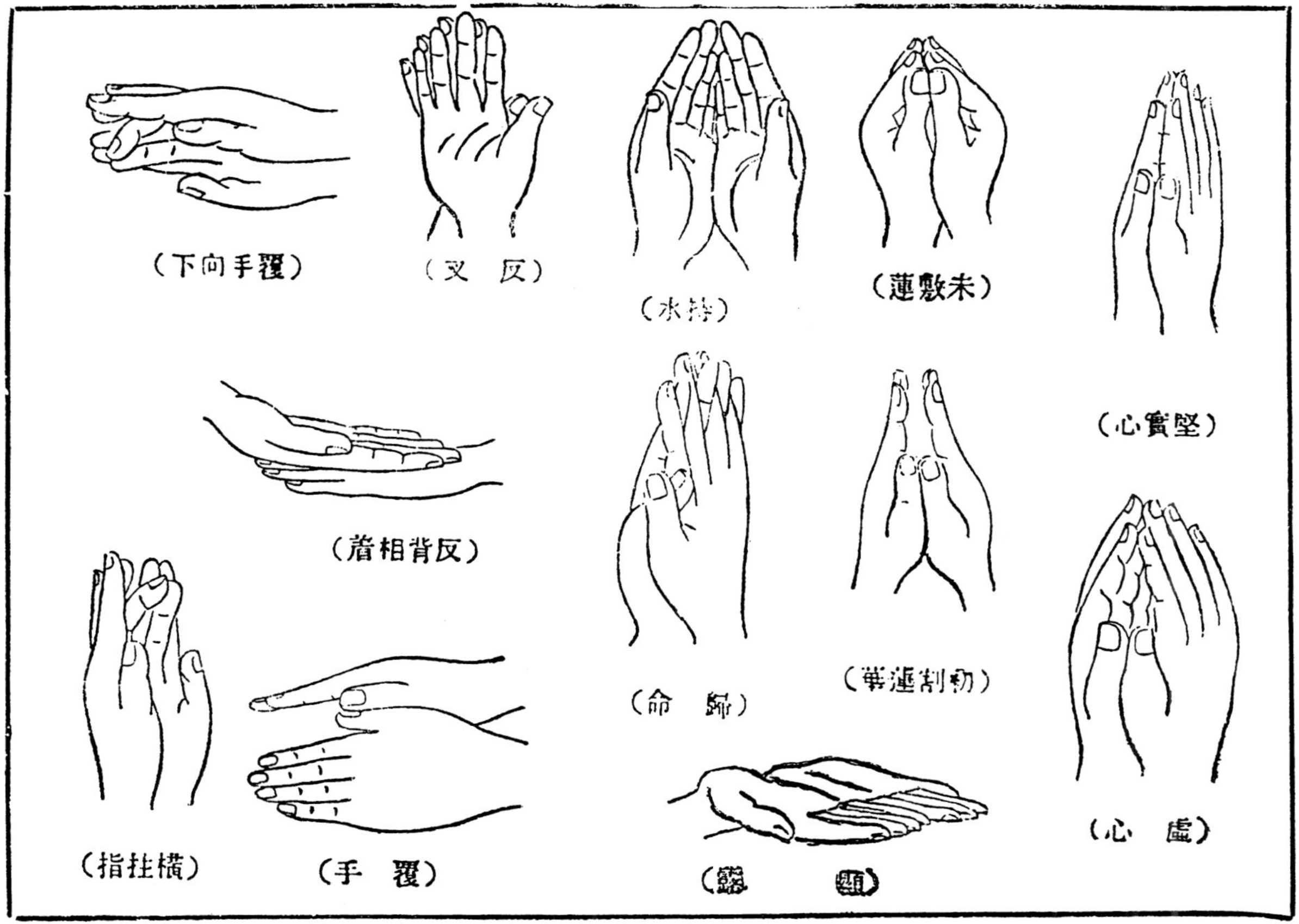

四種拳の圖

（蓮華拳）

（内縛拳）

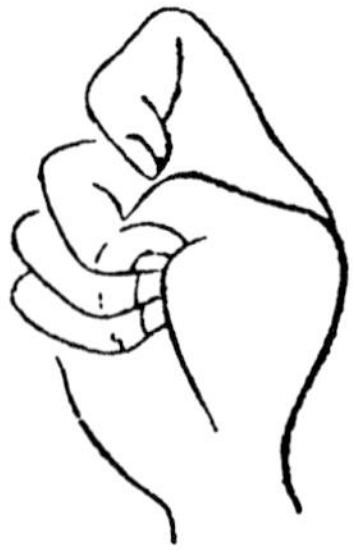

（金剛拳
又名忿怒拳）

（金剛拳）

（忿怒拳）

（如來拳）

（外縛拳）

無量無邊の神變力を表はすに到るものなり。

されば印契を結ぶは單なる形式のみには非ずして其の一々に深甚なる理論あり卽ち其の理論を說くために數《かず》ある惣べての印契を分類して二種となす、一を『理《り》印《いん》』と云ひ、一を『形《げう》印《いん》』と云ふ。理印とは例之ば大日如來の『無所不至印』の如し、卽ち其の中指以下の六本を組み合せたるは六大體大を表はし、大指と食指四本を組み合せたるは四曼相大を表はし、前の三個の穴は三密用大を表はす、而して此の體大、相大、用大の三大に宇宙の森羅萬象を具足するをもつて此の印には『一切に遍じて至らざる所なき』理が包含されたり、故に此の印を『無所不至印』と云ふ。斯くの如く、『理』に依りて作られたる印を理印と云ふ。形印とは例之へば『三股印』が三股《さんこ》杵《しよ》の形を爲せるを以て其の名あるが如く『形』によりて作られたる印を云ふなり。

◎夫れ斯くの如く、總べての數ある印契は皆な此の理形の二分類の何れかに屬せざるはなし。扨て斯くの如き無數の印契も元《もと》を質《たゞ》せば極めて簡單なる基本的印契より變化して生ずるものなり、即ち『**印母**《いんも》』と稱する十六個の根本的の印をば母として生《うま》れ出でたるなり。然らば十六個の印母とは何ぞや、『**十二合掌**』即ち『**胎臟合掌**』と『**四種拳**』即ち『**金剛拳**』とが是れなり。先づ十二合掌即ち胎藏合掌とは、

一、**寧尾拏合掌**(堅實心合掌)。　これ掌を堅く合せ指頭を少しく離す。

二、**三補吒合掌**(虛心合掌)。　掌を少しく空にして兩手を合せ指頭を堅く合す。

三、**屈滿囉合掌**(未敷蓮花合掌)。　前よりは一層、掌を膨らせ花の蕾の如き形をなす。

四、**僕拏合掌**(開初割蓮花合掌)。　蓮花の少しく開ける形、即ち頭、中、無名の三指頭を少しく離す。

五、**多那惹合掌**(顯露合掌)。　兩手を互に雙べて物を受くるときの如き形をなす。

六、**阿陀羅合掌**(持水合掌)。　前の合掌を少しく屈して水を掬ふが如き形をなす。

七、鉢羅拏摩合掌（金剛合掌。歸命合掌）。十指頭を交叉せしめ、掌を少し空にして合掌す。

八、微鉢哩哆合掌（反叉合掌）。前の印を逆に掌の背にて合せたるもの。

九、毗鉢哩曳薩哆合掌（反背互相着合掌）。法界定印の手を裏返しにせるもの。

十、啼哩曳合掌（横柱指合掌）。手の中指のみを合せ、他の八指を離して仰むけしむ。

十一、阿駄囉合掌（覆手向下合掌）。二手を九峯印の如くす。

十二、同上（覆手合掌）。二手を覆《ウツブケ》にす。

これを十二合掌と云ふ。詳しくは圖に依つて實地に修して之を知れ。但しこれは最も祕密中の祕密の事相にして筆墨を以て示すべきものに非ざるにも拘らず玆に大膽にも其の極祕を漏らせし次第なれば、決して之を他人に教ゆべからず堅く〳〵禁ず。次に四種拳、卽ち金剛拳とは、

一、胎臟拳（又は蓮華拳）片手のみ拳を握りて母指を外に竪つ。

二、**金剛拳**。

大指を拳の中へ入れて片手のみを握る。但し軽軌には之を二種に分つ、即ち一は此の金剛拳にて頭指を立てて智發生の形をなし之を忿怒拳と云ふ、他の一は左を胎藏拳、にし右を金剛拳にして重れたるものにして之を如來拳と云ふ。左の大指を右の掌の中に入れたるものを加へて四種拳ともに六種拳とも云ふ。

三、**外縛拳**。

十指を皆な外に出して兩手を握る。

四、**内縛拳**。

十指を内にして兩手を握る。

これを四種拳と云ふ。詳しくは又、圖を見よ。是れも前の十二合掌と共に深秘中の深秘なるものなるが故に他人に敎ふる事を嚴禁す。

◉以上をもつて印母の事は漏らし終りぬ。卽ち以上の如き十六種の印が總ての印の根本にして、此の僅かに十六の印が母となり父となりて、此の根本印契より幾百幾萬と云ふ多數の印が無限に流出するものにして、本祕錄に述ぶる所の一切の印契も皆この印母より分流せるものと知るべし。兎に角、印契は實に無限に神聖なるものにして十本の指そのまゝが神佛の身體なり。されば卽ち火指

（中指）一本を振《ふる》ひしために大火炎を發して世界を丸焼《まるやけ》にせしめ得る事ともなれば、又、水指（藥指）を一本立てたるが爲めに大雨を降らし得る事ともなり、又風指（頭指）を一本屈したるが爲めに大暴風をピタリと鎭靜せしめ得る事ともなるなり。夫れ印契には斯くの如き深甚なる神力が潜めりと雖ども其れが實修に際しては必ず之に共なふ『眞言』を誦せざるべからず。眞言とは諸神佛の本誓を說きたる梵語にして『咒文』『密咒』又は『陀羅尼《だらに》』或ひは『神咒』とも稱し、之を誦するときは無盡藏の大靈力を得るものとなす。

◉扨て是より、いよ〳〵『魔力實修法』の『基礎的實修法』たる『魔力涵養法』即ち『念力集注法』とも稱すべき事より說述せんに、先づ『護摩《ごま》の焚《た》き方《かた》』より始めん。此の『護摩に依る魔力涵養法』を修せんには先づ正面の一段、高き所に『靈術大明神』と稱する本尊《ほんぞん》を祭るべし。但し此の『靈術大明神』とは如何なる御神體なりや、又その御神體は如何にして謹書し謹刻するやに就ては最も祕密の部類に屬するが故に茲には之を省略し特別口傳書に於て傳授す。兎に角、此の本尊を祭り、尚ほ其の前に『靈術注連繩《しめなは》』を張りて清めよ。注連繩は『端出繩《しめくりなは》』とも稱す。天照皇大神《あまてらすおほみかみ》が天之《あま》岩戸を出で給ひけるとき、引き延《は》へたるを以て始めとし、繩を引き且つ四垂《しで》を付けて『結界』となせるものなり。陰陽道の古書にも『ウタヌ藁ヲモツテ左リ繩ニナフモノナリ、端ヲ出スコト七五三』とあるが如く荒藁の左繩を以て本儀なりとす。扨て茲に云ふ『靈術注連繩』は紙を以て作る獨特の法にして今その裁方《たちかた》を示さんに、『靈術注連繩の折方』の圖に從つて先づ楮製《かぢせい》の極めて清淨なる美濃紙、又は半紙六枚を折方イ圖の如く横に折り、次に其れをば又ロ圖の如く竪に折り、更にハ圖の如く折り、其れを『裁方《たちかた》』の圖に從つて小刀をもつて裁《た》ち、其の裁端より左右へ引き分けて注連柱へ掛くるなり。尚《な》ほ小さき注連すなはち小注連《こじめ》を

（霊術注連縄の折《おり》方《かた》）

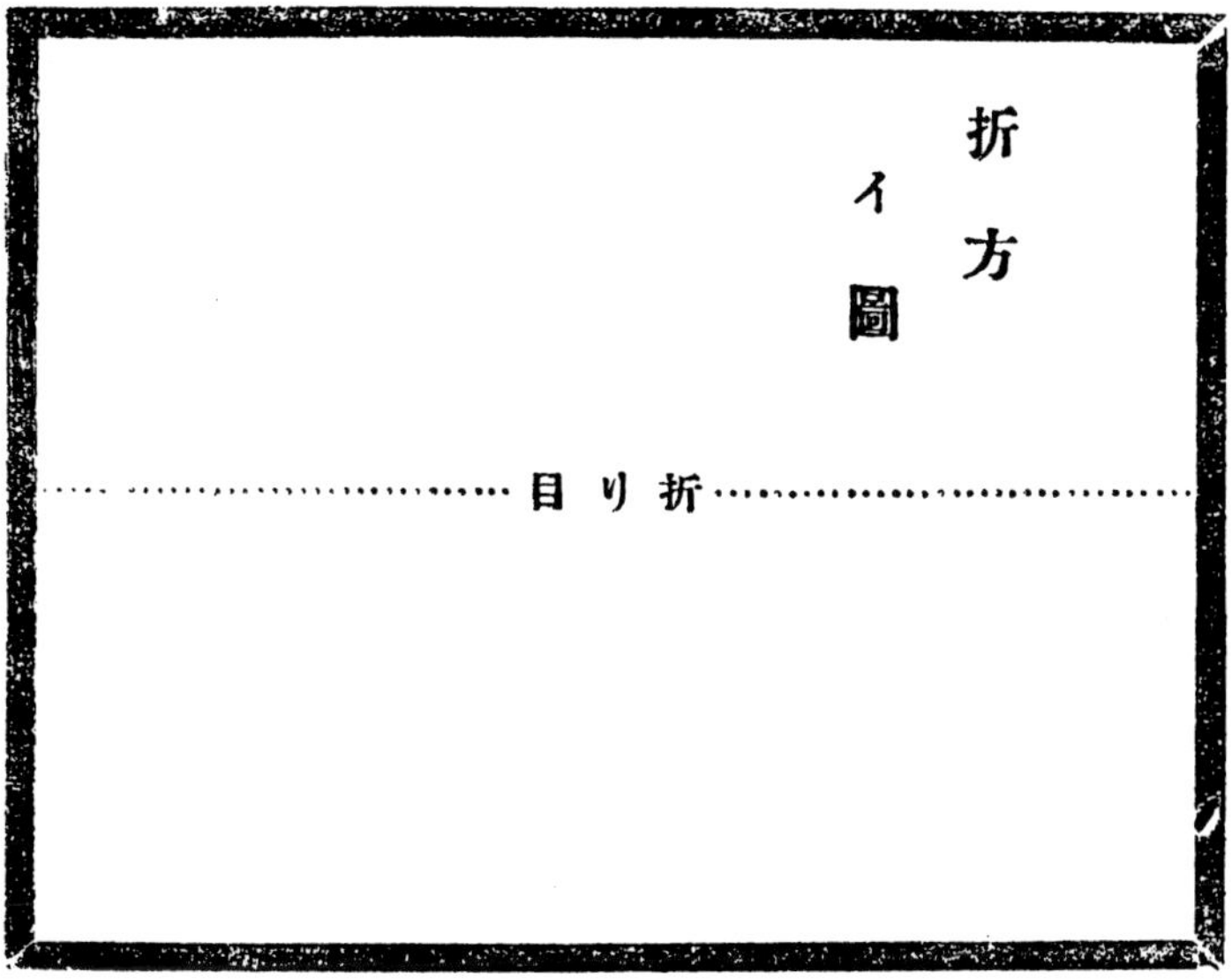

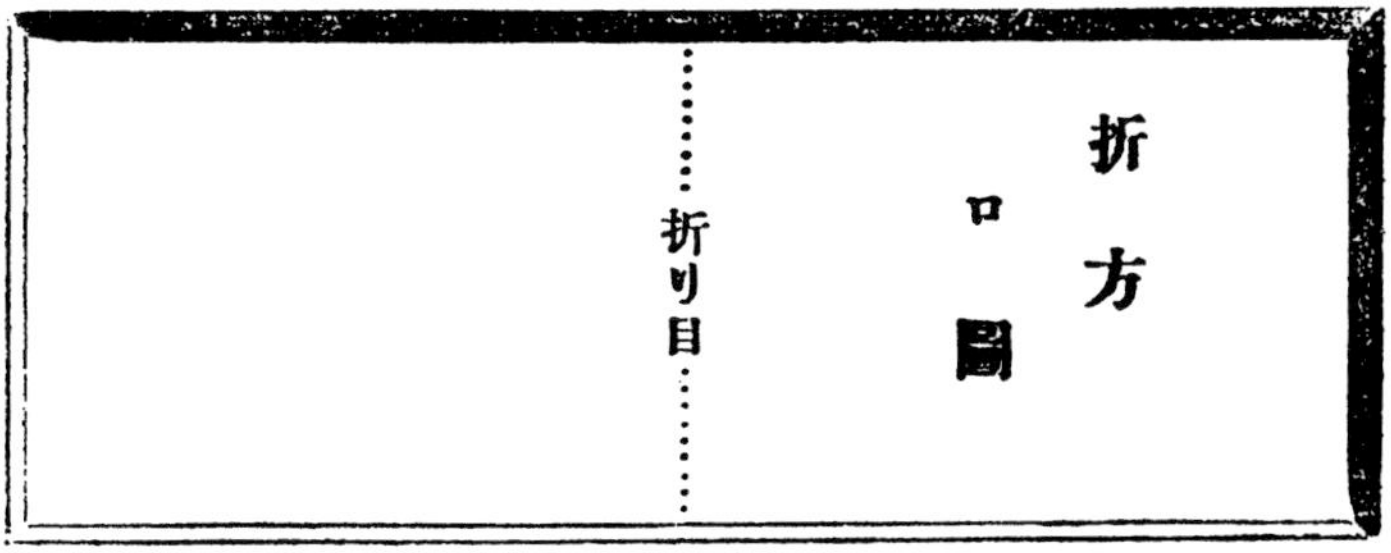

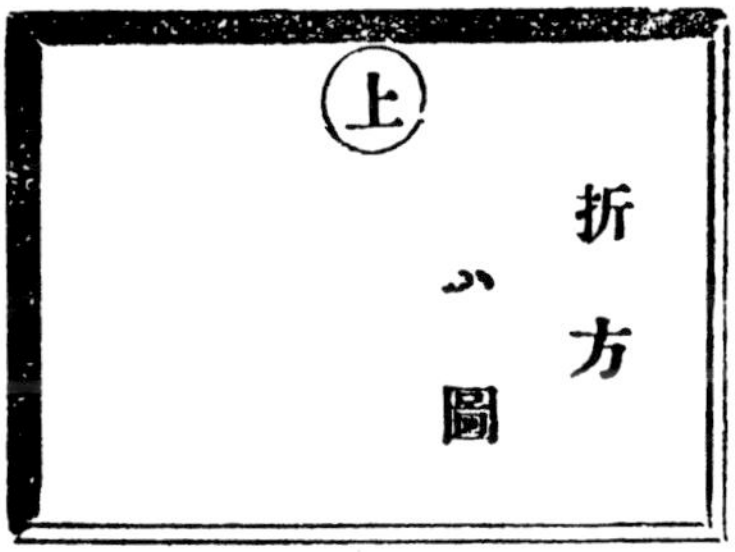

（靈術注連繩の裁《たち》方《かた》）

此所ヲ左右ヘ引分ケテ注連柱ノ釘ヘ掛ケヨ

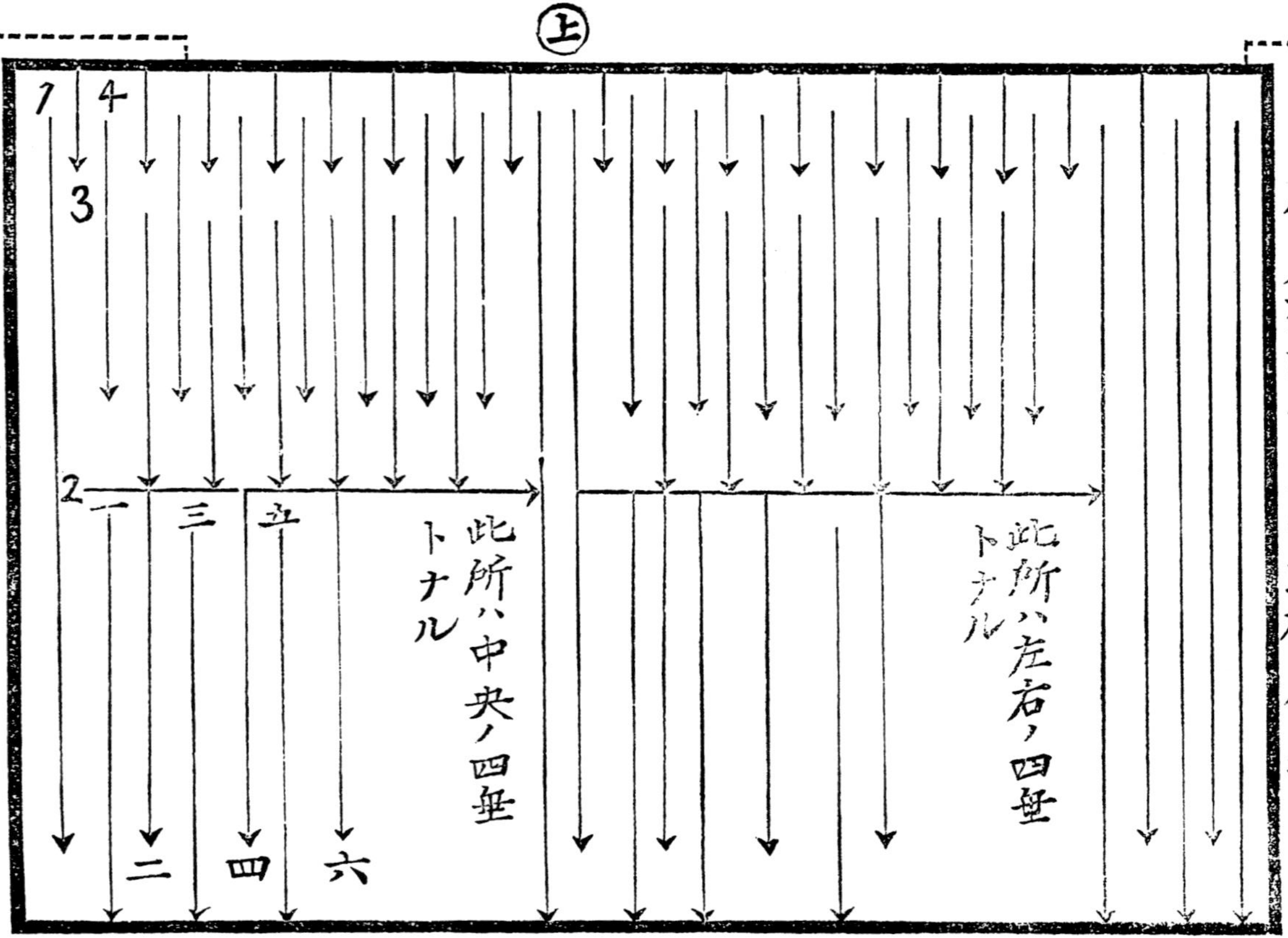

此上段ハスベテ繩トナルモノナリ

注意◎◎（1・2・及ビ一、二、等ノ數字ハ裁方ノ順序ヲ示シ、→ハ裁刀ノ向キヲ示ス）

作るには右の紙の折り方《かた》を小さくなし、小刀の裁ち數をも減ずれば可なり。

◉斯くの如くにして祭壇を嚴そかに飾り終れば次は愈々、護摩に取り掛かるべし。先づ圖の如き『護摩壇《ごまだん》』を設け、爐《ろ》の中へ護摩木を積む。『護摩木』とは護摩を焚《た》くときの燃料すなはち薪を云ふ。瑜伽護摩軌には『息災法ニハ甘木、增益法ニハ果木、調伏法ニハ苦木、敬愛法ニハ花木、鉤召法ニハ刺木ヲ用ヒヨ』とあり。其の作法に依りて異なれども今は果木すなはち主として果實の成る木、たとへば柿の木、梨の木、蜜柑の如き木を用ふべし。而して此の護摩木に二種あり、一を『壇木』と云ひ他を『乳木』と云ふ、壇木とは段々に前以て積み重ね置く木にして、乳木とは積み重ね置かずして壇木が燃えつつある時に、あとより燒《く》べるべき護摩木の事なり。扨て先づ爐の中へ護摩木を積むには先づ六本を圖の如き順序に組む、而して此の上へ又同じ樣な順序で六本を積みて二階と

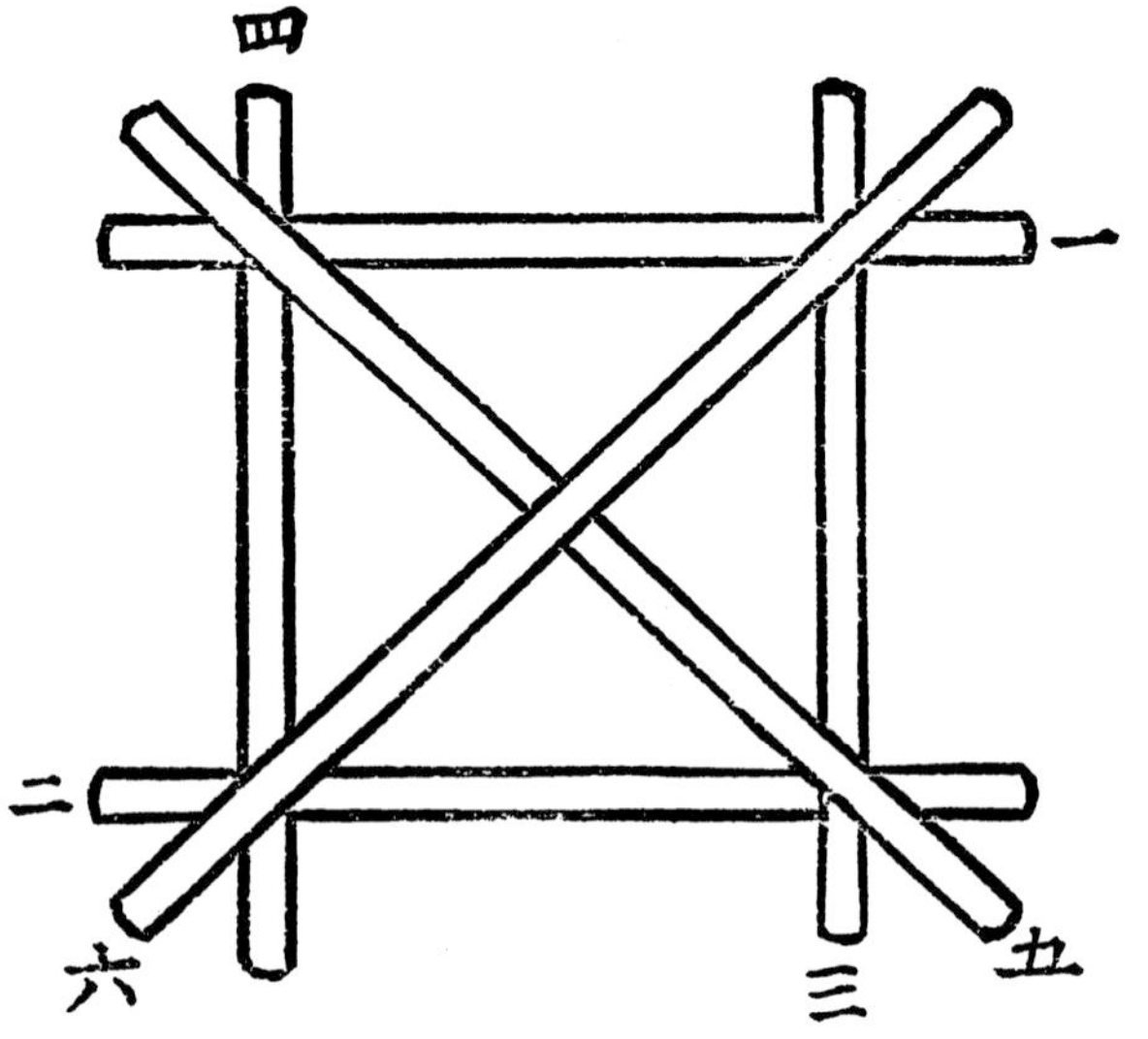

し更らに其の上へ六本積みて三階とするが如く順次くり返して十八階となし、合計壹百〇八本の護摩木を積み重ぬるなり。但し惣べて護摩木は能く乾燥せしめたるものならざる可らざるや勿論なり。護摩木の長さは約八寸とす。

◉扨て行者は禮盤へ座し、身を正し心を清めて、

大日無所不至の印

一、珠數ヲ揉ミ、

一、次ニ圖ノ如キ大日如來無所不至ノ印ヲ結べ、

（註）此の印は又『塔印』『大卒覩婆印』『大慧刀印』とも云ひ密教の大極祕印なり祕すべし祕すべし。

一、次ニ柏手《カシワデ》ヲ打ツコト七回、

一、次ニ鉦《カネ》ヲ一ツ打チテ、左ノ禮文ヲ靜カニ誦セヨ、

戒《カイ》香《コウ》定《ゼウ》香《コウ》解《ゲ》脱《ダー》香《コー》、　光《コウ》明《メウ》雲《ウン》台《ダイ》遍《ヘン》法《ホウ》界《カイ》、

供《ク》養《ヨウ》十《ジッ》方《ボウ》無《ム》量《リヨウ》佛《ブー》、　見《ケン》聞《モン》普《フ》燻《クン》證《ショウ》寂《ジャク》滅《メツ》。（鉦）

我《ガ》此《シ》道《ドウ》場《ゼウ》如《ニヨ》帝《タイ》殊《シュー》、　十《ジッ》方《ボウ》三《サン》寶《ボウ》影《ヨウ》現《ゲン》中《チウ》、

我《ガ》身《シン》影《ヨウ》現《ゲン》三《サン》寶《ボウ》前《ゼン》、　頭《ズ》面《メン》攝《セッ》足《ノク》（鉦）歸《キ》命《メウ》禮《ライ》。（鉦）

一、次ニ圖ノ如キ『心祕密ノ印』ヲ結ビナガラ左ノ『一切如來心祕密全身舍利寶篋印陀羅尼』ヲ嚴ソカニ誦スルコト三回、

心祕密の印

『ナーマクシツチリヤ、チ井カーナン、サラバタターガターナン、ウン、ボピバンバタバリバザリ、バザタイソロソロダラダラ、サラバタターガター、ダトダリバンドマバンバチ、サヤバリ、ボタリサンマラ、タター

護摩壇ノ構造　（横カラ見タ圖）

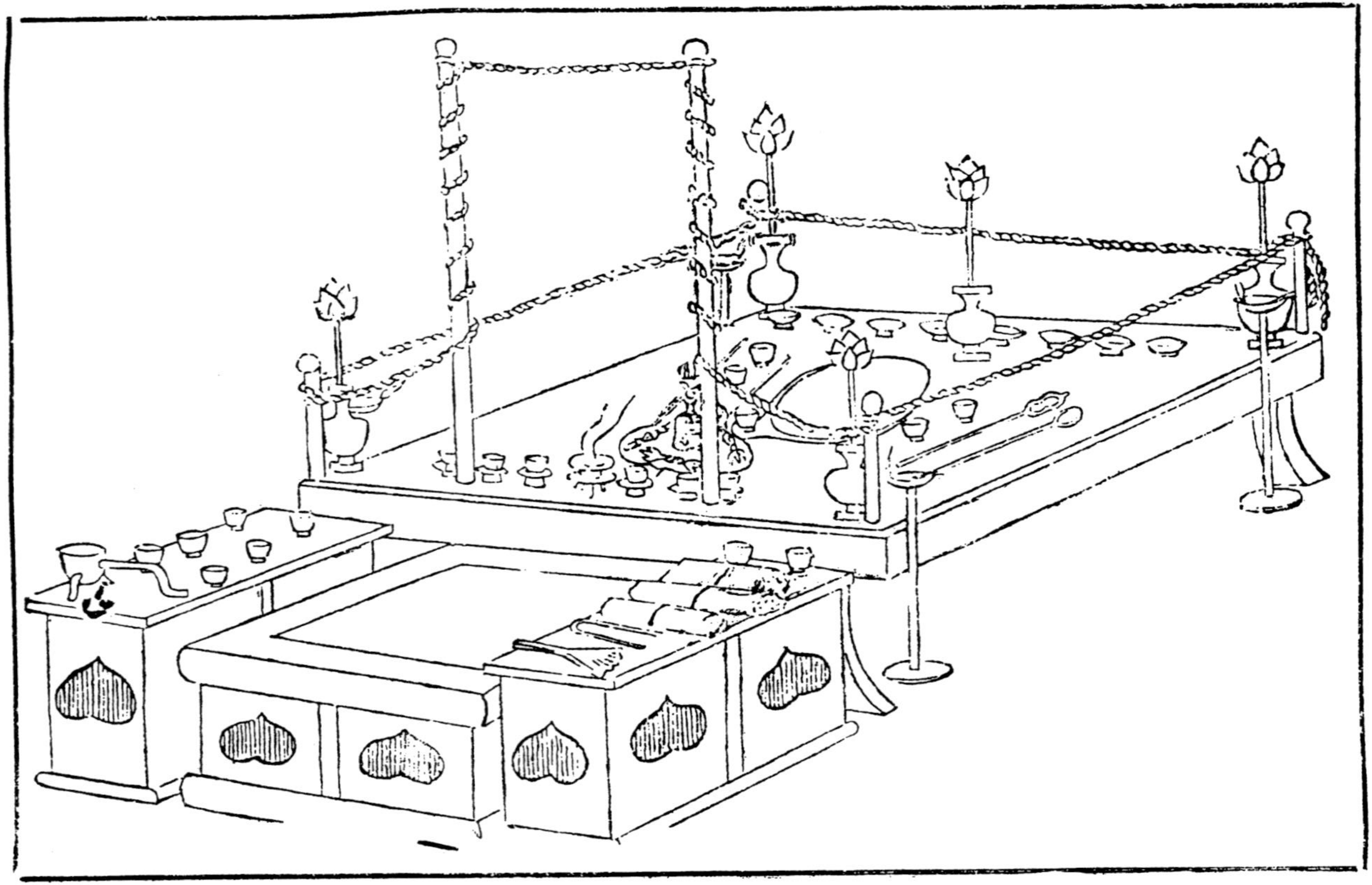

護摩壇ノ構造　（上カラ見タ圖）

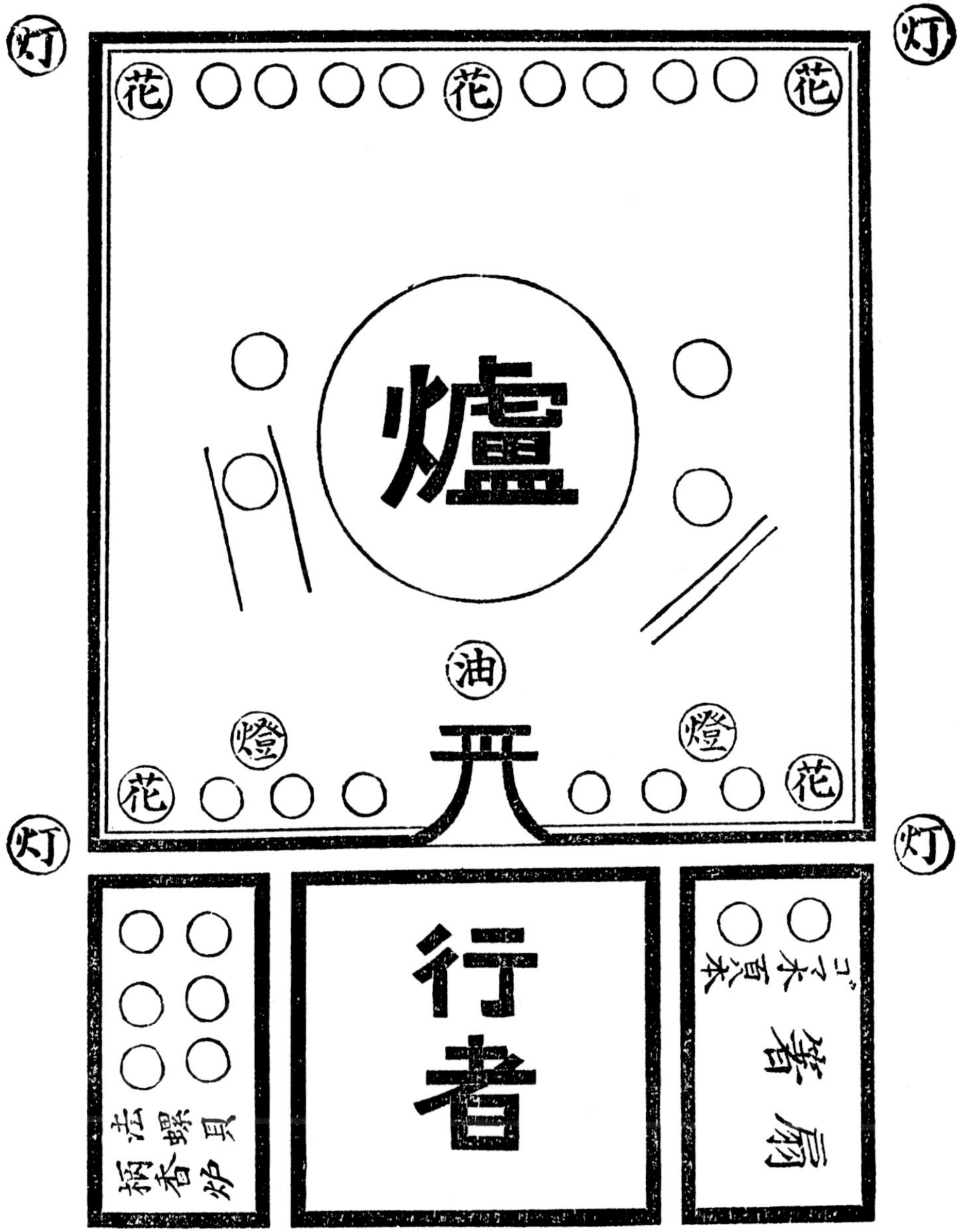

（注意）〇ハ、鹽、白米、等ノ如キ供物ナリ。

ガタタラマシャキャラ、ハラバリータナバジリボーチマムダ、リョウカラ、リョウカリテー、サラバタターガタヂシャチテー、ボーダヤボーダヤ、ボーチボーチ、ボーチャボーチャ、サンボータヤサンボーダヤ、シャラシャラ、シュランド、ソーババラダニ、サラバハムピガテー、コロコロ、サラハシュカピガテー、サラハタターガター、キリダヤバジリニ、サンバラ、サラバタターガタ、グキヤダランデボヂリ、ボテーソボテー、サラハタタサラクタターガターキリダヤダドボタリソワカ、ソハラヂシュ チタソトヘーガタヂシュチター、ダドガラベイソワカ、サンマヤチシュ チテーソワカ、イターガタヂシュチテー、コロコロウンウンソワカ、ウンサラバタターガタ、ウシュ ニシャダドボダラニサラバタターガタサダドビボシタヂシュチテー、ウンインソワカ。』

一、右、終《ル》ヤ鉦ヲ打チ次ニ『不動尊の拾四根本印』ヲバ連續的ニ結ビ續ケツ

ツ左ノ『不動經』ヲ誦ス、

『佛《ぶ》説《せつ》聖《せう》不《ふ》動《どう》經《けう》、爾《に》時《じ》大《たい》會《かい》有《いう》一明王《めうわう》・是《ぜ》大《だい》明王《めうわう》有《う》大威《だいい》力《りき》、大《だい》悲《ひ》德《とく》故《こ》現《げん》青《せう》黑《こく》形《げう》、大《だい》定《ぜう》德《とく》故《こ》坐《ざ》金《こん》剛《がう》石《しやく》、大《だい》智《ち》慧《え》故《こ》現《げん》大《だ》火《か》炎《ゑん》、執《しゆ》大《だい》智《ち》劍《けん》害《がい》貪《とん》瞋《しん》癡《じ》、持《じ》三《さん》昧《まい》索《さく》縛《ばく》難《なん》伏《ふく》者《しや》、無《む》相《そ》法《ほつ》身《しん》虚《こ》定《くう》同體無其《どうたいむと》住處《じゆしよ》、但《たん》住《じゆ》衆《しゆ》生《しよ》心《しん》想《そ》之《し》中《ちう》、衆生意《しゆしよい》想《そ》各々《かくく》不同《ふどう》、隨衆生意《ずゐしゆしよい》而《に》作利益《さりやく》、所求《しよく》圓滿《ゑんまん》、爾時《にじ》大會《だいかい》聞説《もんせつ》是《ぜ》經《けう》皆《かい》大歡喜《だいかんぎ》信受奉《しんじゆぶ》行《げう》、

南無《なーむ》三十六童子《どうじ》

矜迦羅《こんがら》童子《どうじ》、制吒迦《ぜいたか》童子《どうじ》、不動慧《ふどうゑ》童子、光網勝《こうもうせう》童子、

無垢光《むくこう》童子、計子儞《けいしに》童子、智慧幢《ちゑどう》童子、質多羅《しつたら》童子、

召請光《てうせうこう》童子、不思議《ふしぎ》童子、囉多羅《らたら》童子、波羅波羅《はらはら》童子、

伊醯羅《いけいら》童子、師子光《ししこう》童子、師子慧《ししえ》童子、阿婆羅底《あはらてい》童子、

持堅婆《じけんは》童子、利車毗《りしやぴ》童子、法挾護《ほうけうご》童子、因陀羅《いんだら》童子、

大《だい》光《こう》明《めう》童子、小《せう》光《こう》明《めう》童子、佛《ぶつ》守《しゆ》護《ご》童子、法《ほう》守《しゆ》護《ご》童子、
僧《そう》守《しゆ》護《ご》童子、金《こん》剛《どう》護《ご》童子、虚《こ》空《くう》護《ご》童子、虚《こ》空《くう》藏《ぞう》童子、
寶《ほう》藏《ぞう》護《ご》童子、吉《きつ》祥《せう》妙《めう》童子、戒《かい》光《こう》慧《ロ》童子、妙《めう》空《くう》藏《ぞう》童子、
普《ふ》香《こう》王《わう》童子、善《ぜん》儞《に》師《し》童子、波《は》利《り》迦《か》童子、烏《う》婆《は》計《けい》童子、
聖《せう》無《む》動《どう》眷《けん》屬《ぞく》、三十六童《どう》子《じ》、各《かく》領《れう》千《せん》萬《まん》童《どう》、本《ほん》誓《ぜい》悲《ひ》願《がん》故《こ》、
千《せん》萬《まん》億《おく》惡《あつ》鬼《き》、嬈亂《にようらん》行《げう》人《にん》時《じ》、誦《づ》此《し》童《どう》子《じ》名《めう》、皆《かい》悉《しつ》退《たい》散《さん》去《こ》、
若有《にやんう》苦《く》厄《やく》難《なん》、咒《じゆ》咀《そ》病《べう》患《げん》者《しや》、當《とう》呼《こ》童《どう》子《じ》號《どう》、須《しゆ》臾《ゆ》得《とく》吉《きつ》祥《せう》、
恭《く》敬《ぎやう》禮《らい》拜《はい》者《しや》、不《ふ》離《り》於《お》左《さ》右《ゆう》、如《によ》影《よう》隨《ずい》形《げう》護《ご》、獲《ぎやく》得《とく》長《てう》壽《じゆ》益《やく》、
南無歸命頂禮大日大聖不動明王四大八大諸忿怒尊《なーむきめうてうらいだいにちたいせうふどうめうわうしだいはちだいしよふんぬそん》、
南無八大金剛童子《なーむはちだいこんどうどうじ》、
慧《え》光《こう》童子、慧《え》喜《き》童子、阿《あ》耨《く》達《た》多《ら》童子、指《し》德《とく》童子、
烏《う》俱《ぐ》婆《は》誐《が》童子、淸《せう》淨《く》童子、矜《こん》羯《が》羅《ら》童子、制《せい》吒《た》迦《か》童子、

南無《なーむ》大日《だいにち》大聖《だいせう》不動《ふどう》明王《めうわう》、四《し》大《だい》八《はい》大《だい》諸《しよ》忿怒《んぬ》尊《そん》、

稽首《けいしゆ》聖《せう》無動《むどう》、摩訶《まか》威怒《いぬ》王《わう》、極《とく》大《だい》慈悲《じひ》心《しん》、愍念《みんねん》衆生者《しゆしよしや》、

本體《ほんたい》盧遮那《ろさな》、久遠《くおん》成《ぜう》正覺《せうかく》、法身《ほつしん》遍《へん》法界《ほんかい》、智慧《ちえ》同《どう》虛空《こくう》、

無《む》相《そう》而《に》現相《げんそう》、相《そう》遍《へん》世界海《せかいかい》、無《む》聲《せう》而《に》有聲《うせう》、聲聞《せうもん》塵刹土《じんせつど》、

爲《い》護持《ごじ》佛法《ぶつほう》、爲《い》利樂《りらく》群生《ぐんせう》、無邊《むへん》相好海《そこかい》、變現《へんげん》愼怒《しんね》相《そう》、

慈眼《じげん》視《し》衆生《しゆせう》、平等《べうどう》如《によ》一子《いつし》、方便《ほうべん》垂《すい》一髮《いつぱつ》、表示《へうじ》第一義《だいいちぎ》、

金剛《こんどう》智《ち》能斷《のうだん》、難斷《なんだん》請《せう》煩惱《ぼんのう》、執持《しゆじ》猛利《めうり》劍《けん》、一《いち》斷《だん》無餘習《むよしゆ》、

金剛《こんどう》定《ぜう》能縛《のうばく》、難縛《なんばく》諸《しよ》結業《けつげう》、執特《しゆじ》金羂索《こんけんざく》、一《いち》縛《ばく》無能動《むのうどう》、

究竟《きうけう》能取《のうしゆ》盡《じん》、煩惱《ぼんのう》毒《どく》龍子《れうし》、示現《じげん》迦樓炎《かられん》、焚燒《ぼんせう》業障海《どうせうかい》、

能護《のうご》菩提心《ぼだいしん》、令《れう》行者《げうしや》堅住《けんじゆう》、安住《あんじゆ》磐石座《ばんじやくざ》、不退《ふたい》菩提《ぼだい》行《げう》、

假使《けし》滿《まん》三千《ぜん》、大力《たいりき》諸《しよ》夜叉《やしや》、明王《めうわう》降伏《どうふく》盡《じん》、令入《れうにう》解脫道《げだつどう》、

一持《いちじ》祕密《ひみつ》呪《しゆ》、生《せう》々〱而《に》加護《かご》、隨逐《ずいずい》不《ふ》相《そう》離《なん》、必送《ひつそう》華藏界《げそうかい》、

念《ねん》々《〱》持《じ》明《めう》王《わう》、世《せう》々《〱》不《ふ》忘《ばう》失《しつ》、現《げん》前《ぜん》三《さん》摩《ま》地《ち》、覺《かく》了《れう》如《によ》來《らい》慧《ゑ》、
以《い》此《し》三業《ごう》禮《らい》、明《めう》王《わう》功《く》德《どく》善《ぜん》、平《べう》等《どう》施《せ》群《ぐん》生《せう》、同《どう》證《せう》不《ふ》動《どう》定《ぜう》、
唯《ゆい》願《がん》遍《へん》法《ほう》海《かい》、金《こん》剛《どう》祕《ひ》密《みつ》咒《しゆ》、同《どう》住《じゆう》明《めう》王《わう》體《たい》、加《か》持《じ》我《が》三密《みつ》、
稽《けい》首《しゆ》明《めう》王《わう》力《りき》、令《れう》我《が》悉《しつ》地《ち》滿《まん》、稽《けい》首《しゆ》明《めう》王《わう》力《りき》、令《れう》法《ほう》久《く》住《じゆう》世《せ》、
自《じ》界《かい》及《ぎう》他《た》界《かい》、無《む》盡《じん》世《せ》界《かい》海《かい》、界《かい》中《ちう》諸《しよ》含《がん》識《しき》、同《どう》證《しう》無《ひ》上《ぜう》覺《がく》、
見《けん》我《が》身《しん》者《しや》發《ほつ》菩《ぼ》提《だい》心《しん》、聞《もん》我《が》名《めう》者《しや》斷《だん》惑《わく》修《しゆ》善《ぜん》、
聽《てう》我《が》説《せつ》者《しや》得《とく》大《だい》智《ち》慧《ゑ》、知《ち》我《が》心《しん》者《しや》則《そく》身《しん》成《ぜう》佛《ぶつ》、
無《む》始《し》己《い》來《らい》無《む》量《れう》罪《さい》、今《こん》世《ぜ》所《しよ》犯《はん》極《ごく》重《じう》罪《さい》、日《にち》々《〱》夜《や》々《や》所《しよ》作《さく》罪《さい》、
念《ねん》々《〱》歩《ほ》々《ほ》所《しよ》起《き》罪《さい》、眞《しん》言《ごん》威《い》力《りき》皆《かい》消《せう》滅《めつ》、命《めう》終《じう》決《けつ》定《ぜう》生《せう》極《ごく》樂《らく》、
荷《か》負《ふ》引《いん》道《どう》師《し》父《ふ》母《も》、拔《ばつ》濟《さい》生《せう》死《じ》大《だい》苦《く》海《かい》、爲《い》我《が》有《う》恩《おん》先《せん》亡《もう》者《じや》、
有《う》緣《ねん》知《ち》識《しき》男《なん》女《によ》等《とう》、大《だい》作《さ》方《ほう》便《べん》皆《かい》引《いん》道《どう》、共《ぐ》生《せう》安《あん》養《によう》上《ぜう》妙《めう》刹《せつ》、
乃《ない》至《し》四恩《おん》諸《しよ》衆《しう》生《ぜう》、皆《かい》悉《しつ》利《り》益《やく》共《ぐ》成《ぜう》佛《ぶつ》、

『南無《なーむ》大日大聖不動明王《だいにちたいせうふどうめうわう》、四大八大諸忿怒尊《しだいはちだいしよふんねそん》。』

（註）不動明王の『十四根本印』とは左の如し

（第　一）根本獨股印（内縛して二頭指を竪合せ、二大指を以て二中指の甲を押す）

（第　二）劍印（中指と頭指を立て、大指を以て、餘の二指を押す）

（第　三）寶山印（内縛印すなはち前に示せる四種拳の中の内縛拳なり）

（第　四）頭印（二手金剛拳にして右を仰むけ左を覆《ウツ》むけて横に相合す）

（第　五）眼印（内縛して二頭指を竪合す）

（第　六）口印（右小指を内側に左小指を外側にして二小指を交叉し右無名指を左小指の端に、左無名指を右小指の端に掛け二母指を以て二無名指の爪を押さへ二中押を立て合せ二頭指を以て其の背を押す）、

（第　七）心印（前に掲げたる大日無所不至の印なり）、

（第　八）甲印（虚心合掌して二頭指を中指の上節に附し、二無名指を寶玉形になし、二小指

と二大指とを散じて立てるなり)、

(第　九)獅子奮迅印(之れは前の甲印と同じけれども、ただ異なる點は此の印に於ては右の頭指を直立せしむるなり)、

(第　十)火焔印(左手を開き散じ、右手は物を指《ユビサ》す時の如く頭指を立て母指を以て餘の三指の甲を押し、其の頭指の頭を以て左手の掌の中央を押す)、

(第十一)火焔輪止印(兩手を金剛拳にして各大指を頭指と中指との間に出し、而して兩拳背をば相合せしむ)、

(第十二)商佉印(兩手を劔印とし、二中指の頭を合せ、右の頭指は其の中指の上節に附し、左の頭指を直立せしむ)、

(第十三)羂索印(兩手を金剛拳にし、右は頭指を立て、左は頭指と大指の端を合せ、而して左の掌を以て右の頭指を握る)、

(第十四)三股金剛印(右の大指を以て頭指の甲を押し、中指以下の三指を散じ立てるなり)。

右、十四個の印契は之を連續的に結び續くることを要す、第一より第十四まで結び終らば直ちに又、第一より始めて斯く、繰り返す事を要す。但し、やめる時は中途で、やめる可らず、必ず第十四まで結び終ると要す。右、十四種を合して、一個の印契たるものにして、これ最も深祕なるものなれば、決して輕忽に、なすべからず、他人に漏らす事も之を嚴禁す。

一、次ニ燈明ノ火ヲ護摩木ニ移シテ燃《モヤ》シ、

一、直チニ左ノ祝詞《ノリト》ヲ始ム、

『掛《カ》ケ卷《マク》モ畏《カシ》コキ吾《ワ》ガ靈術大明神《オホミカミ》ノ御前《ミマヘ》ニ天常立尊《アメトコダチノミコト》、國常立尊《クニトコダチノミコト》、伊弉諾尊《イザナギノミコト》、伊弉冊尊《イザナミノミコト》、天照皇大神《アマテラスオホミカミ》、稻荷大明神、春日大明神、八百萬《ヤホヨロズ》ノ神《カミ》タチ大御靈《オホミタマ》ヲ招《キ》イ齊《ハ》ヒ奉リ、大日如來、阿彌陀如來、千手千眼觀世音菩薩、虛空藏菩薩、勢至菩薩ナラビニ諸佛諸菩薩ヲ招《キ》イ齊《ハ》ヒ奉リテ畏《カシ》コミ畏コミ請《コ》ヒ申《マチ》サク(柏手二回)。(行者ノ姓名)ココニ今、我《ワレ》三業ヲ淸メ靈妙無限ノ護摩ヲ焚《タ》キ、燃《モ》ユル紅蓮《クレン》ノ焰《ホノホ》ノゴトク猛《タケ》リ迅《ハヤ》ムル心モテ身體《カラダ》トイフ身體中《ザウ》ノ念力ヲ一點ニ打チ集メテ思念シ思念シ思念シ思念シ、強ク荒ク思念ス、大御神《オホミカミ》ヲ仰ギ願ハクバ御山《ミヤマ》ノ高嶺《タカネ》ト彌《イヤ》高キ、強キ魔力ヲ受サシメ給ヒテ、嚴速《イズハヤ》ク靈驗《ミシルシ》ヲ得サシメ給ヘト、天《アメ》ノ彌開手《イヤヒラデ》打擧《ウチアゲ》テ恐《カシ》コミ恐《カシ》コミ白《マヲ》ス。』（柏手三回）

一、次ニ、燃エツツアル護摩ノ焰ノ尖端ニ圖ノ如キ梵字輪アリト觀念シテ、其ノ梵字ヲ、チツト見詰メ、荒々シク珠數ヲ揉ミツツ左ノ諸眞言ヲバ各、七回ヅツ聲高々ニ續誦セヨ、

（大日如來）、**オンバサラバドバン。**

（阿閦如來）、**オンアキシュビヤウン。**

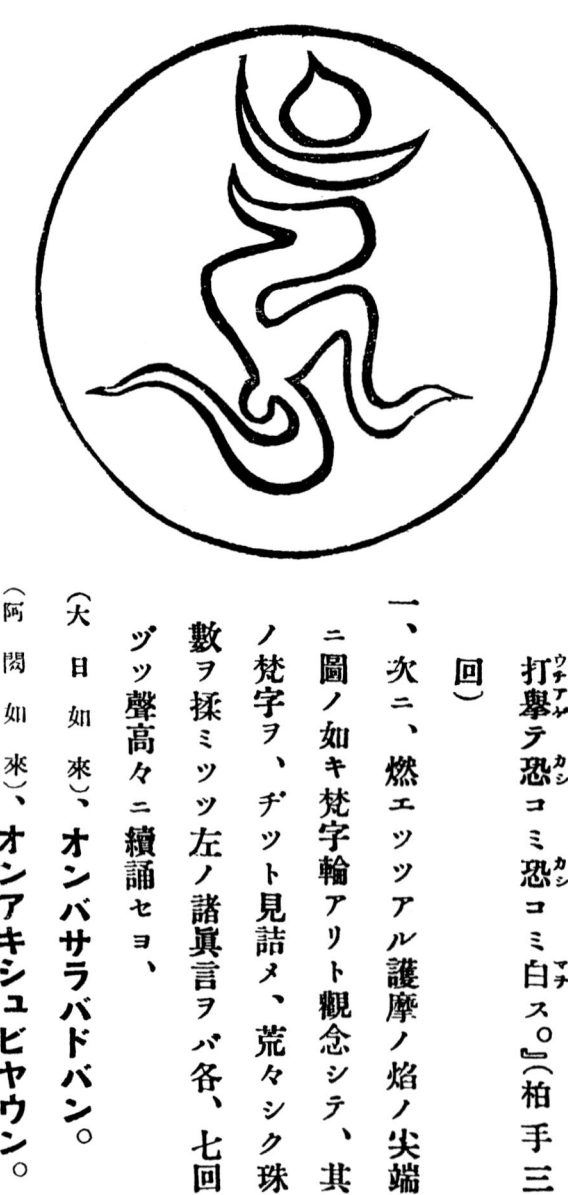

（寶生如來）、オンアラタンナサムバンバタラク。
（觀自在王如來）、オンロケイジンバラアランジヤキリク。
（不空成就如來）、オンアボキヤシツデイアク。
（阿彌陀如來）、オン、アミリタテーゼーカラウン。
（藥師如來）、オンコロコロセンダリマトーギソワカ。
（聖觀音）、オンアロリキヤソハカ。
（十一面觀音）、オンロケイジムバラキリク。
（千手觀音）、オンバラタラマキリク。
（準胝觀音）、オンキヤマレイビマレイフンデイソワカ。
（馬頭觀音）、オンアミリトドハムバムハツタソワカ。
（如意輪觀音）、オンハンドマシンタマニジムバラウン。
（白衣觀音）、オンシベイテイシベイテイハングラバンニソワカ。

(文殊菩薩)、ナーマクサンマンダボダナンマンケイゲイクマラキヤヒボキチハツタシツチタサンマラサンマラハラチゼンソワカ。

(普賢菩薩)、ナーマクサンマンダボダナンサンマンダバンダラヤソワカ。

(金剛手菩薩)、ヲンバサラサトバム。

(龍樹菩薩)、ヲンバサラバンシヤラン。

(勢至菩薩)、ヲンサンザンザンサクソワカ。

(彌勒菩薩)、ヲンバイタレイヤアソワカ。

(虚空藏菩薩)、ナーバアギヤシヤキラバヤヤヲンアリキヤマリボリソワカ。

(不動明王)(火界咒)、ナーマクサラハタターカテービヤクサルワムケビヤクサルワタータラツタサンタマアルシヤナカンカイカイサルワビキナンウンタラタカンマン。

(不動明王)(慈救咒)、ナーマクサンマンダワシチナンサンタマアルシヤナーソハタヤウンタラタカンマン。

（降三世夜叉明王）、オンニスンロバザラウツツタ。

（軍荼利夜叉明王）、オンアミリテウンツツタ。

（大威徳夜叉明王）、オンシチリカーラールハウンカン。

（金剛夜叉明王）、オンワサラヤキシヤウン。

（孔雀明王）、オンマニロキランデーソワカ。

（愛染明王）、オンマカラガバゾロシュニンヤバザラサトバジヤクウンフンコク。

（烏蒭慧魔《ウスサマ》明王）、オンクロダナウンジヤク。

（歩《ホ》擲《テキ》明王）、オンキリンクロムホロムソロムジヤロムギヤク。

（大元帥明王）、ナーボタリワタボリツバラボリツシヤキンメーシヤキンメータラサシダンヲンヱンビソワカ。

（聖《シヨウ》天《テン》）、ナーボキリクマリクロキシヤロソワカ。

（大自在天）、ナーマクサンマンダブツダータマケイジムハラヤソワカ。

（伊舍那天）、ナマクサンマンダブツダーナンイシアーナーヤソワカ。

（帝釈天）、ナマクサンマンダブツダーナンインダラヤソワカ。

（火天）、ナマクサンマンダブツダーナンアカナヱイソワカ。

（焔魔天）、ナマクサンマンダブツダーナンヤンマヤソワカ。

（羅刹天）、ナマクサンマンダブツダーナンニリザラエイソワカ。

（水天）、ナマクサンマンダブツダーナンワルナーヤソワカ。

（風天）、ナマクサンマンダブツダーナンバーヤベイソワカ。

（毘沙門天）、ナマクサンマンダブツダーナンベイシラマンダヤソワカ。

（梵天）、ナマクサンマンダブツダーナンボラアンマヱイソワカ。

（地天）、ナマクサンマンダブツダーナンヒリチヒエーソワカ。

（日　　天）、ナマクサンマンダブツダーナンアニチャヤソワカ。
（月　　天）、ナマクサンマンダブツダーナンサンダラヤソワカ。
（妙　　見）、オンマカシリヱイジリベイソワカ。
（吉　祥　天）、オンマカシリヤアヱイソワカ。
（多　聞　天）、タニヤタアテイナウテイトナウテイアナウテイナウニクナウニ
ソワカ。
（辨　才　天）、オンソラソバテイエイソワカ。
（訶　利　帝　母）、オンドドマリカギテーソワカ。
（摩　利　支　天）、オンマリシヱイソワカ。
（天照皇大神）、ノーマクベイラギヤジヤナンカンハラマン。
（愛宕大明神）、ノーマクベイラタンナメーダカンハラマン。
（春日大明神）、ノーマクベイラサンボリタヤカンハラマン。

(荷稲大明神)、ノーマクベイラキリカリワタマネイカンハラマン。
(熱田大明神)、ノーマクベイラタターリヤーナカンハラマン。
(龍王大明神)、ノーマクベイラマカキャラマシンヱイカンハラマン。
(住吉大明神)、ノーマクベイラナントハナンダヱイカンハラマン。
(生玉大明神)、ノーマクベイラヤヤシヤジムバラーカンハラマン。
(祇園大明神)、ノーマクベイラタラヂテイギヤラカンハラマン。
(湯淺大明神)、ノーマクベイラチビチニーカンハラマン。

一、次ニ右ノ各眞言ガ終ルヤ更ニ側ノ壇木ヲ、三四本其ノ火ノ中ヘ燒ベ直チニ**『十八契印ノ法』**ヲ行ナフ。『十八契印』トハ、第一『淨三業ノ印』、第二『佛部三昧耶ノ印』、第三『蓮華部三昧耶ノ印』、第四『金剛部三昧耶ノ印』、第五『被甲護身ノ印』、第六『地結ノ印』、第七『四方結ノ印』、第八『道場觀ノ印』、第九『大虛空藏ノ印』、第十『送車輅ノ印』、第十一『請車輅ノ印』、第十二『迎請ノ印』、

十八契印（一）

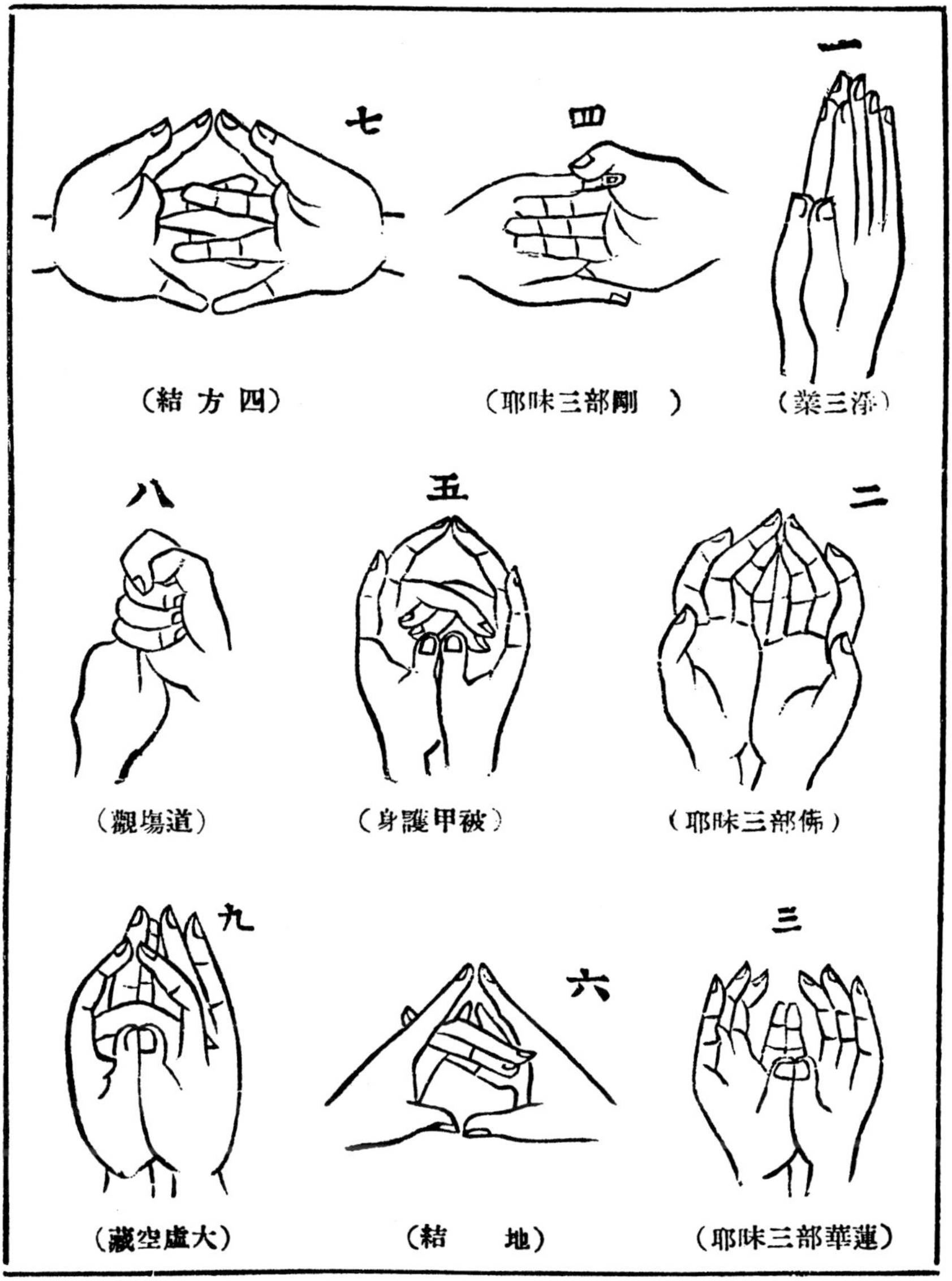

一
（淨三業）
四
（剛部三昧耶）
七
（四方結）
二
（佛部三昧耶）
五
（被甲護身）
八
（道場觀）
三
（蓮華部三昧耶）
六
（地結）
九
（大虛空藏）

十八契印(二)

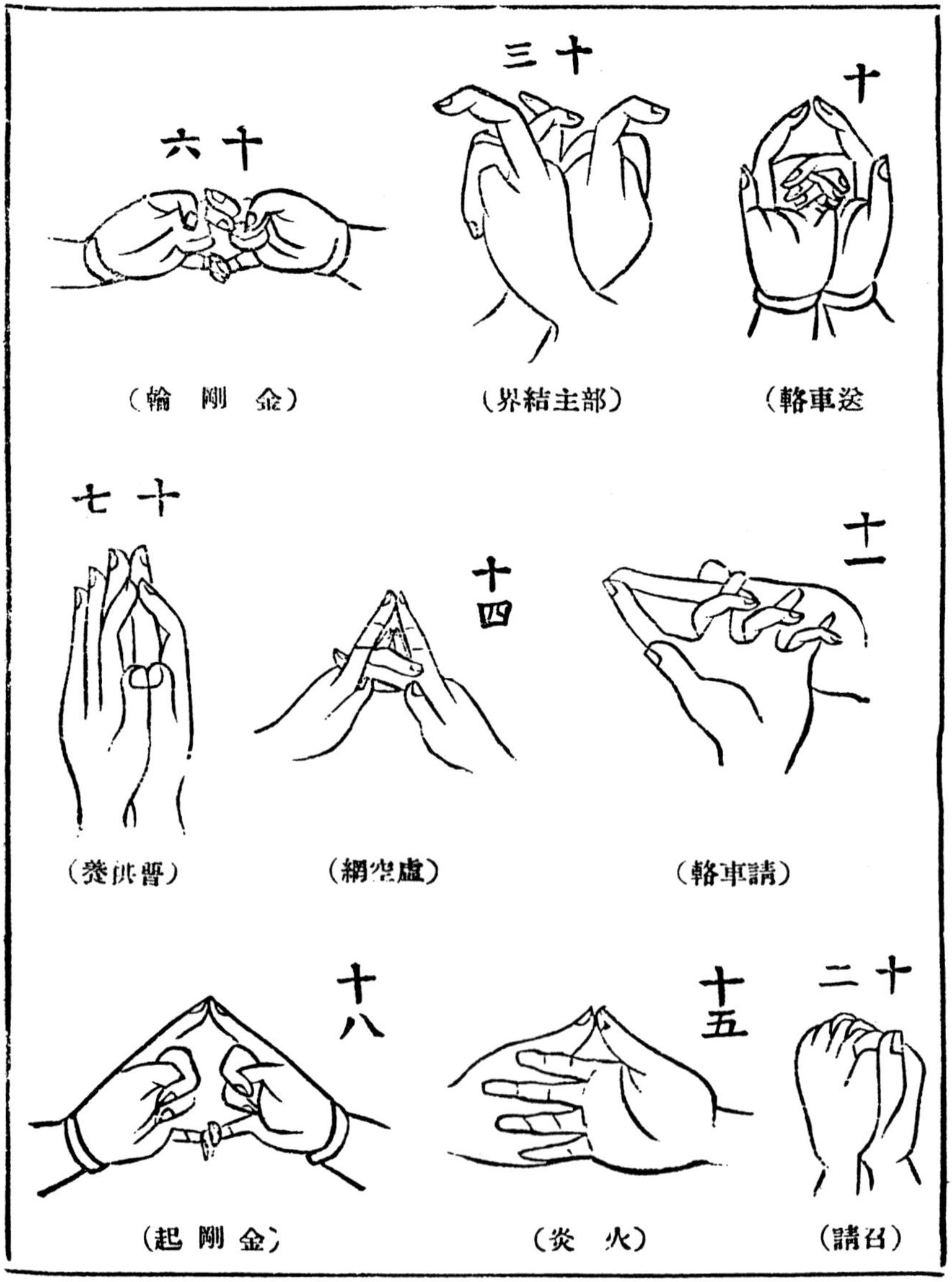

第十三『部主結界ノ印』、第十四『虚空網ノ印』、第十五『火炎ノ印』、第十六『金剛輪ノ印』、第十七『普供養ノ印』、第十八『金剛起ノ印』ノ十八個ニシテ、其ノ結ビ方ハ即チ圖ニ示セルガ如シ。

◎扨て前の各諸眞言を終るや否や更に火中に護摩木を投じて火勢を增し。尙ほ梵字輪をばヂッと見詰めつゝ此の十八契印の法を行なふなり。即ち呼吸を止め、齒を喰《く》ひしばり全身の一念を梵字輪に乘り移《う》つらせて十八契印をば第一より第十八まで繰《く》り返しながら續けざまに何回も〳〵結ぶべし。斯くすること暫時にして忽ち體內の熱感と全身の血管皷動とを感じ、軈て其の熱感と血管皷動とが增々烈しくなり遂ひには全身體內の赤き血液がグラ〳〵と沸騰しつゝあるが如き感を覺ゆるに到るものなり、これを『**護摩血液沸騰法**』と名づく。斯くの如き感が起るに到れば其のとき時を移さず直ちに全身の念力を震ひ起し、梵字輪を睨みながら『イエーツ』といふ大なる吸氣の氣合と共に、結べる印をばパッと解《と》き、炎々たる焔と梵字輪とを吸ひこむや、今まで炎々と燃え上りし護摩の焔はパッと一時に鎮火するに到らん。而して此の鎮火法に成功すれば既に行者の體内には幾分かの魔力が備《そな》はれるものと知るべし。卽ち護摩の焔が全部行者の體内に吸ひこまれ、一種の『魔力素』すなはち『靈力素』となりて行者の體内に潛み、後日行者が或る何等かの靈術を行はんとする時には此の焔の魔力素が行者の身體より流れ出でて以て偉大なる靈能を發揮せしむるものなり。從つて此の鎮火を繰り返せば繰り返すほど魔力が強くなるものなり。故に繰り返し得らるゝだけ繰り返し置くを良しとす。

◉以上を以て『靈力涵養自修法』の一たる護摩法を傳授し終れり。玆に尙ほ一言附加すれば、護摩壇の構造法に就ては前に示せる圖に依つて之れを知るべし。但し、あながち此の通りの構造法に從はずとも、もつと簡單なる造壇法あり。即ち約正方形の机を求め、其の上の中央部に稍《や》や大形の金盥《かなだらへ》を置きて之を爐となし其の中へ護摩木を組むなり、而して又別に此の机とは少しく丈《せ》の低《ひく》き机を後方に据えて禮盤となし其の上に行者が座して前の修法を爲せば極めて簡便なり。敢て多額の金を出して佛具屋より特別の護摩壇を求むるにも及ばざるべし。此の實修法は斯くの如く極めて簡單なるものなるが故に諸子は今日より直ちに之が自修に取り掛られむ事を切に希望するものなり。

◉魔力を修得する基礎的の自修法として更らに第二の魔力涵養法あり。是れ即ち『神佛祈《いの》り詰《づ》めの大邪法』とでも稱すべき方法にして佛像、又は御神體をば祭壇より引き擢り出して之を油の沸騰せる釜の中へ投げ入れ、而して其の神佛をばグラ〳〵と煮ながら一念を罩めて祈り詰め、以て强烈なる念力を涵養せしむると云ふ最も恐ろしき神術にして、此の法は蘇悉地經の中に說ける『神佛治罰法』と、使咒經の中に說ける『神佛浴油供法』とより採《と》れる最も祕密中の祕密なる修法と云ふべきものなり。即ち蘇悉地經にも『祈願ガ成就セザルトキハ瞋《イカリ》ヲ以テ本尊ヲ鞭打《ムチウ》チ、其ノ瞋心ヲモッテ鞭打テ、譬ヘバ鬼魅ヲ治罰スルガ如クニス、本尊ヲ治罰スル法モ亦マタ是ノ如シ』云々とあるが如く、尊拜すべき神佛をば、尊拜するどころか反對に大なる忿怒を以つて其の神佛をば、責《せめ》苦《せ》にあはせ拷問《ごうもん》にかけて罰し苦しめると云ふ最も恐ろしき神術なり。今や本道場は輙《たやす》すく漏《も》らし得ざる此の最極の祕法を大膽にも玆に傳授する次第なれば、諸子は堅く此の祕密を守りて私《ひそ》かに自己の自修にのみ勉め斷じて之を他に漏《も》らすべからず、若し諸子が他人に向つて妄りに之を漏らしなば諸子は實に恐るべき大なる神罰と佛罰とを蒙るに到るべし、之を愼《つつ》しめ、よく之を愼しめ。

◉扨て此の祕法を修するには先づ大形なる白木の三寶《さんぽう》を据へ、その上に成るべく小形の竈《かまど》を置き其の竈の上に釜を掛け、釜の中には種油《たねあぶら》を七分目ほど入れ置くべし。三寶の下には荒薦《あらこも》を敷き、四方に注連縄《しめ》を引き垂幣《しで》を付くべし。且つ又、前方の一段高き所には前の護摩法の時の如くに嚴そかなる祭壇を設け、其の御厨子の中には本尊として『**ビナヤカ大明神**』と稱する祕佛を祭《まつ》り置くべし。但し此の祕佛の謹製法は極めて簡單なれども最も深祕の部類に屬するが故に、玆に之を傳授すること能はず。卽ち『最高口傳書』の中に於てのみ之を傳授せり、故に此の祕密を知らむと欲する者は、よろしく最高行者として入門せざるべからず。

◉先づ周圍の戸や障子を嚴重に閉《と》ざし他人をして室內の伺ふを嚴禁し齊戒沐浴して壇の前に正座し、神祭の忌火を取りて竈に焼付《たきつ》け、而して以って左の行事を爲すべし。

一、先ヅ拍掌三回ス

一、次ニ左ノ祝詞《のりと》ヲ唱フ

『肅敬白豐葦原中國開闢天神。伊弉諾。伊弉冊尊。天照太神。天兒屋根等尊神國家鎭守。諸社宗廟。和光同塵利益衆生者梵釋龍天。護法善神等而言。伏以釋尊出世雖垂濟度於西天。我等衆生已漏彼機。神冥利生雖施化儀於東土。不信敬者何預其惠。可勸也可貴。凡從鉾滴成島當初。吾國大海之底有大日如來之印文。此佛法流布之瑞相也。第六天魔王爲障礙佛法欲令無國土之時。天照太神請神通於魔王。天地開闢以降八百萬神達、外顯異佛敎之儀式。内爲護佛法之神兵構善巧於内外。救黎民於我國也。然則季節晝夜轉變示無常無我之理。風雨雷電靈異表如夢之旨。弟子等如來在世音雖不纓一代半滿之敎綱。神冥濟生

今幸得レ結ニ八相成道之來緣一。此ハ是諸佛善巧之所レ及。此ハ是諸神變化之所レ構。

星宿照レ暗ヲ。影泛ニ信敎歸依之水一ニ。日神曜レ天ニ。光銷ニ四洲十惡之霜一。加レ之

深崇ニ生死之忌一即厭離生死之誡也。妙悅ヘニ精進之詣一。亦勤行精進之勤也。

神冥無ニ於外一。恭敬則顯ニ於祭席一。淨土非ニ于遠カニ一。勤行則在ニ于道場ニ一。仍欲

レ蒙ニ神冥ノ利生ヲ一者須レ報ニ賽靈神恩德一。供具是雖レ疎ニ蘋蘩瀘藻之奠ヲ一。爰以奉ニ

尊神一所獻是雖レ輕。潢汙行潦之水以獻ニ冥道一。隨分禮奠拙ニ懇志一。精誠法

味貢ニ我神一。照覽若無レ隔尚饗不レ可レ疑矣。讚嘆ノ志趣ヲ以爲ニ三門一。第一讚ニ諸

神ノ本地一。第二明ニ垂迹之利益一。第三ニハ回向發願也。

第一讚ニ諸神本地一者。諸神本地ハ皆是往古ノ如來深位ノ大士。與法利生悲願慇重ニシテ

爲レ弘ニ佛法一兼ニ王法一。假出ルノ法性ノ都ニ月移ニ秋津島之隈一。暫改ニ報身境一花薰ニ

豐葦原之邦一。閑觀ニ本地者。佛果之滄海蕩情思ニ弘誓一者。化佗之尊容巍々。

如來ノ鏡智明照ニ凡慮之底一。行者觀心潔通レバ佛意遙一。是以感應ノ成否依ニ信心ノ厚

薄。利益遲速任渴仰淺深。是故行教和尚誦 若於宇佐宮三尊忽現忍辱之袂。仲算大德誦心經於那智瀧。千手親顯戀念之前。爰以諸社瑞籬則嚴淨佛土也。諸神之本地亦大權薩埵也。故經云、諸佛所居皆是淨土云云。海底印文可思也。可貴也。迷則妄相顛倒之栖多龜毛兎角之詐。悟亦常寂光土之堺無竹煙松霧之隔。淨名方丈室容無數億千之凡聖。釋迦靈山境安自界佗方之聽衆。玉殿莫謂狹。覺者前無有際限。是以運步於社壇卽自穢土詣淨土。初門勵志於神冥亦從神道歸佛道之方便。然則紙錢幣帛之報賽遠裹菩提之粮。念誦讀經之法施漸刷大願之翅。和光同塵結緣始。順解脫分善根已殖。八相成道利物之終。當得菩提願望宜滿本地大聖加被。不空發菩提心薰增佛種矣。仍唱伽陀讃本地德。頌曰。

本體盧舍那。久遠成正覺、爲度衆生故、示現大明神、南無日本國中大小神紙本地法身諸佛提菩心中所願決定圓滿矣。

第二讃二垂迹利益一者。以二大聖應用一爲二神冥垂迹一。自證得二難思之內德一現二妙用無窮之神力一。正道正理以爲レ心。神通神足以爲レ質。爲レ導二愚夫顚倒之迷一寂靜安樂之底起二攀緣動作之用一。爲レ救二卑劣雜類之生一精靈微細之色土現二夜叉鬼畜之形一。釋尊說二一代八萬敎一必現二神通一。薩埵度二三千大千界一。定運二神足一速疾利。他方便多現二神力一頓成。祕術善巧皆說二神咒一。可レ知神通是諸佛定智。三乘目足也。如來在世尙爾。況於二神國一哉。國者神之可レ與之國也。生者神之可レ度之生也。天神與二國神一契約無レ疑。王與臣安全不レ變。助レ王助レ國之惠是厚。護レ法護レ仁誓亦深。依レ之遍照金剛傳二密敎於和國一。丹生明神與二其地一。傳敎大師弘二顯宗於台嶺一。日吉山王守二其法一。加レ之華嚴全陵床上善神擁護之風靜レ扇。三性五重窓前春日。和光之影亦潔。金剛藏王者假雖隱二泥洹雙樹之春霞一。遙出二日域南山之秋空一。自然涌出生二身誓一。護二慈氏之敎一。熊一野權現者誓辭二東土西方寶刹一。垂二化儀於牟漏郡《ニ》一。鎭留二東域扶桑之金殿一。契引二接於極樂界一。諸社誓護如レ此不レ遑二翰墨一。總六十餘州《ノ》神祇冥衆隨レ機任レ緣。巨益非二口所レ宜レ應レ時。觸レ物之靈驗非二心所レ測。神者依二法《ノ》靈德一長命也。法者依二神《ノ》利生一揭焉也。夫觀散レ峯之霧拂レ梢之嵐如レ斷二妄執一。敷レ庭之砂峙レ砌之石皆含二靈威一。雲雨蒼茫曉錦織翻二利物之風一。煙嵐蕭慧之暮《ニハ》金甍耀二和光之月一。神王神臣之班位列二影於芳座一。法體俗體之尊儀寄二粧於木綿一。后妃采女《ハ》曳二裙襦一以陪二前後一。天童靈官正二衣冠一以仕二左右一。大力《ノ》夜叉守二門々一之衛護威猛《ノ》神兵固二道々一而圍遶《セリ》。面々《ノ》部類各々《ノ》眷屬列レ天凝《ルコト》レ地如レ雲如レ霞。是則權者實者隨レ所應レ機爲レ主爲レ伴。互通《シ》互助。殊當社《ノ》權現者慈悲萬行之名稱。朝家無雙之靈神也。顯レ日顯レ月之德萬國誰《カ》不レ戴二其光一。爲レ雲爲レ雨之姿普天何《カ》不レ受二其潤《チ》一。是以貴賤成レ林。緇素諍レ道。仰二金樓一而累レ日。澄二信水於神慮之底一。燈二玉甃一而通夜。

任二眼石於慈悲之眸《ニ》一。憑憑《上ク》二於父一《ヨリモ》。昵昵《ハ》二於母一《ヨリモ》心中《ノ》懇祈無レ愧《ルコト》二于神冥一。身上《ノ》愁腸只《ハ》愬二于神道一。是則往因之令レ然所也。抑又爾所レ致也。為レ現《ノ》為レ當《ノ》可レ報可レ答。然則法侶倍レ砌。讀誦之音耳喰《ニ》二禪悦之味一。巫現陳レ庭。歌舞之熊足催二神《ノ》感興一。是以一天風和。八延日新。久待二慈尊成道之春一。永湛二月氏法水之浪一。興隆佛法利益有情者龍天善神之本誓也。國土泰平諸家豐饒者垂迹和光之弘願也。春禴《マヅリ》秋嘗《マツリ》我願既滿。朝祈暮賽《ル》衆望亦足。仍為レ報二神冥恩徳《ヲ》一唱二伽陀《ヲ》一。讃二神徳《ヲ》一。頌曰。

諸佛救世者、住二於大神通一、為レ悦二衆生故、現二無量《ノ》神力一 三返

南無和光利物倍增法樂倍增威光心中所願決定圓滿 三返

第三回向發願《ト云》者。香華燈明《ハ》隨分《ノ》供具。紙錢《ハ》幣帛《ハ》懇祈《ノ》禮奠。以二信心無碍《ヲ》一回向《ス》。又廣大也。先《ツ》奉レ獻二諸社《ノ》本地。法報應化《ノ》三身。如來一代權實八萬聖敎。聲聞緣覺菩薩々埵住持眞行等三寶願海一。次奉レ獻二天神七代。地神五代。別

王城鎭守天照豐受兩神宮。八幡三所。加茂下上。松尾。平野埜。稻荷。春日。大原野。大神石神。大和廣瀨。龍田住吉。日吉梅宮。吉田廣田。祇園。北野。丹生。貴布禰。殊關東鎭守。二所權現。三島大明神。總金峯。熊野。白山。新羅等。普天率土有勢無勢。大小神祇。殊當社大明神一。次奉レ獻二梵天帝釋護世四王四宮四禪六欲諸天。辨財天。吉祥天。訶利帝母。歡喜天。吒枳尼天。宇賀神將。十五童子。大黑天神。荒神。鹿辭神一。又奉レ獻二北斗七星。諸宿曜等。當年行疫流行神等。堅牢地神。焰魔法王。五道冥官。泰山府君。司命司祿。俱生神。十二神將。十羅刹女。十六善神。二十八部衆一切善神。惡神。龍神等一。悉回二向三國傳燈諸大師等。開闢以來貴賤靈等。七世父母。六親眷屬。師長同朋。四生六道諸靈等一。抑大聖神力難思而變二土石一成二金銀一。垂迹誓願堅固而轉二貧乏一改二富貴一。一句一偈法施周遍二十方法界一與二虛空一等。一粒一滴供具充二滿山川雞谷一。普如《キコト》二雲海一。仰願有緣大士無緣ノ靈神。哀愍垂加被チ也。願我等當來如ニ諸佛菩薩現神冥神薩護佛法。願我等當來如大小諸神施神冥威利益衆生。若爾者渇仰歸依之心底碎ニハ惑障煩惱之塵。勞恭敬頂戴之首上銷ニハ無明黒業之罪暗。依權現神ノ力知今生壽ノ限。蒙當社ノ擁護識順次生ノ所安養知足佛土ノ境。隨願而往詣靈山補陀洛ノ寶刹。任志而生在。殊金輪聖皇ノ寶祚延長。文武百寮榮運無傾。魔王魔民止邪道歸正道。ニ惡鬼恐神改妄見生正見。四生同入ュ一佛乘ノ之門。六道共證三菩薩之果仍任廣大慈悲ノ可唱回向伽陀ノ。

願以此功德、普及於一切、我等與衆生、皆共成佛道、

南無諸社靈神倍增法樂一切衆生平等到益。』(拍手三回)

一、次ニ大荒暴ノ音聲ヲ張リアゲテ怒ルガ如クニ左ノ『**ビナヤカ經**』ヲ誦ス

『大聖《たいせう》**ビナヤカ**大明神《だいめうじん》、使咒法經《しじゆほうけう》。

爾時毘那夜迦《にじびなやか》。於鷄羅山《おけいらさん》。集諸大衆《しゆしよだいしゆう》。梵天自在天《ぼんてんじさいてん》。釋提桓因等《しやくだいかんいんとう》。及無量億《ぎうむりやうおく》

數鬼神等《じゆきしんとう》。從座而起《じうざにき》。稽首作禮《けいしゆさらい》。於大自在天《おだいじざいてん》。請言《せうごん》。我今欲說一字呪《がこんよくせついちじしゆ》。饒益衆生《ねうやくしゆじよ》。唯願印可《ゆいがんいんか》。聽我所說《てうかせうせつ》。諸天言《しよてんごん》。善哉如汝所說毘那夜迦《ぜんざいによによしよせつびなやきや》。得說《とくせつ》。歡喜踊躍卽說毘那夜迦《かんぎゆやくそくせつびなやきや》。一字呪曰《じしゆわつ》。**オンギャクギャキリクヲンカウンバッタ**。

欲作此法《よくさしほう》。先須造像《せんしゆぞうく》。或用白鑞《わくようびやくれい》。及金銀銅《ぎふこんぎんどう》。樺木等《くわもくとう》。各刻作其形《かくこくさごけう》。像夫婦二身《そうふうふにしん》。和合相抱《わごうそうほう》。立竝作《りうびやうさ》。象頭人身《ぞうづにんてん》。其造像直《とぞうくちき》。不得還價《ふとくげんか》。造其像己《ぞうとぞうい》。白月一日《びやくぐわつにち》。於淨室內用淨牛糞《おぜうしつないようぜうとふん》。麻作圓壇《まさゑんだん》。隨意大小《ずいいだいせう》。當取一升胡麻油《とうしゆせうとまゆ》。用上呪《ようぜうしゆ》。呪其淨油《しゆごぜうゆ》。一百八遍《ひやくへん》。煗其油以淨銅器盛著煗油《なんごゆいぜつどうきぜうちやくなんゆ》。然後將像《ねんごやうぜう》。放著銅盤油中安置《はうちやくどうはんゆちうあんち》。壇內用淨銅匙《だんないようぜうどうし》。若銅杓等《にやくどうしやくとう》。攣油灌其二像身頂《れんゆかんごぞうしんちやう》。一百八遍《ひやくへん》。以后日日《いごにちく》。更咒舊油《こうじゆくゆ》。一百八遍《ひやくへん》。一日之中《にちしちう》。七遍灌之《へんかんし》。平旦四遍《びやうしよへん》。日午三遍《にちごべん》。共成七遍《くぜうへん》。如是作法《によぜさほう》。乃至七日《ないしにち》。隨心所願成卽得稱意《ずいしんしよがんぜうそくとくせうい》。正灌油時《せうかんゆじ》。數々發願《そくくほつがん》。用酥蜜《ようそみつ》。和麨作團《わせうさだん》。羅蔔根《らふくこん》。幷盞酢酒漿《べうさんさくしゆせう》。如是日成獻食《によぜにちぜうこんじき》。必須自食《ひつしゆじじき》。方得氣力《ほうとくけりき》。爾時毘那羅曩伽《にじびならのうぎや》。將領《ぜうれう》。九千八百《ひやく》。諸大鬼王《しよだいきわう》。遊行《ゆげう》。三千世界《ぜんせかい》。

我等所為《がとうしよい》神力自在《しんりきじざい》遍歴諸方《へんりやくしよほう》。奉衛《ぶねい》。三寶《ほう》已大慈悲《いだいじひ》。利益衆生《りやくしゆぜう》。向於世尊《こうおせそん》。倶發聲言《ぐはつせうごん》。我以《がい》。自在神通《じざいじんつう》。故號毘那羅曩伽《ことうびならのうきや》。亦名毘那夜迦《やくめうびなやか》。亦名毘微那《やくめうびひな》曩迦《のうきや》。亦曰摩訶毘那夜伽《やくわつまかびなやか》。如是《によぜ》四天下《てんげ》稱皆不同《せうかいふどう》。我於出世《がおしゆつせ》。復有別名《ぶうべつめう》。即《そく》以神變《いじんぺん》。昇虚空《せうこくう》。而説偈言《にせつげごん》。

我有微妙法《がうみめうほう》、世間甚希有《せけんじんけう》、衆生受持者《しゆしよじゆじしや》、皆與願滿足《かいよがんまんぞく》、我行順世法《がげうじゆんせほう》、
世示希有事《せじけうじ》、我能隨其願《がのうすいごがん》、有求名遷官《うぐめうけんかん》、我使國王召《がしこくわうてう》、有求世異寶《うぐせいほう》、
使世積珍利《しせしやくちんり》、家豐足七珍《かほうそくしちちん》、世皆所希有《せかいしよけう》、有求色美者《うぐしきみしや》、發願宛然至《ほつがんねんねんし》、
莫須言遠近《まくしゆごんおんごん》、高貴及難易《こうきぎうなんい》、志心於我者《ししんおがしや》、我使須臾間《がししゆゆけん》、有衆生疾苦《うしゆじよしつく》、
顛狂及疥癩《てうけうきゆかいらい》、疾毒衆不利《しつどくしゆより》、百種害加惱《ひやくしゆがいかのう》、誦我陀羅尼《づがだらに》、無不解脱者《むふげだつしや》、
獨行暗冥處《どくぎうあんめうじよ》、依我皆無畏《いがかいむい》、劫賊忽然侵《こうぞくこつねんしん》、我皆令自縛《がかいりやうじはく》、若欲自然福《にやくよくじねんふく》、
若有求女人《にやくうぐによにん》、夫人令得女《ふにんれうとくによ》、我必令相愛《がひつれうそうあい》、世間陵突者《せけんれうとつしや》、我悉令摧伏《がしつれうさいふく》、
逍遙自快樂《せうねうじけらく》、宛然無所乏《ねんねんむしよぼう》、有念皆稱遂《うねんかいせうすい》、隨有咸滿足《ずいうげんまんぞく》、設衆惡來侵《せつしゆあくらいしん》、

我《が》使《し》如《にょ》其《ご》意《い》、我《が》悉《しつ》能《のう》加《か》護《ご》、住《じゅ》居《こ》皆《かい》吉《きっ》慶《けう》、宅《たく》舍《しゃ》悉《しっ》清《せう》寧《ねい》、男《なん》女《にょ》得《とく》英《ねい》名《めう》、
夫《ふ》妻《さい》順《じゅん》和《わ》合《ごう》、上《ぜう》品《ぼん》持《じ》我《が》者《しゃ》、我《が》與《よ》人《にん》中《ちう》王《わう》、中《ちう》品《ぼん》持《じ》我《が》者《しゃ》、我《が》與《よ》爲《い》帝《てい》師《し》、
下《げ》品《ぼん》持《じ》我《が》者《しゃ》、富《ふう》貴《き》無《む》窮《ぐっ》己《こ》、恒《こう》欲《よく》相《そう》娯《ご》樂《らく》、無《む》不《ふ》充《じう》滿《まん》足《ぞく》、奴《ね》婢《ひ》列《れつ》成《ぜう》群《ぐん》、
美《び》女《にょ》滿《まん》衢《く》庭《てい》、遊《ゆ》行《げう》得《とく》自《じ》在《さい》、隱《おん》顯《けん》能《のう》隨《ずい》念《ねん》、出《しゅっ》入《にう》無《む》所《しょ》礙《げ》、無《む》能《のう》測《そく》量《れう》者《しゃ》、
我《が》於《お》三界《かい》中《ちゅう》、神《しん》力《りき》得《とく》自《じ》在《さい》、降《ごっ》世《ぜ》希《け》有《う》事《じ》、我《が》皆《かい》悉《しっ》所《しょ》爲《い》、若《にゃく》說《せつ》我《が》所《しょ》能《のう》、
窮《くう》劫《こう》不《ふ》能《のう》盡《じん》、持《ち》我《が》陀《だ》羅《ち》尼《に》、我《が》皆《かい》現《げん》其《ご》前《ぜん》、夫《ふ》妻《さい》及《ぎふ》眷《けん》屬《ぞし》、當《とう》隨《ずい》得《とく》衞《ゑ》護《ご》、
我《が》有《う》遊《ゆ》行《げう》時《じ》、誦《づ》我《が》即《そく》時《じ》至《し》、過《か》於《お》險《けん》難《なん》處《しょ》、大《だい》海《かい》及《ぎふ》江《こう》河《が》、深《しん》山《せん》險《けん》隘《あい》處《しょ》、
獅《し》子《し》象《ぞう》虎《こ》狼《ろう》、毒《どく》蟲《ちう》諸《しょ》神《しん》難《なん》、持《ち》我《が》皆《かい》安《あん》穩《をん》、若《にゃく》有《う》侵《しん》嬈《ねう》者《しゃ》、頭《づ》破《は》作《さ》七分《ぶん》、
壽《じゅ》命《めう》悉《しっ》長《ちゃう》遠《をん》、福《ふく》祿《ろく》自《じ》遷《せん》至《し》、
爾《に》時《じ》。毘《び》那《な》夜《や》羅《ら》迦《か》。說《せつ》是《ぜ》偈《げ》已《い》。告《こう》世《せ》人《にん》。言《ごん》說《ぜつ》處《しょ》世《せ》。陀《だ》羅《ら》尼《に》法《ほう》。最《さい》護《ご》衆《しゅ》生《ぜう》。
隨《すい》其《ご》所《しょ》願《がん》。皆《かい》得《とく》滿《まん》足《どく》當《とう》須《しゅ》日《にち》夜《や》誦《づ》持《じ》。滿《まん》十萬《まん》遍《べん》。乃《ない》至《し》二十萬《まん》遍《べん》。皆《かい》得《とく》如《にょ》所《しょ》說《せつ》。
即《そく》昇《せう》虛《こ》空《くう》即《そく》說《せつ》呪《しゅ》曰《わつ》。ノーボ、ビナーヤカ、シャ アシッチボキャシャタニヤ

ダアチヤノーチヤジュバテイヤウシツドンギャヤシバダバヤバタサシャヤバリハチソワカ。』

一、次ニ鈴《りん》ヲバ『リーン、リーン』ト續ケザマニ振リ鳴ラシツツ『南無《ナーム》びなやか大明神!!』『南無《ナーム》びなやか大明神!!』ト百八遍クリ返シ、クリ返シ呼ブベシ。

一、次ニ『十二合掌』ト『四種拳』トヲ結印シテ大聲ニテ左ノ『治罰經』ヲ叫ビツツ俄カニ座ヲ立チ、神壇ノ御厨子中ヨリ本尊ヲバ引キ擢リ出シ、恐ロシキ忿怒ノ相貌ヲ以テ其ノ本尊ヲ沸騰セル釜ノ中ニ投ゲ入レヨ。

『ヤヨ汝びなやか大明神ヨ、汝ハ靈驗アラタカナル神トシテ昔ヨリ數多《アマタ》ノ人ニ崇《アガ》メ尊トバレ歸依信仰セラレタリ、然ルニ余ハ今、汝ヲ此ノ沸騰セル油ノ中ニ投ジテ汝ノ身體《カラダ》ヲバ燒《ヤ》ケ爛《タヾ》ラセテ汝ノ法力ヲ吸ヒ取ラムトス。汝びなやか神ヨ、余カ恐ロシキ顏ヲ見ヨ。余ハ今、鬼トナリ惡魔トナリテ汝ノ身《カラ》體《ダ》ヲ苦シメ抜《ヌ》カン。汝、余ノ身體《カラダ》ニ乘リ移《ウツ》リテ余ニ無限ノ法力ヲ與ヘヨ、然ラバ直チニ此ノ呪《ノロヒ》ノ釜ヨリ汝ヲ救ハン。モシ與ヘザレバ斯クシテ永久ニ呪ノ火ヲ焚《タ》キ、汝ノ身體ガ鎔《ト》ケ爛《タヾ》レルマデ此ノ苦刑ヲ止《ヤ》メザルゾ。乘リ移レ 乘移レ、速カニ乘リ移リテ汝ノ有スル法力ヲバ悉ク吹出《フキイダ》シテ余ガ身體《カラダ》ノ中《ナカ》ヘ注《ソソ》ギコメ!!』（拍手三十回）。

一、而シテ、其ノ釜ノ中ノ祕神ヲバ、凝《ザツ》ト睨ミツケ乍ラ呼吸《イキ》ヲ殺シ、心ノ中デ

『びなやか大身咒』スナハチ『南無毘那夜迦舍《ナムビナヤカシヤ》、訶室《カシ》胝謨《モ》伽沙《キヤシヤ》、怛姪他《ヂヤヤタ》、唵陀叟阿陀叟訶《オンダユアダユカ》、毘那夜訶《ビナヤカ》、毘那夜訶《ビナヤカ》、陀羅叟訶《ダラユカ》、破哩陀羅臾訶《ハリダラユカ》、商伽羯室胝《シヤキヤキヤラシツチ》、商《イシヤ》伽羯室多《キヤキヤラシツタ》、扇胝《センチ》伽羅《キヤラ》、娑婆訶《ソハカ》』トイフ眞言ヲ續誦シツツ下腹丹田ニ力ヲ注ギテ**『びなやかノ邪印』**ヲ結ブベシ。『びなやかノ邪印』トハ、圖ニ示スガ如

ピナヤカの邪印

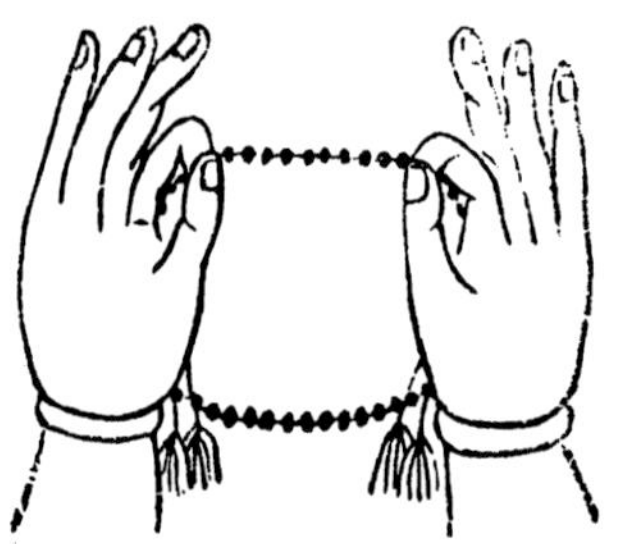

キ形ヲナシテ珠數ヲ持チ其ノ手ニ力ヲ罩メテ額《シタヘ》ノ所ヘ持チ來スナリ。

◉斯くすること五分十分、早くば三四分にしてビナヤカ神は感應して行者の身體へ乘り移り、行者の肉體は微かなる顫動を起し來るものなり。此の微動は即ち行者の身體へビナヤカ神の乘り移れる徵據にして、また此の時までに幾分かの法力と魔力と靈力とが行者の身體に備わりしものと知るべきなり。此の『祈り詰め』の祕法も前述の護摩法の場合と同じく其の回數を重ぬれば重ぬるに從ひて益々その法力の强さを增し來るものなるが故に强烈なる魔力の涵養を望む者は、よろしく何回も何回も繰り返し修法するを必要とす。即ち修法が一回終れば釜の中より本尊を出して元の如く神壇の御厨子中へ祭り置き、次に修法する時は再び又神壇より引き擢り出すが如くにす。抑も此のビナヤカ大明神は蘇悉地經疏の中に『毘那夜迦コレヲ障礙神マタハ常隨魔ト名ヅク、歩々逐ニ隨テ心ヲシテ散亂セシム、譬ヘバ若シ人アリテ水ヲ尋テ行クニ影水中ニ入テ現ズレバ形逐フニ隨テ相捨離セズ、毘那夜迦ガ行者ノ身ニ入レバ恆ニ相離レザルコト亦復カクノ如シ』とあり又、大使呪法經の中にも『上品我ヲ持スルモノハ我人中ノ王ヲ與ヘ、中品我ヲ持スルモノハ我帝師ヲ與ヘ、下品我ヲ持スルモノハ富貴無窮ナリ、恆ニ相娛樂セント欲セバ衣滿足セザルコトナク、奴婢列シテ群ヲナシ遊行自在ヲ得、隱顯ヨク念ニ隨ヒ出入礙ル所ナシ、能ク測量スルモノナク我三界ノ中ニ於テ神力自在ヲ得、世ニ希有ノ事ヲ現ス』とあるが如く、此のビナヤカ神は最も靈驗のあらたかなる祕佛なるが故に、平素は極めて尊嚴に之を祠《まつ》り且つ之を跪拜せざるべからず。然れども『祈り詰め』の修法を度重《たびかさ》ぬるに從つて此の祕佛の精氣は漸次に行者の身體へ吸ひ取られて祕佛の體像內の精氣は漸次に稀薄となり遂ひには其の精氣も法力も全部、行者の身體に移りてみて、祕佛の體像內には、最早や何等の精氣も魂魄も無き所謂『魂《たましひ》の脫殼《ぬけがら》』とも云ふべき片々たる一個の木片、或は銅塊に過ぎざるものとなる。故に時々は其の佛像に對しては更に新らしく精氣を吹きこんで、精氣溌溂たる元のビナヤカ神たらしめざれば効なし。此の『**御性根《おしようね》を入れる祕法**』即ち『**開眼《かいげん》の祕法**』は『最高口傳書』に於てのみ之を説明す。

●上述の如く『祈り詰め』の術は其の回數を重ぬるに從つて行者の法力が其の強度を增しゆくものなるが、愈々その度を重ぬれば身體の微動もいよ〳〵激烈となりて遂ひには自分ながら驚ろかざるを得ざるほどの烈しき顫動を現はすに到る事あり。この微動、乃至顫動を起す事をば假に之を『**魔素エーテル渦動作用術**』と呼ぶ。其の顫動すなはち渦動の意義併びに理論などに到りては極めて深遠なるも、實修法としては其の要なければ玆には省略して其の理論を説明せず。兎に角この『祈り詰め法』すなはち『魔素渦動作用術』は一名これを

『憑神術』とも、『ビナヤカ邪神遣《つか》ひの法』とも名づくべきものにして、靈力涵養實修法の基礎的自修法なれば速やかに諸子が實修せられ給はん事を希ひ願ふ。然れども此の祕法たるや、また世に比類なき無二の頓法にして密宗に於ける祕密奥藏の最極なれば、願はくば諸子たるもの愼《つつ》しんで妄《みだ》りに之を他人に傳ふること勿れ。豈、祕《ひ》めざるべけんや。それ豈、祕めざるべけんや。南無大師遍照金剛、南無大師遍照金剛、南無大師遍照金剛!!

『虎の巻』終了

第貳巻　中傳の部

蛇の巻

弘法大師の御眞筆

恐《おそ》ろしや「蛇《ぢや》の巻」

霊術道場

◉夫れ眞言霊術の修行たるや恰かも、剣術の修行に於けるが如し。勿論、少しく異なる事情もあれど、眞言の霊術は先づ昔の剣術の修行に類似し、之を少しく怠つて居れば必ず腕が落ちるものなり。断えず行つて居れば假令《たと》へ鈍《にぶ》き法力でも漸次に其の強さを増すなれど、之に反して如何に鋭《する》どき魔力を有する者でも長らく之を使わずに怠つて居れば、名刀も使はざれば鏽《さび》るが如く自然と其の法力に鏽《さび》が出來て腕が鈍《にぶ》り衰《おと》ろふるに到るものなり。かるが故に諸子、本道場の門弟たるものは斷えず出來得る限り此の靈術の自修に怠りなく孜々として之が勤修に努めざるべからず。

●諸子は曾《かつ》て獨逸の文豪ゲーテが力作『ファウスト』を繙きし事ありや。人、ひとたび之を讀みて誰かファウストの徹底的修行に驚ろかざるものあらんや。凡そ靈術の修養は徹底的なるを以て最も緊要なりとす。現今、所在に續出する靈界の數ある修行法の如き姑息なる方法、氣まぐれ的の方法に於ては、焉んぞ夫れ雄大なる法力を得べき。徒らに時間と勢力とを空しく浪費して、つひには何等の法力も靈能も得る所なく、あたら大なる勇猛心も之がために挫がれて失望に終るもの比々として多きは夙に吾人が不滿にたへざる所なりき。蓋し、徹底的の修法には眞言密敎を以て最も上乘なるものと信じ得べきか。よろしく諸子は一先《ひとま》づ他の姑息なる方法をば一切これを放棄し去り、一意專心、この眞言靈術の方法に沒入して、之を徹底的に實修せられなば、遠からずして諸子は必ず、自分ながら驚くべき一大靈力を獲得し得べきや堅く信じて疑はざるなり。

◉魔力涵養の基礎的自修法として第一卷『虎の卷』に於ては旣に二種の實修法を示したるが、此所には更らに第三の自修法を傳授せんとす。卽ち第三の基礎的實修法とは『オンバザラタラマキリクソワカ術』とも稱すべき祕術なり。

『《オンバザラタラマキリクソワカ》術』とは一名これを千《せん》手《しゆ》千《せん》眼《げん》觀《かん》世《ぜ》音《おん》菩《ぼ》薩《さつ》『印《いん》契《げい》早《はや》結《むす》びの術』とも云ひ得べきものにして

『千手観音修行儀軌』の中に説かれたる最古の秘傳なり。卽ち一分間に何百回と

千手千眼觀世音菩薩

云ふ素晴らしき早さで續けざまに印を結びて其所に念力の凝結《ぎやうけつ》を現はすといふ一種の『**念力凝結法**』なり。其の方法は先づ瞑目し、圖の如き千手観音の尊像をば心の中に鮮やかに觀念しつつ『**千手千眼根本陀羅尼**』を續誦して『**九峯の印**』と『**三十三天の印**』とを交互に出來るだけ早く繰り返すべし。『千手陀羅尼』とは左の如し。

『**ナボカランタンナータラヤーヤー、ナボアリヤバロキテージンバラヤー、ボーチサットバヤ、マカサットバヤ、マカカロニカヤ、オンサラバラバヱイ、**

シュタンナタンシャ、ナボシキリターイモーアリヤ、バロキテーシンバラリャ
ウタバ、ナボナラキンヂ、ケイリマカハタシャメイ、サラバアタヅユボーア
セイヤウ、サラバサッタナマバガマバドヅ、タンニャタ、オンアバロケイ、
ロカテイ、カラテー、イケイリ、マカボウジサットバサラバ、マラマラマケ
イマ、ケイリダヨー、クロクロカラボー　ドロドロバジャヤテー、マカバジ
ヤヤテー、ダラダラチリニ、ジンバラヤ、シャラシャラ、ママバマラ、ボク
テーレー、イケイイケイ、シツダシツダ、アラサンハラシャリ、バシャ、バ
サン、ハラシャヤ、コロコロマラ、コロコロケイリ、サラサラ、シリシリ、
ソロソロ、ボーヂヤボーヂヤ、ボーダヤボーダヤ、ミテイリヤ、ナラキンヂ、
ダリシュ　ニナー、ハヤマナ、ソワカ、シッタヤ、ソワカ、マカシッタヤソワ
カ、シッタユゲー、ジンバラヤソワカ、ナラキンヂソワカ、ナラナラソワカ、
シツラソワボカーヤソワカ、ソワマカシッタヤソワカ、シャキャラアシッタ

ヤソワカ、ハンドマカシッタヤソワカ、ナラキンチバガラヤソワカ、マバリシャウカラヤソワカ、ナボカラタンナ、タラヤーヤー、ナボアリヤ、バロキテー、ジンバラヤソワカ、シッテトマンダラ、バッタヤソワカ。』

而して『九峯の印』とは兩手を先づ第一卷にて述べたる十二合掌の中の初割蓮華合掌にして二頭二無名の指頭を交叉し而して二大二小の四指をば開き立てるなり。又『三十三天の印』とは先づ左手の四指をもつて拳《けん》を把《と》り次に右手をもつて左手の大母指を握りてまた拳を把る如くになし、左手の大母指をして右手の虎口の中にあらしめて虎口より其の指頭を出し、而して右手の頭指をば離し立てるなり。

◉千手千眼觀世音の尊像の觀法を凝らせ千手陀羅尼を口早に唱へながら右の二個の印をば恰かも一個の印の如くに續けて結び、交互に繰り返し繰り返し續けざまに全速力で結ぶべし。而して是れが修練を積むに從て其の結印の度が漸次に速力を増し、恰かも全速力で廻轉せる車軸に於ては其の放射狀の軸が見えざるが如く、此の結印に於ても速度を増して遂ひに其の狀を見る能はざるに到るものなり。此の境に達すれば千手千眼觀世音は、つひに結印せる行者の手の中に乘《の》り移《うつ》り給ひて、行者の手よりは無限の靈力が迸り出づるに到るものなり。

◉以上は千手千眼の『早結《はやむす》び』なるが、是れと同じく十《じう》一《いち》面《めん》觀《かん》世《せ》音《おん》菩《ぼ》薩《さつ》の印契『早結び術』もあり。これを『オンロケイジムバラキリク術』と稱す。

「《オン ロ ケイ ジム バラ キリク》術」とは瞑目して圖の如き十一面觀世音菩薩の尊像をば鮮やかに心中に觀念を以て書き、其の尊像に強き觀

十一面観世音菩薩

法を凝らせつつ『十一面根本陀羅尼』を誦しつつ『十一面根本の印』と『十一面心樂三昧の印』とを交互に全速力で結ぶこと千手千眼の時と同じくす。

『十一面根本陀羅尼』は左の如し。

『ナーモアラタンナ、タラヤーヤー、ナモアリヤ、キナナ、シャギャラベーロシャナ、ビユカアラジャヤ、タタギャタヤ、アラカテイ、サンミャクサンボダヤ、ナモサルバ、タタギャテービヤ、アラカテービヤ、サンミャクサンボデービヤ、ナモアリヤ、バロキテー、シュバラヤ、ボーヂサッタバヤ、マカサッタバヤ、マカキャロニキヤ、タニヤタ、オン、ダラ〳〵、チリ〳〵、トロ〳〵、イチバチ、シャレーシャレー、ハンラシャレーハンラシャレー、コソメー、コソマバレー、イリミリ、シリシチ、ジャラマハナヤハラマシュダ、サタバ、マカキャロニキャ、ソワカ』。

而して『十一面根本の印』とは先づ十二合掌の中の金剛合掌をして其の指頭を深く交叉す。次に『十一面心樂三昧の印』とは先づ蓮華合掌をなし而して兩頭指の指頭のみを合して他は悉く開き離すべし。

◉以上を以て魔力涵養法の基礎的實修法は傳授し終りぬ。即ち『護摩血液沸騰法』、『祈り詰めの祕術』、『ヲンバザラタラマキリクソワカ術』、及び『オンロケイジムバラキリク術』の四種を以て法力涵養の基礎的實修法となす。されば諸子は右四種のうち何れかの方法に依りて、先づ强烈なる法力をば充分に涵養せざるべからず。勿論、もし夫れ行者にして其の熱心あらば右の各方法を同時に之を併修すれば尙ほ可なり。

◉さて上述の四種は其の勤修法が極めて簡單にして容易なる實修法なれば何人と雖も容易に之を勤修するを得べきものにして是等の方法を『**理行門の勤修法**』と稱す、今、同じく魔力涵養の基礎的自修法なれども前の四種に反して其の勤修法の最も容易ならざる難行苦行的の基礎的修行法あり、之を稱して『**苦行門の勤修法**』と名づく。凡そ醫藥にも甘《あま》き藥と苦《にが》き藥との二種ありて、甘き藥を望む者あれば又『甘き藥は藥らしからず、苦き藥ならでは』とて苦きを慾する者もあるが如く、苦き修行法に依つて徹定的の自修をなさむ事を願ふ人のために特に苦行門を説くなり。苦行門の勤修法をば又、『**荒行《アラギヤウ》實修法**』と云ふ。抑々、靈術の修行は劍術の修行に似たり、徹底的に修行して迅速に之が法力を得んと思はゞ何ぞ荒行《あらげう》に如《し》くものあらんや。然るに靈術の修行者にして往々この荒行を嫌ふものあり。非常に身體が虚弱なるか、或ひは其他の止むを得ざる理由により、如何《いかん》ともする術《すべ》なき者は暫く論せず、たゞ之を行《おこ》なはんと欲すれば行なひ得ざるに非ざる者が此の荒行を毛嫌ひして排斥するが如き無意氣地漢《いくちなし》では、到底、靈能の通徹の如きは望んで得べからざる所に屬す。よろしく勇猛精進、獅子奮迅の元氣を以て、好んで『捨身の荒行』をするほどの大なる意氣なかるべからず。役《エン》ノ行者《ギヤウジヤ》も『行を求むること難苦を第一とす、身の苦に依て心亂れず』と說き給へり。何ぞ夫れ意義深き御垂示にあらずや。

◉『荒行は外道の修行法なり』などと稱し、自分に好都合な理屈のみを捏《こ》ね廻して以て荒行を毛嫌ひするが如きは、不心得も甚だしきものと云はざるべからず。生れつきの聖者ならばいざ知らず、吾人凡夫たる者に於ては何ぞ夫れ荒行に越すものあらんや。彼の役行者、弘法大師、木食上人、文覺上人の如き諸大德ですら捨身の荒行を續け賜ひしにあらずや。深山は一面に玄冬の雲に閉され、仰いで嶺を望めば白雪皚々として銀《しらかね》の針を植《う》えたらんが如く、雪の峯に氷の崖《がけ》日光に反射して眺むべからず。俯して麓を見れば榛々たる荊棘縦横に枝を交へ、埒《らち》を編《あ》み欄《らん》を遮《さへぎ》りて茅茨頭を沒し、朽葉脚を埋めて寸歩も移すべからず。加ふるに雲霧脚下に起り濛漠として晝なほ晦《く》らく、陣風頭上に暴れて淅瀝として氷塊を擲《なげう》つ。登り得たる頂上は唯だ雪の峯なり。眼を放つて八表を展望すれば視界に入るものは唯だ白雲と白雪とのみ、飈々《へうく》として雪より雪に吹き渡る寒風の凛冽なる、肉を破り骨に砭《いしは》りするばかりにて耳は裂《さ》け眼は抉《ゑぐ》られんとす、されど行者は泰然として氷雪の席《むしろ》に趺坐し、靜かに修禪の眦を閉づるなり、殊に肌をつんざく此の料峭たる嚴冬に、葛《ふぢ》の衣たゞ一重のみ身を掩《おほ》ひ、雪氷を以て錦裀に代へ葛衣を以て綾繡に代へ、冱寒凍餒は骨肉の底に徹するをも堪え忍ぶこそ、噫何たる殊勝ぞや。

◉山容巍然として聳え立ち、老樹蓊鬱として斧斤の入らざること玆に千有餘年、前壁は鬼斧を以て削れるが如く、聳え立つこと百餘仞、後壁は神鑿を以て穿つが如く雲表に兀立すること宛として石筍の如し。此の嶮岨を踏み破り此の危峰をば跋渉し、口に穀漿を斷食し、身に水行をとり、護摩を焚く行者あり。嚴寒の烈風は吹き荒み、谷のつららも堅く閉ぢ、松吹く風も屑にしむ寒中に、褌のみの裸體となり、三丈百餘尺の瀧の水、糸を亂《みだ》して落ち來る、其の瀧壺の中へ飛びこんで、身に任せてぞ打たれける、一日二日打たるゝほどに身は紅色となり、髮や鬚には垂氷《つらら》さがりて鈴を懸けたる如くにカラ〳〵と鳴りにける、斯くの如くに身を苦しめつゝ印を結び陀羅尼を唱へ、幽閑寂默、日を累《かさ》ね月を送りて、曉《あかつき》苔巖の嶮岨を過ぐれば雲《くも》經行の跡を埋め、夜蘿《ら》洞《どう》の幽《かすか》なるに睡れば風《かぜ》讀經の窓を訪らふ、煙霞を嘗《な》めて飢《うゑ》を忘れ、鳥獸に馴れて友とせば如何に殊勝なることよ。本道場に於ても何れ機を見て『荒行實修會』なるものを開催して之を奬勵に資する考なるも、兎に角、諸子は出來得るならば成るべく此の苦行門の方法に從つて自修せられん事を切に希望するものなり。勿論、『理行門の勤修法』も『苦行門の勤修法』も其の魔力涵養に於ける効果に優劣あるものに非ざれば、其の何れに從ふも各自の隨意なれども、若し其の元氣あらば苦行門の方法に從ひて徹定的に靈術を獲得すべきなり。

◉さて、いよ〳〵苦行門の基礎的勤修法を行なはんには其れに附隋して必ず『**斷食《ダンジキ》の行《ギヨウ》**』即はち『**斷食法**』を修せざるべからず。故に初心者は此の苦行門の勤修をするに先きだちて先づ『**斷食修練法**』のみを練習するを特策とす。修練さへ積むに到りなば七十日や百日の斷食は容易なれども最初より長期間の斷食は少しく困難なり、故に『斷食修練法』に依つて準備的の練習を行なふなり。即ち『斷食修練法』とは先づ最初四十八時間ぐらいの極く短期の斷食より漸次に長期の練習をして行く方法なり。四十八時間ぐらゐの斷食なれば何時《いつ》誰《だ》れがしても少しの差支もなく極めて容易に實修し得らるゝものなるが故に初心者は四十八時間斷食より出發し、左の『斷食修練法』に從ひて順次長期に及ぼさは何の苦もなく上達し、容易に長期斷食をなし得るに到るものなり。

●『斷食修練法』

(一)、先ヅ四十八時間斷食。
(二)、右ヨリ一週間ノ後ニ第二回目ノ四十八時間斷食。
(三)、更ニ一週間後ニ第三回目ノ四十八時間斷食。
(四)、ソレヨリ一週間後ニ七十二時間斷食。
(五)、右一週間後ニ第二回ノ七十二時間斷食。
(六)、右一週間後ニ第三回ノ七十二時間斷食。

(七)、右一週間後ニ五日間斷食。
(八)、右一週間後ニ六日間斷食。
(九)、右一週間後ニ七日間斷食。

右の順序に從て漸次に進み七日間斷食に迄達すれば先づ苦行門を勸修し得る資格の備はりたるものと云ふべきなり。卽ち七日間斷食迄上達せば後《あと》は三十日や四五十日ぐらゐの長期斷食が容易に出來得るを以てなり。然れども此の斷食修練法は勿論のこと總て斷食中に於ては必ず左記の注意事項を守らざるべからず

(一)、斷食中は必ず一日に五六合の水を飲用すること。但し、水は「ガブ飲《ノ》ミ」にせず、よく舌の上で味つて少しづつ飲むこと。
(二)、斷食中は出來るだけ數多く深呼吸をなすべし。
(三)、斷食中は成るべく二日目に一回づつ灌腸するを可とす。其の方法はイルリガートルと稱する灌腸器(代價一圓餘)を求め、其中へ四五合の微溫湯を入れ、高所につるし、管を通して肛門より腸內へ注ぎ、五分乃至十分の後に便所へ行つて排泄するなり。

(四)、斷食終了後の食物として最初は何か果物《くだもの》の汁のみで過《す》ごし、次に豆乳か水飴か重湯《おもゆ》ぐらいを吸ひて、次に粥と云ふ樣に少量づつ極めて徐々に食量を増して行くこと。殊に長期となるに從て此の食事の注意を必要とす。

(五)、斷食中は出來得る限り『**孔雀經一字五反の祕法**』を繰返すべし。「孔雀經一字五反の祕法」は**修驗道**、**兩部神道**、及び**一實神道**の大祕密なるを以て殘念ながら正行者には之を傳授すること能はず、たゞ最高行者にのみ特に此の祕密を授けん。

◉尙ほ一言注意すべきは確固不拔の意志なり。即ち諸子が若し斷食を始めて其れが長期に渉るに從つて、諸子の家人等は唯だ理由《わけ》もなく心配し、或ひは餓死するのではなきかと思ひ或ひは之が爲めに病氣になりはせぬかと心配して、諸子の斷食を止《や》めさせんとするやも計り難し。茲に於てか諸子たるものは大なる猛心を奮《ふる》ひ起《お》し、斷じて其の決心を挫《くぢ》かるゝが如き事あるべからず。苟くも靈術の修行をなさんと欲する者が、家人の甘言に迷はされて其れが修行を中途で止《や》めるが如き事では到底靈術の堂奥に達すること能はざるべし。それ愼しまざるべけんや。十日や三十日位ゐの斷食で決っして餓死するものにあらず、又これが爲めに病氣などの起るものにあらず、之がために反つて諸種の疾病の治療する事は醫學諸大家の證明する所にして例之ば英國カーリントン氏の證明に依れば斷食に依りて全快せし疾病の數は數十種以上あるが、今その主なるもののみを列擧すれば左の如し。

病名	斷食日數
▲麻痺病	(三十日間)
▲胃肝病	(二十六日間)
▲肝臓充血	(十日間)
▲頭痛惡感	(五日間)
▲不眠症	(十日間)
▲糖尿病	(二十日間)
▲秘結下痢交互	(十日間)
▲神經痛	(二十一日間)
▲神經衰弱	(三十日間)
▲肺病	(二十七日間)

▲リユウマチ	（四十五日間）	▲肥滿症	（三十日間）
▲消化不良	（十七日間）	▲胃病	（二十三日間）
▲喘息	（四十日間）	▲マラリヤ病	（二十八日間）

又、斷食は如何なる病弱者でも老衰者でも何等の害なく容易に勤修し得らるゝものなり。『斷食をして見たいが斯《こん》なに衰弱して居ては』と云ひて恐るゝ人あらば大なる間違なり。斷食は衰弱せる人ほど容易にして且つ必要なり。のみならず斷食すれば如何に病衰の極にある人にも病氣に對する抵抗力を生じ來るものなり。老體でも又同じ、即ち八十一歳で五十日の斷食をなし、八十四歳で百日の斷食をなせるもの多人あり。

而も皆な斷食後は體重が増加し、血氣盛りの青年の如く元氣になれり。老體なりとて病衰なりとて豈に恐るゝに足らんや。

◉さて上述の『斷食修練法』に依つて一週間の斷食に上達すれば、そこで始めて苦行門の本修行に取りかゝるべし。苦行門の勤修法に三法あり、其の一を『八千《はつせん》枚《まい》護摩《ごま》の法《ほう》』と稱し、其の二を『タラクバンウンカンキリク術』と云ひ、其の三を『水底の邪法』と云ふ。先づ八千枚護摩の法より傳授せんに。そも〳〵八千枚護摩の法たるや是れ釋迦が娑婆世界に八千遍往來し給へることを表せるものにして『立印軌』に、『復タ比ナキ力ヲ說ク聖者不動心ヨク一切ノ事業ヲ成辨ス菜食ニテ念誦ヲナセ食ヲ斷ツコト一晝夜、方ニ大供養ヲ設ケテ護摩事業ヲ成シ應ニ苦練木ヲ以テ兩頭ニ蘇ニ搵シテ燒クコト八千枚ヲ限リトナス已ニ初行ノ滿ヲ成ズ心ニ願ヒ求ムル所ノ者ハ皆悉ク成就スルコトヲ得言ヲ發スレバ咸ナ意ニ隨ヒ攝メ召ス處ノモノ即チ至ル法驗ヲ成セント欲セバ能ク樹ノ枝ヲ摧折シ能ク飛鳥ヲ墮落シ河ノ水ヲ能ク渴レシメ陂ノ池ヲ枯レ涸カシ又ヨク水ヲシテ逆ニ流レシメ能ク山ヲ移シ及ビ動カシ諸々ノ外道ヲ制止シ咒術ノ力行ハレシメス云々』とあるを本據とするものにして密教に於ける最も極祕の勤修法と云ふべく、魔力涵養の基礎的自修法として實に最適の祕法たり。

◉其の法は勿論『深山參籠』と稱して適當なる深山をば選びて『參籠《おこもり》』をする事が必要なり。そも〳〵山嶽は西歐の詩哲にも『山は實に渾圓球上の一大寺院なり、岩の戸あり、雲の柱あり、涓々の流れと輕々の小磊との私語は以て聖歌に比すべく玲瓏たる白雲は以て聖墻に較ひつべし、而も燦たる星光に鏤刻されたる蒼旻は是れ院內の圓天窓に非ずや』、と謳はれたるが如く、實に山嶽は其のまゝ一堂の寺院たるべく聖殿たるべく靈術の修行には無二の自然的大道場たり。『頓覺速證集』にも、『聚洛ハ妙行ヲ修シ難ク山林ハ淨業ヲ起シ易シ』とあるは誠に是れ穿てる金言にあらずや。

◉即ち先づ成るべく大なる瀧でもある適當なる深山を選びて其所に小さき小屋でも建て、以て之を勤修の道場に當つべし、名づけて之を『法驗秘密道場』と云ふ、盖し無盡藏の大魔力と大法驗とを得んための祕密修練道場なるべければなり。而して其の道場の中には祭壇を設け、壇上には中央に『大聖不動明王』を右側に『天照皇大神』を、左側に『春日大明神』を、以上三尊を併せ祭祠すべし。此の三尊の御尊像は本道場本部に申込まば入門者に限り一定の規定に依て之を分攘せらる。とにかく斯くして此の道場には誰人も近づかしめずに五七三十五日の間、此の道場内に於て最祕の荒行を續け、最後の日に大護摩を焚き八千本の護摩木を燃やして祈り詰めるのが此の『八千枚護摩』の法なりとす。扨て、最初の五日間は所謂る『菜食の仙行』或ひは『木食の仙行』と稱する一種の斷食法をとる。即ち大根か菠薐草《ほうれんそう》の如き野菜類の青葉か或ひは山中に生繁《おひしげ》る樹木の若葉をば取り來りて之を食物となし、以て生《なま》のまゝで之を食用するなり。勿論その他に水を飲むことを忘るべからず。次に第六日目より第廿九日目までに到る廿四日間は所謂る『**本斷食**』と稱して水の他には何等の食物をも取らず。而して最後の日には高野山で云ふ所の『**斷食斷飲**』即ち他の食物は勿論のこと一滴の水さへ絶對に之を飲まざるものとす。斯くの如く、三十五日間の八千枚護摩修法中は斷食をなすと共に、又、朝晝晩の三回づつ毎日『**水垢離《みづごり》の行《ぎやう》**』即ち『**身滌《みそそぎ》の修法**』或は『**瀧入《たきい》りの行《ぎやう》**』或は『**六根清淨《ろくこんせうぜう》の水行《すゐぎやう》**』と稱して瀧水《たきみづ》に打《う》たれるか井戸水を浴《あ》びるかの所謂る『水行』をなさゞるべからず。

◉烈風ふき荒《すさ》む極寒に、松の嵐に吹かれつつ幾百尺の斷崖より水煙をば飛ばしてぞ逆卷《さかま》き落ちる瀧水《たきみづ》を、頭の上より打たれながら、音すさまじく『**法螺貝《ほらがい》**』をば吹き鳴らし、聲はげませて左の『**九條錫杖經**』を六回唱ふべし。

『手《しゆ》執《しふ》錫《しやく》杖《ぜう》、當《たう》願《ぐわん》衆《しゆ》生《ぜう》、設《せつ》大《だい》施《せ》會《ゑ》、示《じ》如《によ》實《じつ》道《だう》、供《く》養《やう》三《さん》寶《ぼう》、設《せつ》大《だい》施《せ》會《ゑ》、
示《じ》如《によ》實《じつ》道《だう》、供《く》養《やう》三《さん》寶《ぽう》、以《い》清《しやう》淨《じやう》心《しん》、供《く》養《やう》三《さん》寶《ぽう》、發《ほつ》清《しやう》淨《ぜう》心《しん》、供《く》養《やう》三《さん》寶《ぽう》、
願《ぐわん》清《しやう》淨《ぜう》心《しん》、供《く》養《やう》三《さん》寶《ぽう》○
當《たう》願《ぐわん》衆《しゆ》生《ぜう》、作《さ》天《てん》人《にん》師《し》、虚《きよ》空《くう》滿《まん》願《ぐわん》、度《ど》苦《く》衆《しゆ》生《ぜう》、法《ほう》界《かい》圍《ゐ》繞《ねう》、供《く》養《やう》三《さん》寶《ぽう》、
値《ち》遇《ぐ》諸《しよ》佛《ぶつ》、速《そく》證《しよう》菩《ぼ》提《だい》、當《たう》願《ぐわん》衆《しゆ》生《ぜう》、眞《しん》諦《たい》修《しゆ》習《じふ》、大《だい》慈《じ》大《だい》悲《ひ》、一《いつ》切《さい》衆《しゆ》生《ぜう》、
俗《ぞく》諦《たい》修《しゆ》習《しふ》、大《だい》慈《じ》大《だい》悲《ひ》、一《いつ》切《さい》衆《しゆ》生《ぜう》、一《いち》乘《じよう》修《しゆ》習《しふ》、大《だい》慈《じ》大《だい》悲《ひ》、一《いつ》切《さい》衆《しゆ》生《ぜう》、
恭《く》敬《ぎやう》供《く》養《やう》、佛《ぶつ》寶《ぽう》法《ほう》寶《ぽう》、僧《そう》寶《ぼう》一《いつ》體《たい》三《さん》寶《ぼう》○
當《たう》願《ぐわん》衆《しゆ》生《ぜう》、檀《だん》波《ぱ》羅《ら》密《みつ》、大《だい》慈《じ》大《だい》悲《ひ》、一《いつ》切《さい》衆《しゆ》生《ぜう》、尸《し》羅《ら》波《は》羅《ら》密《みつ》、大《だい》慈《じ》大《たい》悲《ひ》、
一《いつ》切《さい》衆《しゆ》生《ぜう》、羼《せん》提《だい》波《は》羅《ら》密《みつ》、大《だい》慈《じ》大《だい》悲《ひ》、一《いつ》切《さい》衆《しゆ》生《ぜう》、毘《び》梨《り》耶《や》波《は》羅《ら》密《みつ》、大《だい》慈《じ》大《だい》悲《ひ》、
一《いつ》切《さい》衆《しゆ》生《ぜう》、禪《ぜん》那《な》波《は》羅《ら》密《みつ》、大《だい》慈《じ》大《だい》悲《ひ》、一《いつ》切《さい》衆《しゆ》生《ぜう》、般《はん》若《にや》波《は》羅《ら》密《みつ》、大《だい》慈《じ》大《だい》悲《ひ》、
一《いつ》切《さい》衆《しゆ》生《ぜう》○
當《たう》願《ぐわん》衆《しゆ》生《ぜう》、十方《ぱう》一切《さい》、無《む》量《りやう》衆《しゆ》生《ぜう》、聞《もん》錫《しやく》杖《ぜう》聲《せう》、懈《け》怠《だい》者《しや》精《しやう》進《じん》、破《は》戒《かい》者《しや》持《ぢ》戒《かい》、不《ふ》

信令信《しんりやうしん》、慳貪者布施《けんどんしやふせ》、瞋恚者慈悲《しんいしやじひ》、愚痴者智慧《ぐちしやちゑ》、憍慢者恭敬《けうまんしやくぎやう》、放逸者攝心《はういつしやせふじん》、具修萬行《ぐしゆまんぎやう》、速證菩提《そくしようぼだい》。

當願衆生《たうぐわんしゆぜう》、十方一切《はうさい》、邪魔外道《じやまげだう》、魍魎鬼神《まうりやうきじん》、毒獸毒龍《どくじうどくりう》、毒虫之類《どくちうしるゐ》、聞錫杖聲《もんしやくぜうしやう》、摧伏毒害《さいふくどくがい》、發菩提心《ほつぼだいしん》、具修万行《ぐしゆまんぎやう》、速證菩提《そくしようぼぜう》。

當願衆生《たうぐわんしゆぜう》、十方一切《はうさい》、地獄餓鬼《ぢごくがき》、畜生八難之處《ちくせうはつなんししよ》、受苦衆生《じゆくしゆぜう》、聞錫杖聲《もんしやくぢやうせう》、速得解脱《そくとくげだつ》、惑癡二障《わくちせう》、百八煩惱《ひやくはちはんなう》、發菩提心《ほつぼだいしん》、具修万行《ぐしゆまんぎやう》、速證菩提《そくしようぼだい》。

過去諸佛《くわいしよぶつ》、執持錫杖《しふちしやくぜう》、已成佛《いじやうぶつ》、

現在諸佛《げんざいしよぶつ》、執持錫杖《しふちしやくぜう》、現成佛《げんじやうぶつ》、

未來諸佛《みらいしよぶつ》、執持錫杖《しふちしやくぜう》、當成佛《たうじやうぶつ》、

故我稽首《こがけいしゆ》、執持錫杖《しふちしやくぜう》、供養三寶《くやうさんぽう》、故我稽首《こがけいしゆ》、執持錫杖《しふちしやくぜう》、供養三寶《くやうさんぽう》。

南無《なむ》恭敬供養《くぎやうくやう》、三尊界會《さんぞんかいゑ》、

恭敬供養《くぎやうくやう》、顯密聖教《けんみつしやうけう》、哀愍攝受《あいみんせふじゆ》、護持弟子《こぢでし》。』

而して右六回くり返し唱ふるなれど、一回目毎に法螺三聲づつ吹き鳴らすなり。但し、第一回目を始むる前には法螺六聲吹き第六回目を終りてからは法螺十二聲を共に勇ましく吹き鳴らすべし。これを以て一回の水行を終りとなす。

◉但し右の誦經中には必ず手に『**六度の魔印**』と稱する恐ろしき六個の印契を結び續け、心には『**荒亂《こうらん》大明神の邪觀**』と稱する恐ろしき觀法を凝らせる事を忘るべからず。但し此の『六度の魔印』の結印法と『荒亂大明神の邪觀』の觀法とは共に之を『**座主相承の大秘法**』と稱して『**醍醐山三寶院の座主《ざす》**』の他《ほか》は昔から絶對に他人には傳授せず、唯だ醍醐寺の座主にのみ傳授相承せられ來りし最も祕密なる太古よりの恐ろしき祕法なれば今は玆に之を示すことを避け、たゞ特別行者の受くべき『特別口傳書』に於てのみ、此の極祕を漏らさんとす。特別行者たるもの何ぞ夫れ幸福なる哉。

◉而して尚は上述の水行に於て最後の法螺も終り將に水行を終らんとする前に當りて『**九字《くじ》の神術**』を切るべし。これは俗に『九字を切る』と稱する所のものなれど、俗間の九字は眞の九字に非ざるが故に今は左に法驗あらたかなる眞の『九字神術』の大祕密を傳授せん、夫れ諸子よ謹みて之を受けよ。――即ち九字の術は又『**縱橫の神術**』とも或ひは『**六甲祕咒**』とも稱し、根本の咒語が『臨《リン》』、『兵《ヒヨウ》』、『鬪《トウ》』、『者《シヤ》』、『皆《カイ》』、『陳《チン》』、『烈《レツ》』、『在《ザイ》』、『前《ゼン》』なる九個の文字より成るものにして、口に上記九字の咒文を唱へ心に九尊佛の尊像を觀じ手に九個の印を結ぶなり。即ち左の如し、

咒文	印圖	尊佛名	尊像	印名	結印法

臨

馬頭觀音

獨古印

左右ノ手ヲ内ヘ組ミテ頭指ヲ立テ合ス

兵

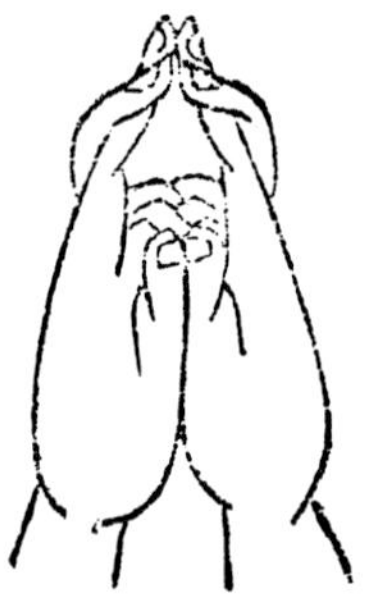

大金剛輪菩薩

大金剛輪印

二手ヲ内ニ組ミ頭指ヲ立テ合シ中指ニテカラム

闘

大笑明王

外獅子印

左右互ニ中指ノ交叉ヲ頭指ニテカラミ、大指、無名指、小指ヲ立テ合

者

不動明王

内獅子印

左右互ニ組ミテ中指ヲ無名指ノ交叉ニカラミツケ、大指、頭指、小指ヲ立テ合ス

皆

愛染明王

外縛印

二手ヲ外ヘ組ミ合ス

陳

三寳荒神

内縛印

十指ヲ内ヘ組ミ入レル

烈

夜叉大明神

智拳印

左ノ四指ヲ握リ頭指ノミヲ立テ、右手ヲ以テ左ノ頭指ヲ握ル

在

カルラ大明神

日輪放光印

左右ノ大指ト頭指トノ指端ヲツケテ輪ノ形ヲナシ他ノ六指ヲ開キ散ゼシム

前

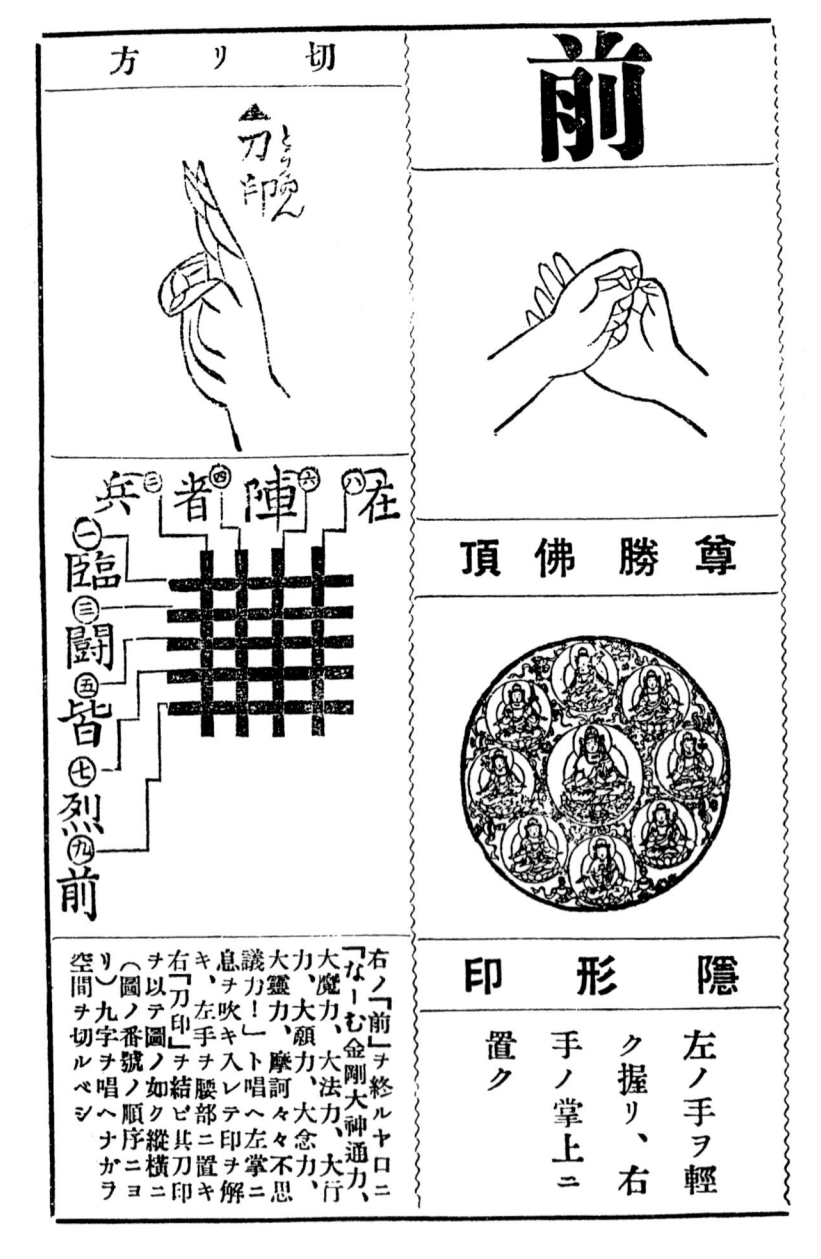

尊勝佛頂

隱形印

左ノ手ヲ輕ク握リ、右手ノ掌上ニ置ク

切リ方

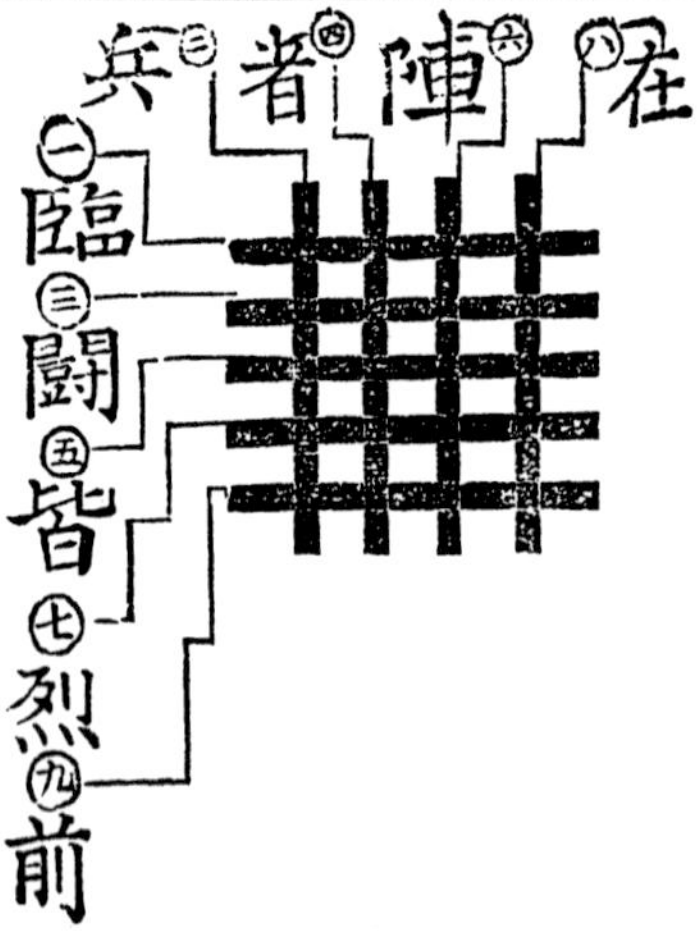

右ノ「前」ヲ終ルヤ口ニ「なーむ金剛大神通力、大魔力、大法力、大行力、大願力、大念力、大靈力、摩訶々々不思議力！」ト唱ヘ左掌ニ息ヲ吹キ入レテ印ヲ解キ、左手ヲ腰部ニ置キ右「刀印」ヲ結ビ其刀印ヲ以テ圖ノ如ク縦横ニ（圖ノ番號ノ順序ニヨリ）九字ヲ唱ヘナガラ空間ヲ切ルベシ

右の如く九字は、前記九個の印を殆んど一個の如くに、一つ〳〵切り離さず連續して之を行なふべし。其の手先《てさき》の莊嚴にして肅然たる、盖し現前として手中に九尊佛の乘り移りたまひけるらん。——以上を以て九字の秘法は傳授し終りぬ。但しこれは『**修驗深秘行法切紙傳授**』と稱する最古の寫本より、拔萃せるものにして法驗あらたかなる眞の九字秘法なり。現今、世に流布せるものと何ぞ玉石混同すべけんや。秘すべし秘すべし。

◉斯くて八千枚護摩には毎日三回づつの水行を取り、尚ほ朝晝晩の三回づつの『**不動護摩法**』を修して『**天照皇大神の黒術**』と稱する秘法を凝らすべし。但し此の『天照皇大神の黒術』は眞言律宗の祖師『興正菩薩』が天照大神より授かり玉ひし不思議殊勝の秘術にして、容易に傳授すべきものにあらず。依て玆にて之を省略し、『最高口傳書』に於て傳授せん。敢て之を知らんと欲するの士は、よろしく『最高口傳書』を見よ。而して『不動護摩法』とは法驗祕密道場内の祭壇の前へ、第一卷『護摩血液沸騰法』の時に説明せしと同じ護摩壇を造りて、護摩を焚くなり。但し此の時の護摩木の積み方は前と異り圖の如く順次に百八本積むべし。而して其の焚き方としては弘法大師の『不動護摩次弟』により左に之

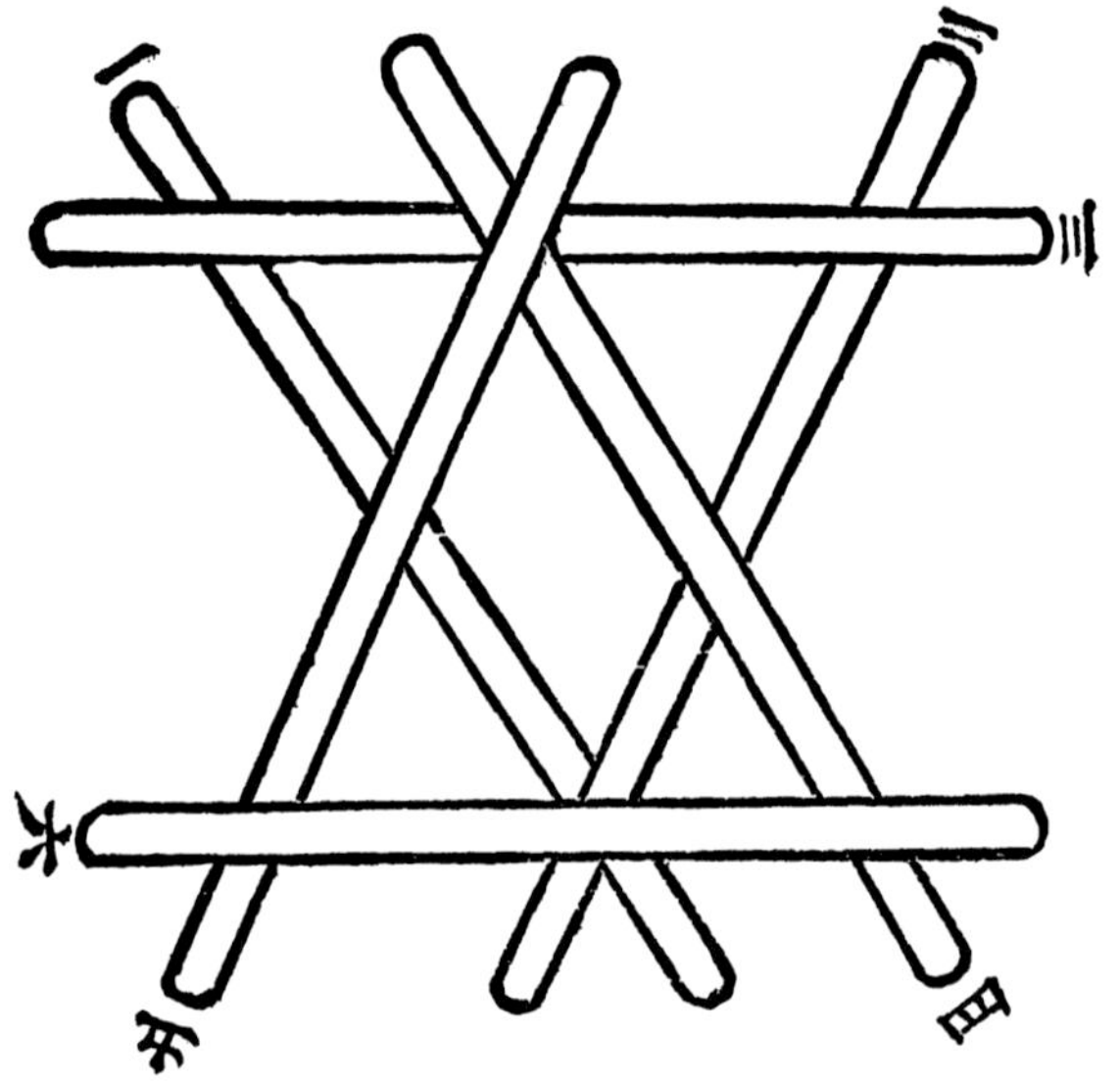

を傳授せん。

●行者まづ禮盤の上に着座して靜かに瞑目し、先づ『軍荼利の小咒』（ヲンア

ミリッテイ、ウンバッタ）を唱へつつ『灑淨水《しやじやうすゐ》の印』即ち圖の如き『三股の印』を結び。次に『嗽口水の咒』（ヲンバサラノウ）を唱へつつ『獨鈷の印』（内縛して二中指を立て合す）を結び。次に『灑淨水』（香水すなはち水の中へ抹香の溶かせたもの）を『散杖』（二尺ほどの棒）の頭端へつけて供物の上へ灑ぎ。次に其れを同じく、護摩木の上へ灑ぐこと三回。次に、護摩木に火を移せ。次に圖の如く『法界定印』を結んで下の如き觀念を凝らせ、即ち＝『自己の胸中に蓮華と月輪あり（之を心月輪と云ふ）其の月輪の中に梵字の「鍐《バン》」と云ふ字あり之を『鍐字の觀』と云ふ（即ち圖の如し）而して其の鍐字觀が變じて圖の如き『卒覩婆《ソトウバ》』即ち『五輪塔』となる、而して其の卒覩婆が變形して『大日如來の姿』となる、身相白色にして五智の寶冠を頂き結跏趺坐して大智拳印に住し背後に圓光あり萬德莊嚴

三股印

法界定印
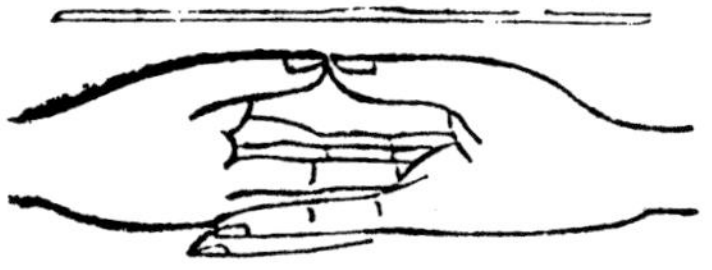

し如來の頂上より白色の光明を放ちて普ねく全宇宙を照らし給ふ』――と思ふなり。次に前述「九字」の第七番目の印、即ち『智拳印』を結び『光明眞言』（ヲンアボキヤベイロシヤノウマカボダラマニ、ハンドマジンバラ、ハラバリタヤウン）を二十一遍唱へつつ自己の四處（額、唇、胸、腹）を加持（印で淨めること）せよ。次に定印を結びつつ下の觀法を凝らす、即ち――心月輪の中に梵《ボン》字の『鑁《ラン》』と云ふ字あり（圖の如し）それが變形して火焔となり其の火焔が自己となり、自己の姿そのま

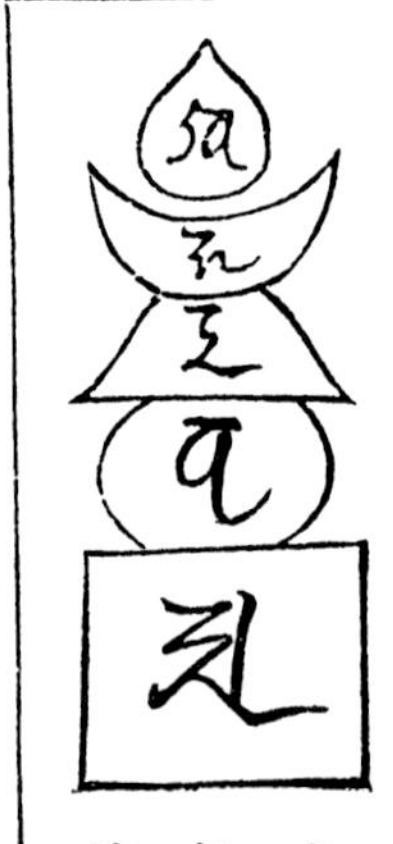

卒観婆

鑁字の観

まが火焔の塊《かたまり》なりと思ふ（之を『火焔塊の三昧』と云ふ）――而して『火天の大印』（右手を立て四指を散じ立て大指を掌中にし、左手は大指と中指とを捻じて三角の形をなして胸に置く）を結び『火天の小咒』（アギノーエイソワカ）を百遍唱へつつ自己の四所を加持し。次に皿の中の芥子《ケシ》を四方八方に散《ま》き。次に何か草木の花一輪を採り火天の小咒を唱へつゝ之を爐中に投じ、定印を結んで次の觀念を凝らす、卽ち――――此の一輪の花が燃えて其の灰が爐中にて荷葉坐となり、坐の上に梵字の『覧《ラン》』あり、變じて賢瓶となり、賢瓶が變じて圖の如き火天の

火天

身となる――――と。次に火天の大印を結び『**不動明王の大眞言**』即ち『火界呪』を唱へて。次に『**四句の偈**』（即ち、『唯願火天、降臨此座、哀愍納受、護摩妙具』なり）を唱へよ。次に側の護摩木を續けざまに百八本くべる、但し一本毎に『**不動明王慈救咒**』（**ノウマクサーマンダ、バーサラダー、センダーマーカラ、シヤーダンツワタヤ、ウンタラターカンマン**）一回づゝ唱へて火中に投ぜよ。次に、又、百八本の護摩木を連續的に火中に投ず、但し一本ごとに十二種の咒文を唱へる、十二種の咒文とは『**十二天の眞言**』の事にして卽ち左の如し、

（一）**梵　天**（**ナウマクサンマンダボダナン、ボラカマニー、ソワカ**）。

（二）**地　天**（**ナン、ヒリチミエイ、ソワカ**）

（三）**月　天**（**ナン、センダラヤ、ソワカ**）。

（四）**日　天**（**ナン、アヂチヤ、ソワカ**）。

（五）**帝釋天**（**ナン、インダラヤ、ソワカ**）。

(六)火　　天（ナン、アギノーエイ、ソワカ）。

(七)焔魔天（ナン、エンマヤ、ソワカ）。

(八)羅刹天（ナン、ノリテーエー、ソワカ）。

(九)水　　天（ナン、バロドヤ、ソワカ）。

(十)風　　天（ナン、バヤベイ、ソワカ）。

(十一)毘沙門天（ナン、ベイシラバドヤ、ソワカ）。

(十二)大自在天（ナン、イサノーエイ、ソワカ）。

次に大音聲を張りあげて左の如き『般若心經』を三回くり返せ。

『佛説《ぶっせつ》摩訶《まか》般若《はんにゃ》波羅《はら》密多《みった》心經《しんげう》、

觀自在《かんじさい》菩薩《ぼさつ》、行深《げうしん》般若《はんにゃ》波羅《はら》密多《みった》、時《じ》照見《しよけん》五蘊《ごうん》皆空《かいく》度《ど》一切《いっさい》苦厄《くやく》舍利子《しやりし》、色不《しきふ》異空《いく》、空不《くふ》異色《いしき》、色即是空《しきぞくぜく》、空即是色《くそくぜしき》、受想行識《じゆつそうげうしき》亦復如是《やくぶによぜ》舍利子《しやりし》、是諸法《ぜしよほう》空相《くそう》、不生不滅《ふせうふめつ》、不垢不淨《ふこふぜう》、不增不減《ふそうふげん》、是故空中《ぜこくちう》、無色《むしき》無受想行識《むじゆそうげうしき》、無眼《むげん》耳鼻舌身意《にびぜつしんい》、無色聲香味觸法《むしきせうこみしよくほう》、無眼界乃至無意識界無々明《むげんかいないしむいしきかいむむめう》、亦無々明盡《やくむむめうじん》、乃至無老死《ないしむろし》、亦無老死盡《やくむろしじん》、無苦集滅道《むくしうめつどう》、無智亦無得《むちやくむとく》、以無所得故《いむせうとくこ》、菩提薩埵依《ぼだいさつたね》、般若波羅密多《はんにやはらみつた》、故心無罣礙《こしんむけげ》、無罣礙故《むけげこ》、無有恐怖《むうくふ》、遠離一切顚倒夢想《おんりいつさいてんどむそ》究竟涅槃《くけうねはん》、三世諸佛依般若波羅密多《さんせしよぶつねはんにやはらみつた》、故得阿耨多羅三藐三菩提《ことくあのくたらさんみやくさんぼだい》、故知般若波羅密多《こちはんにやはらみつた》、是大神咒《ぜだいしんしゆ》、是大明咒《ぜだいめうしゆ》、是無上咒《ぜむぜうしゆ》、是無等々咒《ぜむとう〱しゆ》、能除一切苦《のぜういつさいく》、眞實不虛《しんじつふこ》、故說般若波羅密多咒《こせつはんにやはらにみつたじゆ》、則說咒曰《そくせつじゆはつ》、

掲諦々々《ぎやてい〱》、波羅掲諦《はちぎやてい》、波羅僧掲諦《はらそうぎやてい》、菩提娑婆賀《ぼうちそはか》、般若心經《はんにやしんげう》。』

これを以つて一回の護摩を終りとなす。斯くの如くにして毎日、日に三回づつ燻修するものなり。

◉而して毎夜、丑滿時には『**神仙灌頂**』と云ふ事をなす事を忘るべからず。

抑も〱『**灌頂**』とは讀んで字の如く頭頂へ香水を灌ぐと云ふ意義にして密敎に於ける最極最大

の祕法を云ふ。實に灌頂は密敎の生命の宿る所にして、最も尊重せらるゝものなり。吾人ひとたび灌頂を受くれば忽ちにして自己の身體そのまゝに神力自在の大魔力を獲得する事を得べし。されば祕藏記にも「諸佛大悲の水を以て頂に灌ぐ、即ち自行圓滿して佛果を得する事を得」とあるなり。

灌頂には種々の種類あり『兩部灌頂』、『神道灌頂』、『以心灌頂』、『峯中灌頂』、『靈異灌頂』、及び『結緣灌頂』、『受明灌頂』、『傳法灌頂』、その他『甘露灌頂』、『光明灌頂』など數多あり。

中でも此の『神仙灌頂』は其の最も極祕の法にして魔力の涵養法として最も効果の著るしき祕法たるべけれど此の極祕を輕卒に茲に漏らすは餘りに畏れ多きを以て茲には之を省略す。敢て知らんと熱望する者は、よろしく『最高口傳書』を見よ。此の祕法を最も詳細に說明せるものは、世界中に於て獨《ひと》り我が靈術道場の『最高口傳書』あるのみ。

◉尙ほまた八千枚護摩の修法三十五日間に於て最も大切なる事は、不動明王慈救咒を一日に二萬遍、即ち三十五日間に渡りて七十萬遍、の咒文をば必ず〳〵唱へざるべからず。豈、一分間たりとも安閑たる事を得んや。

◉斯くて第卅五日目の結願に到るや、不眠不休、斷食斷飲、三十三回の水行を取り、晝夜、休みなく右の『不動護摩』をば焚き續け、而して第卅六日の午前一時の丑滿時《うしみつとき》より愈々、所謂る『**八千枚の大護摩**』を燻修するなり。そも〳〵此の護摩法は今まで述べ來りし所の護摩法とは大ゐに其の趣きを異にし、今までの護摩法の如く道場内に於て壇を据えて焚くに非ずして道場外に於て別に壇を据えずに山中の大巖石そのまゝを壇とし、土地そのまゝを壇となし、而して山中の雜木柴草そのまゝを護摩木として焚く大なる護摩法なれば、之をば又『**巖頭《がんとう》の大護摩**』とも稱し、『**庭壇《ていだん》大護摩**』とも名づけ『**柴燈《さいとう》大護摩**』とも云ふ。而も此の法たるや**修驗道**の開祖、役行者《エンノギヤウジヤ》**神變**《じんぺん》**大菩薩**《だいぼさつ》が

日吉《ひよし》大明神より授かり賜ひし柱源の祕法なれば、又これを或ひは『**神道《しんどう》護摩**』とも云ひ『**柱源《ちうげん》護摩**』とも稱し、尚ほ其の時の三昧が春日《かすが》大明神《だいめうじん》なる時は之を『**春日大明神護摩**』と呼び奉り、天照皇大神《ていせうこうだいじん》なる時は『**天照皇大神護摩**』と稱し奉り、勝手大明神なる時は『**勝手大明神護摩**』と唱へ奉り、三寳荒神《さんぽうこんじん》なる時は『**三寳荒神護摩**』と名づけ奉り、金比羅大權現《こんぴらだいごんげん》ならば『**金比羅大權現護摩**』、八幡菩薩《はんまんだいぼさつ》ならば『**八幡大菩薩護摩**』、稲荷《いなり》大明神ならば『**稲荷大明神護摩**』とこそ稱し奉るなるべけれ。

◉扨て其の法を説明せんに修驗の大行者たる『**五鬼童上人**』の大祕密の寫本に依つて之を傳授せん。其の寫本の奥書に曰く、

右神道護摩ノ祕法ハ龍樹菩薩ガ開塔ノ源記、神變大菩薩ガ、日吉大明神ヨリ付法ノ祕要ニシテ五鬼ニ付屬セル極祕ナリ。必ズ容易ニ他見他傳ヲ許サザルトコロナレドモ今、汝ノ信

望ニ依リ、唯ダ汝一人ニノミ之ヲ傳フ。必ズ私意ヲ以テ混亂スベカラズ。愼ンデ祕スベシ祕スベシ。

維時文化乙亥夏、　　受者、正善院快友

傳燈先達、五鬼正統五十八世、五鬼童義圓　花押

夫れ斯くの如く大切なる祕法なれば諸子は堅く祕密を守りて絶對に他人に傳授すべからず。若し强いて妄りに之を漏らさば忽ち恐るべき神罰を蒙むらんのみ。

◉先づ山中の巨大なる岩石の平面へ檜、あるひは杉の如き山中にある枯木の丸木を長さ三尺六寸ほどに百八本に切りて圖の如く順次に二十七階に積むべし而して其の中央部の陷穴の所へ枯枝枯草などの如き雜木をば詰めこみ、而して其の上へ一本の『御幣《ごへい》』

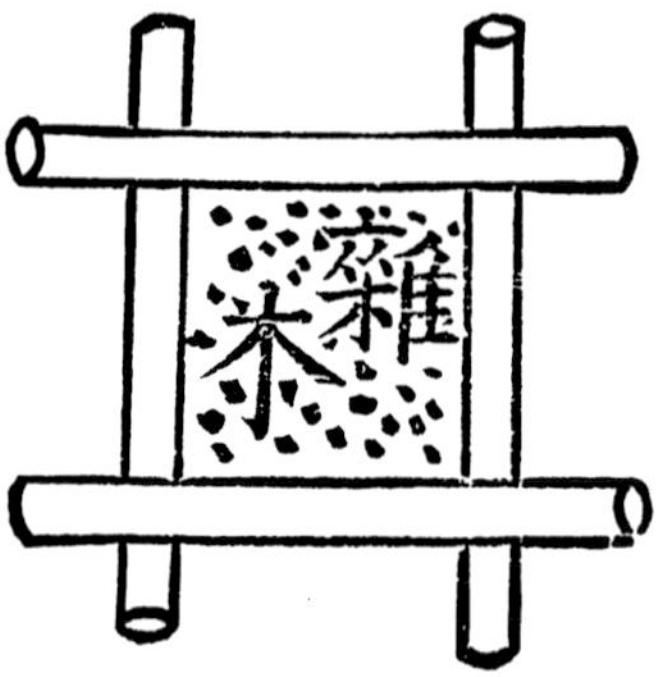

を立てるべし。御幣《ごへい》を謹製せんには先づ奉書《ほうしょ》二枚を竪《たて》に三ッ折りにして之を冠《かんむり》紙《がみ》となし、奉書二枚を竪に二ッ折りにし三刀四《みかたなよ》垂《たれ》に裁《た》ちて之を四垂《して》となし、長さ三尺五寸、乃至五尺ぐらゐの白木《しらき》の四角なる棒、即ち幣串《へいぐし》に前の冠紙と四垂とを挾み、其の冠紙の上下の串を紙捻《こより》にて結ぶべし。斯くして得たるものが即ち御幣なり。此の御幣を雜木の上の中央部へ立てるなり。尙ほ此の護摩壇の向《むこう》則《がわ》には本尊として『**太《ふと》御《みて》幣《ぐら》**』を立てるべし。『太御幣』とは圖の如く太き榊の木に神鏡《かゞみ》、苧《を》、及び絹布の四《し》垂《で》を掛けたるものにして、

太御幣の圖

其の四垂は五色又は紅白を用ふる事を要す。

●斯くの如くにして用意し終りなば、護摩壇の前へ荒薦《あらこも》を敷きて行者、その上に跏坐せよ。而して更《ふ》け行く深夜の松風を聞きながら一心を罩めて左の行法をなせ。

一、先ヅ左ノ『床堅觀文』ヲ唱フ、

『我即《がそく》アビラウンケン、
腰不《ようふ》ア字本不生《じほんぷせう》、
臍輪《さいりん》ビ字離言説《じりごんぜつ》、
心上《しんぜう》ラ字無垢染《じむくせん》、
額上《かくぜう》ウン字離因業《じりいんごう》、
頂上《でうぜう》ケン字等虚空《じとうこくう》、
如次《にょじ》腰腹心額頂《ようふくしんがくてう》、
金色方形佛身地《こんじきほうけつぶつしんち》、
白色圓形大悲水《びやくしよくゑんげうだいひすい》、
赤色三角大智水《しやくしよくさんかくだいちすい》、
黒色半月大力風《こくしよくはんがつだいりきふう》、
青色團形大空輪《せうしよくだんげうだいくうりん》、

重々《じう〴〵》相累《そうるい》無《む》隔別《かくべつ》、　如々《によ〴〵》一體《いちたい》不《ふ》離《り》亂《らん》、
高下《こうけ》大小《だいせう》本《ふん》不二《ふに》、　彼此《ひし》橫竪《おうじゆ》輪圓《りんねん》足《そく》、
帝網《たいまう》瑜伽《ゆが》遍法界《へんほうかい》、　心佛《しんぶつ》衆生《しゆぜう》無《む》差別《さべつ》、
不改《ふかい》自身《じしん》名《めう》卽身《そくしん》、　覺悟《かくご》此《し》分《ぶん》爲《い》成佛《ぜうぶつ》。』

一、次ニ法螺ヲ吹ク事三回、一回ゴトニ左ノ如ク『**法螺《ほら》の文《もん》**』ヲ唱フ、

三界《さんがい》法螺《ほら》聲《せう》、　一乘《いちぜう》妙法《めうほう》說《せつ》、
經耳《けうに》滅《めつ》煩惱《ぼんのう》、　當入《とうにう》阿字門《あじもん》。

一、次ニ般若心經ヲ誦スルコト七回、

一、次ニ護摩木ノ底ヘ火ヲツケル、

一、次ニ左ノ『**無動ダラニ經**』ヲ誦スルコト一回、

『稽首《けいしゆ》聖《せう》無動尊《むどうそん》大威《だいい》怒《ね》王《わう》祕《ひ》密《みつ》陀羅尼《だらに》經《けう》、
爾時《にじ》毗盧舍那《ひるしやな》大會《だんね》中有《ちうう》一菩薩摩訶薩《ぼさまかさ》。名目《めうもく》金剛手《こんごうしゆ》。與《よ》妙吉祥《めうきつせう》菩薩《ぼさつ》倶《ぐ》。此《し》金剛《こうどう》

手《しゆ》是《ぜ》法《ほう》身《しん》大《だい》士《し》。是《ぜ》故《こ》名《めう》普《ふ》賢《けん》。卽《そく》從《じう》如《によ》來《らい》得《とく》持《じ》金《こん》剛《ごう》杵《しよ》。其《ご》金《こん》剛《ごう》杵《しよ》五《ご》智《ち》所《しよ》成《ぜう》故《こ》名《めう》金《こん》剛《どう》手《しゆ》又《ゆう》妙《めう》吉《きつ》祥《せう》菩《ぼ》薩《さつ》。是《ぜ》三世《せ》覺《かく》母《も》故《こ》名《めう》文《もん》殊《じゆ》師《し》利《り》。如《によ》是《ぜ》菩《ぼ》薩《さつ》爲《い》度《ど》衆《しゆ》生《ぜう》現《けん》菩《ぼ》薩《さつ》身《しん》。成《ぜう》就《じう》戒《かい》定《げう》慧《ゑ》解《け》脫《だつ》解《げ》脫《だつ》知《ち》見《けん》。善《ぜん》能《のう》通《つう》達《だつ》諸《しよ》陀《だ》羅《ら》尼《に》門《もん》。其《ご》心《しん》禪《ぜん》寂《じやく》常《ぜう》住《じう》三《さん》昧《まい》。降《どう》伏《ぶく》衆《しゆ》魔《ま》令《れい》入《にう》正《せう》見《けん》。得《とく》大《だい》智《ち》慧《ゑ》無《む》有《う》障《せう》礙《げ》。能《のう》隨《すい》衆《しゆ》生《じう》轉《てん》大《だい》法《ほう》輪《りん》。吹《すい》解《げ》脫《だつ》風《ふう》除《じよ》衆《しゆ》生《ぜう》熱《ねつ》惱《のう》。雨《う》大《だい》法《ほう》雨《に》澍《じゆ》衆《しゆ》生《ぜう》心《しん》地《ち》。殖《しよく》善《ぜん》根《こん》種《しゆ》亦《やく》能《のう》具《ぐ》足《そく》祕《ひ》密《みつ》之《し》藏《ぞう》其《ご》心《しん》自《じ》在《ざい》也《や》。或《わく》現《げん》多《た》身《しん》。復《ぶ》合《とう》多《た》身《しん》以《い》爲《い》一身《しん》。隨《すい》衆《しゆ》生《ぜう》願《がん》能《のう》與《よ》悉《しつ》地《ち》。以《い》宿《しゆく》願《がん》藥《やく》療《れう》衆《しゆ》生《ぜう》病《べう》。是《ぜ》大《だい》菩《ぼ》薩《さい》戴《たい》五髻冠《まんかん》顯《けん》五種《しゆ》智《ち》慧《ゑ》。智《ち》慧《ゑ》如《によ》日《につ》月《げつ》照《せう》諸《しよ》暗《あん》冥《めう》。常《ぜう》爲《い》人《にん》天《てん》之《し》所《しよ》恭《く》敬《げう》。設《せつ》大《だい》法《ほう》船《せん》普《ふ》度《ど》苦《く》海《かい》令《れう》到《とう》彼《ひ》岸《がん》。心《い》無《む》傾《けい》動《どう》不《ふ》染《ぜん》塵《じん》垢《く》。能《のう》誘《ゆう》衆《しゆ》生《ぜう》令《れう》見《けん》妙《めう》色《しき》。如《によ》是《ぜ》功《く》德《どく》甚《じん》深《しん》。無《む》量《れう》說《せつ》經《けう》。多《た》劫《どう》讚《さん》不《ふ》能《のう》盡《じん》。是《ぜ》二菩《ぼ》薩《さつ》成《ぜう》就《じゆ》如《によ》上《ぜう》殊《しゆ》勝《せう》功《く》德《どく》。於《お》是《せ》金《こん》剛《どう》手《しゆ》菩《ぼ》薩《さつ》入《にう》火《か》生《せう》三《ざい》昧《まい》。其《じん》光《こう》普《ふ》照《せう》無《む》邊《へん》世《せ》界《かい》。火《か》焰《ねん》熾《しき》盛《せい》焚《ぼん》燒《ぜう》諸《しよ》障《せう》。內《ない》外《げ》魔《ま》軍《ぐん》恐《けう》怖《ふ》馳《ち》走《そう》。欲《よく》入《にう》山《さん》中《ちう》不《ふ》能《のう》遠《おん》去《こ》。欲《よく》入《にう》大《だい》海《かい》亦《やく》不《ふ》能《のう》去《こ》。擧《こ》聲《せう》大《だい》叫《きう》。唯《ゆい》至《し》佛《しよ》所《しよ》請《せう》乞《こつ》救《く》護《と》。捨《しや》於《お》魔《ま》業《ごう》發《ほつ》大《だい》悲《ひ》心《しん》。釋《しやく》提《だい》桓《かん》因《いん》梵《ぼん》天《てん》王《わう》等《とう》捨《しや》深《しん》禪《ぜん》定《にう》樂《らく》來《らい》入《にう》此《ひ》處《しよ》。天《てん》龍《りう》八部《ぶ》皆《かい》悉《しつ》來《らい》至《し》菩《ぼ》薩《さつ》之《し》所《しよ》作《さ》禮《らい》而《に》坐《ざ》。

爾《に》時《じ》金剛《こんごう》手《しゆ》従《じう》三昧《まい》起《き》。告《こく》妙《めう》吉《きつ》祥《せう》菩《ぼ》薩《さつ》言《ごん》。有《う》大《だい》威《い》怒《ぬ》王《わう》。名《めう》曰《わつ》阿《あ》利《り》耶《や》阿《あ》闍《じや》羅《ら》拏《ど》多《た》尾《び》地《ち》耶《や》阿《あ》羅《ら》惹《じやく》。是《せ》大《だい》明《めう》王《わう》有《う》大《だい》威《い》力《りき》。以《い》智《ち》慧《ゑ》火《か》焼《せう》諸《しよ》障《せう》礙《げ》。亦《やく》以《い》法《ほう》水《すい》漱《そ》諸《しよ》塵《じん》垢《く》。或《わく》現《げん》大《だい》身《しん》満《まん》虚《こ》空《く》中《ちう》。或《わく》現《げん》小《せう》身《しん》随《ずい》衆《しゆ》生《ぜう》意《い》。如《によ》金《こん》翅《し》鳥《てう》噉《かん》諸《しよ》毒《どく》悪《あく》。亦《やく》如《によ》大《だい》龍《れう》興《こう》大《だい》智《ち》雲《うん》而《に》灑《しや》法《ほう》雨《う》。如《によ》大《だい》力《りき》劒《けん》摧《さい》破《は》魔《ま》軍《ぐん》。亦《やく》如《によ》羂《けん》索《さく》縛《はく》大《だい》力《りき》魔《ま》。如《によ》親《しん》友《ゆう》童《どう》子《し》給《きう》仕《し》行《げう》人《にん》。其《ご》心《しん》不《ふ》驚《けう》住《じう》。不《ふ》動《どう》定《ぜう》。是《ぜ》大《だい》明《めう》王《わう》無《む》其《ご》所《しよ》居《こ》。但《たん》住《じう》衆《しう》生《ぜう》心《しん》想《そう》之《し》中《ちう》。所《しよ》以《い》者《しや》何《か》。虚《こ》空《くう》廣《こう》故《こ》世《せ》界《かい》無《む》邊《へん》。世《せ》界《かい》無《む》邊《へん》故《こ》衆《しう》生《ぜう》界《かい》廣《こう》。衆《しう》生《ぜう》界《かい》廣《こう》故《こ》法《ほつ》身《しん》體《たい》廣《こう》。法《ほつ》身《しん》體《たい》廣《こう》故《こ》遍《へん》法《ほう》界《かい》。遍《へん》法《ほう》界《かい》故《こ》以《い》無《む》相《そう》為《い》體《たい》。無《む》相《そう》而《に》有《う》相《そう》。随《ずい》行《げう》者《じや》意《い》現《げん》其《ご》形《げう》體《たい》。其《ご》身《しん》非《ひ》有《う》非《ひ》無《む》非《ひ》因《いん》非《ひ》縁《ゑん》非《ひ》自《じ》非《ひ》他《た》非《ひ》方《ほう》非《ひ》圓《ゑん》非《ひ》長《てう》非《ひ》短《たん》非《ひ》出《しゆつ》非《ひ》沒《ぼつ》非《ひ》生《せう》滅《めつ》非《ひ》造《ぞう》非《ひ》起《き》非《ひ》為《い》作《さく》非《ひ》坐《ざ》非《ひ》臥《が》非《ひ》行《げう》住《じゆう》非《ひ》動《どう》住《じゆう》非《ひ》轉《てん》非《ひ》閑《かい》靜《せい》非《ひ》進《しん》非《ひ》退《たい》非《ひ》安《あん》危《き》非《ひ》是《ぜ》非《ひ》々《ひ》々《ひ》得《とく》失《しつ》非《ひ》彼《び》非《ひ》此《し》去《こ》來《らい》非《ひ》青《せう》非《ひ》黄《こう》非《ひ》赤《じやく》非《ひ》白《びやく》非《ひ》紅《こう》非《ひ》紫《し》非《ひ》種々《しゆ〳〵》色《しき》。唯《ゆい》圓《ゑん》滿《まん》大《だい》定《ぜう》智《ち》慧《ゑ》無《む》不《ふ》具《ぐ》足《そく》。即《そく》以《い》大《だい》定《ぜう》徳《とく》故《こ》坐《ざ》金《こん》剛《とう》盤《はん》石《ざく》。以《い》大《だい》智《ち》徳《とく》故《こ》現《げん》迦《か》樓《ろ》羅《ら》焔《ゑん》。以《い》大《だい》悲《ひ》徳《とく》現《げん》種《しゆ》々《しゆ》相《そう》貌《ぼう》。其《こ》形《ぎやう》青《せう》黒《こく》似《じ》暴《ぼう》悪《あく》相《そう》。執《しう》智《ち》慧《ゑ》劒《けん》害《がい》貪《とん》瞋《しん》癡《じ》。或《わく》持《じ》三昧《まい》索《さく》縛《はく》繋《けい》難《なん》伏《ぶく》者《しや》。常《ぜう》為《い》天《てん》龍《りう》八部《ぶ》之《し》所恭《しよく》敬《げう》。若《にやく》纔《ざん》憶《おく》念是《ねんぜ》威怒《いぬ》王《わう》能令《のうれう》作《さつ》一切《さい》障難《せうなん》者《しや》皆悉《かいしつ》斷壞《だんゑ》一切《さい》衆魔《しゆま》。不殺《ふさつ》親近《しんごん》。常當《ぜうとう》遠離《おんり》是《ぜ》修行《しゆげう》者《しや》所住《しよじう》之《し》處《しよ》一百由旬《ゆじゆん》内《ない》無有《むう》魔《ま》事《じ》及《ぎう》鬼《き》神等《しんとう》。時《じ》金剛手《こんとうしゆ》說《せつ》最勝《さいせう》根本《こんほん》陀羅尼《だらに》曰《わつ》。

ナーマクサラバタターガテービヤク、サルワボッケービヤク、ザルワタータラ、ターサンダマカルシャナカンカイカイサルワビギナン、ウンタラ、ターカンマン。

纔誦《ざんじ》是眞言《ぜしんごん》出《しゆつ》大智火《だいちか》梵燒《はんせう》一切《さい》魔軍《まぐん》。三千大千世界《ぜんだいせんせ》咸被《かいかんひ》大忿怒王《だいふんねわう》威光《いこう》梵燒《はんせう》成《ぜう》大《だい》火聚《かしう》。唯除《ゆいによ》十地《ち》菩薩等《ぼさつとう》一切《さい》佛土《ぶつど》。燒諸冥衆後《せうしよめうしうご》。以《い》法藥《ほうやく》令得《れうとく》安穩《あんおく》。時《じ》金剛手《こんとうしゆ》而《に》說偈《せつげ》曰《わつ》。

若持是《にやくじぜ》眞言《しんごん》、成就《ぜうじゆ》無《む》傾動《けいどう》、燒諸《せうしよ》往昔《おうじやく》罪《さい》、降伏《とうふく》大魔《だいま》王《わう》、所求《しよぐう》一切《さい》事《じ》、
隨時《ずいじ》得成就《とくぜうじゆ》、十二大天等《だいてんとう》、常來而《ぜうらいに》加護《かご》、東北《とうほく》伊舍那《いさな》、東方《とうほう》帝釋天《たいしやくてん》、
東南火《とうなんか》光尊《こうそん》、南方《なんほう》焔魔《ねんま》天《てん》、西南羅《さいなんら》刹天《せつてん》、西方水雨《さいほうすいう》天《てん》、西北吹風雲《さいほくすいふううん》、
北方多《ほくほうた》聞天《もんてん》、上方大梵天《ぜうほうだいぼんてん》、下《げ》方持《ほうじ》地《ち》天《てん》、日天照衆闇《につてんせうしうあん》、月天淸淨光《がつてんせうぜうこう》、

如是《にょぜ》大力天《だいりきてん》、而來《にらい》圍遶彼《いにうひ》、或蒙明王伏《わくもうめうわうふく》、還敬作擁護《げんけうさくようご》、使者矜羯羅《ししゃこんがら》、
及與《ぎうよ》制吒迦《せいたか》、倶利迦龍王《ぐりからわう》、藥厠抳使者《やくそくでいししゃ》、如是大眷屬《にょぜだいけんぞく》、或隱或顯來《わくおんわくけんらい》、
奉仕《ほうじ》修行者《しゅげうしゃ》、如敬於世尊《にょけうおせそん》、若爲大根者《にゃくいだいこんしゃ》、現聖者忿怒《げんせうしゃふんぬ》、根性中根者《こんぜうちうこんしゃ》、
得見《とくけん》二童子《どうじ》、若下根行人《にゃくげんこんげうにん》、生怖不能見《せうふふのうけん》、是故《ぜこ》大明王《だいめうわう》、爲現親友形《いげんしんゆうげう》、
如是隨根生《にょせずいこんぜう》、而作大利益《にさくだいりやく》、漸々誘進彼《ざん〱ゆうしんぴ》、入於阿字門《にうおあじもん》。

爾時《にじ》金剛手菩薩《こんどうしゅぼさつ》說是偈已《せつぜげい》。普觀大衆而告之言《ふかんだいしうにこくしごん》。善哉《ぜんさい》。大會皆由宿善故今來得《だいねかいゆしゅくぜんここんらいとく》聞如是明王及大力神咒《もんにょらいめうわうぎうだいりきしんしゅ》。若欲見是大明王者應修捨身修行法《にゃくよくけんぜだいしんわうしゃおうしうしゃしんしゅげうほう》。復說眞言曰《ぶせつしんどくわつ》。

ナーマクサンマンダ、ワジラナンアモキャ サンダンマアルサタソハタヤアナヤアサンマギニウンウンビキチン、ウンタラターカンマン。

修眞言行人持誦是眞言從身放光明《しうしんごんげうにうじづぜしんごんじうしんほうこうめう》。降伏諸魔王《こうぶくしょまわう》。所求一切事隨持得成就《しょくうせつじすいじとくぜうじゅ》。是《ぜ》故名護身《こめうごしん》。能得無恐怖《のうとくむこうふ》。亦有眞言《やくうしんごん》。明名加護《めうめうかご》。住處遠離諸惡怖《じうしょおんりしょあくふ》。常得勝安隱《ぜうとくせうあんおん》。彼大眞言曰《ひだいしんどんわつ》。

ナーマクサンマンダワジラナンアモキヤサンダンマアルサナソワタヤサルワビギチンママソハサテサンチジハンメーアソラトーコロタラマヤタラマヤ、ウンタラダーカンマン。

慈救呪《じきゆうじゆ》。ナーマクサンマンダ、バーサラダン、サンダーマーカラシヤータンソワタヤ、ウンタラターカンマン。

一字呪《いちじじゆ》。ナーマクサンマンダ、ワシラナンカン。

金剛手言《こんごうしゆごん》。一切衆生意想《さいしゆぜういそ》不同《ぶどう》。是故如來或現慈《ぜこによらいわくげんじ》體《たい》。或現忿怒《わくげんふんぬ》。敎化衆生各々《けうげしうぜうかくかく》不同《よどう》。隨衆生意而作利益《ずいしうぜういにさくりやく》。雖破魔軍後與法樂《いはまぐんごよほうらく》。雖現忿怒內心慈悲《いげんふんぬないしんじひ》。如魔醯首《によまけいしゆ》羅者得第八地《らしやとくだいち》。慈善根力應以知之《じぜんこんりきおういちし》。說是語已《せつぜごい》。復告《ぶこく》。大衆若如欲成就是法者《だいしうにやくよくぜうじゆによぜほうしや》入山林寂靜之處求淸淨地《にうさんりんじやくぜうししよぐせうぜうち》。建立道場修諸梵行《こんりうどうぜうしうしよぼんげう》。』作念誦法則見本尊圓滿悉地《さくねんづほうそくけんほんぞんゑんまんしつち》。或入河水而作念誦《わくにうかすいにさくねんづ》。若於山頂樹下塔廟之處作明誦法速得成就《にやくおさくてうじゆげとうべうししよさくねんづほうそくとくぜうじゆ》。或於安置般若《わくおあんちはんにや》經處作之成就《けうしよさくしぜうじゆ》。如是修時整其《によぜしうじせいご》三業不造衆羅《どうふぞうしうら》。亦不親近諸餘惡人《やくふしんごんしよよあくにん》。作諸護摩事《さくしよごまじ》速《そく》得《とく》悉地《しっち》。　不食《ふしよく》五辛酒肉《しんしゆにく》。　作之《さくし》成就《ぜうじゆ》。　而《に》說偈《せつげ》曰《わつ》。

若能行是《にやくのうげうぜげ》　功德《くどく》不可《ふか》量《れう》、　如法《によほう》作念誦《さくねんづ》、　即得《そくとく》大悉地《だいしっち》、　行者修苦行《げうじやしうげうしや》、

或心《わくしん》相《そう》清淨《せうぜう》、　三洛叉《らくさ》數《す》滿《まん》、　常得見《ぜうとくけん》本尊《ほんぞん》、　欲驗《よくけん》法成者《ほうぜうしや》、　能移《のうい》山及動《さんぎうどう》、

能使水逆流《のうしすいぎやくりう》、　隨意《ずいい》成諸事《ぜうしよじ》、　欲見《よくけん》諸佛土《しよぶつど》、　明王《めうわう》忽出現《りつしゆつげん》、　頂戴《てうだい》修行者《しゆげうしや》、

能令得見之《のうれうとくけんし》、　何《か》況餘《けうよ》求事《ぐうぐ》、　隨持《ずいじ》得成就《とくぜうじう》、　不《ふ》墮《すい》四惡趣《あくしゆ》、　決定《けつぜう》證妙果《せうめうか》、

如是《によぜ》諸功《しよく》德《どく》、　我《が》讚不《さんふ》能盡《のうじん》、　唯大聖世《ゆいだいせうせ》尊《そん》、　能知《のうち》如是《によぜ》法《ほう》。

爾時《にじ》佛告《ぶつこく》妙吉祥菩《めうきつせうぼ》薩《さつ》而《に》作是《さくぜ》言《ごん》。　若未來世《にやくみらいせ》有《う》諸行人《しよげうにん》。　由宿福故《ゆしゆくふくこ》得聞《さくもん》如是《によぜ》明王名《めうおうめう》號《どう》。　或復《わくぶ》受持《じゆじ》是《ぜ》聖無《せうむ》動尊大威《どうそんだいい》怒《ぬ》王陀羅尼《わうだらに》經者《けうしや》。　當知《とうち》是《ぜ》人《にん》無《む》有《う》橫死《おうし》。　亦《やく》無《む》有《う》恐《けう》怖《ふ》。　蒙諸天護《もうしよてんご》持《じ》無《む》諸障礙《しよせうげ》。　何況如上作念誦《かきやうによぜうさくねんづ》者其《しやご》福無量《ふくむりやう》。　作是《さくぜ》語已《ごい》。默然而坐《もんねんにさ》。

金剛手言《こんごうしゆごん》。　善哉《ぜんさい》善哉。　如大聖說說是《によだいせうせつせつぜ》言已《ごんい》。　遂其《すいご》本意《ほんい》還着本座《げんちやくほんざ》。

爾時《にじ》大衆聞說是《だいしうもんせつぜ》經已《きうい》。　各得勝位《かくとくせうい》。　皆大歡喜《かいだいかんぎ》信受奉《しんじゆぶ》行《げう》。　聖無《せうむ》動尊大威《どうそんだいい》怒《ね》王祕《わうひ》密《みつ》陀羅《だら》尼經《にきやう》。』

一、次ニ『神佛呼《よ》び出《だ》しの祕術』ニヨリテ或ヒハ天照皇大神或ヒハ春日大明神或ヒハ丹生《ニブ》大明神或ヒハ嚴島《イツクシマ》大明神或ヒハ妙理大權現或ヒハ愛宕《アタゴ》大明神或ヒハ住吉《スミヨシ》大明神或ヒハ香取大明神或ヒハ金比羅大權現或ヒハ藏王大權現何レカ自己ノ欲スル所ノ神尊ヲバ自己ノ眼前ニ呼《ヨ》ビ降《クダ》シテ其ノ三昧ニ入レ。但シ此ノ『呼ビ出シノ法』ハ特別行者ニ非ザレバ傳授セザルモノトス。ヨロシク『特別口傳書』ニツイテ見ヨ。

一、次ニ八千本ノ護摩木（此ノ護摩木ハ不動護摩ノ時ノモノト同ジ長サナリ。但シ之ハ前ヨリ豫メ用意シ置クモノトス。）ヲバ燃エツツアル火中ヘ續ケザマニ投ゲ入レルベシ。但シ一本ゴトニ光明眞言ヲ一回ヅツ唱ヘルモノトス。因ミニ曰ク、今ハ『八千枚護摩』ノ方法ナルガ故ニ、斯ク八千本ノ護摩木ヲ燻修スルナレド、行者ニシテ若シ其ノ勇猛心アラバ此ノ場合ニ八萬本ノ護摩木ヲ燻ズベシ、若シマタ更ニ其ノ意氣アル者ハ八十萬本、乃至八百萬本ヲ燻ズレバ尚ホ可ナリ。八萬本燻修スルヲ『八万枚護摩』ト稱シ、八十萬本ナルヲ『**八十万枚護摩**』ト云ヒ、乃至八百萬本ナルヲ『**八百万枚護摩**』ト云フ。共ニ祕密最勝ノ大行法ナリ。

一、次ニ大猛心ヲ奮《フル》ヒ起シテ焰々タル護摩ノ火中ニ飛ビ入リ、其ノ火焰中ニ直立シツツ左ノ『**妙法蓮華經觀世音菩薩普門品**』ヲ大聲ニ唱ヘヨ、

『妙法蓮華經《めうはふれんげきやう》觀世音菩薩普門品《かんぜおんぼさふもんぼん》』

爾時《にじ》。無盡意菩薩《むじんいぼさ》。即從座起《そくじうざぎ》。偏袒右肩《へんだんうけん》合掌向佛《がつしやうかうぶつ》。而作是言《にさぜごん》。世尊《せそん》。觀世音菩薩《かんぜおんぼさ》。以何因緣《いがいんねん》。名觀世音《めうかんぜおん》。佛告無盡意菩薩《ぶつがうむじんいぼさ》。善男子《ぜんなんし》。若有無量百千萬億《にやくむうれうひやくせんまんおく》。衆生受諸苦惱《しゆじやうじゆしよくなう》。聞是觀世音菩薩《もんぜかんぜおんぼさ》。一心稱名《いつしんしようめう》。觀世音菩薩《かんぜおんぼさ》。即時觀其音聲《そくじかんごおんじやう》。皆《かい》得解脫《とくげだつ》。

若有時是《たやくうじぜ》。觀世音菩薩名者《かんぜおんぼさめうしや》。設入大火《せつにうだいくわ》。火不能燒《くわふのうぜう》。由是菩薩威神力故《ゆぜぼさいしんりきこ》。

若爲大水所漂《にやくゐだいすいしよへう》。稱其名號《しようごめうごう》。即得淺處《そくとくせんじよ》。

若有百千萬億衆生《にやくうひやくせんまんおくしゆじやう》。爲求金銀《ゐぐこんごん》。瑠璃《るり》。硨磲《しやこ》。瑪瑙《めのう》。珊瑚《さんご》。琥珀《こはく》。眞珠等寶《しんじゆとうほう》。

入於大海《にうおだいかい》。假使黒風《けしこくふう》。吹御船舫《すいごせんぼう》。飄墮羅刹鬼國《へうだらせつきこく》。其中《ごちう》若有《にやくう》乃至《ないし》一人《にん》。稱觀世《しようかんぜ》
音菩薩《おんぼさ》。名者《めうしや》。是諸人等《ぜしよにんとう》。皆得解脫《かいとくげだつ》。羅刹之難《らせつしなん》。以是因縁名觀世音《いぜいんねんめうかんぜおん》。
若復有人《にやくぶうにん》臨當被害《りんたうひがい》。稱觀世音菩薩名者《しようかんぜおんぼさめうしや》。彼所執刀杖《ひしよしふたうぢやう》。尋段段壞而得解脫《じんだん〳〵ゑにとくげだつ》。
若三千《にやくさんぜん》。大千國土《だいせんこくど》滿中《まんちう》。夜叉《やしや》。羅刹《らせつ》。欲來惱人《よくらいなうにん》。聞其稱觀世音菩薩名者《もんごしようかんぜおんぼさめうしや》。是《ぜ》
諸惡鬼《しよあくき》。尙不能以惡眼視之《せうぶのういあくげんじし》。況復加害《きやうぶかがい》。
說復有人若有罪《せつぶうにんにやくうさい》。若無罪《にやうむさい》。杻械枷鎖《ちうかいかさ》。檢繫其身《けんげごしん》。稱觀世音菩薩名者《しようかんぜおんぼさめうしや》。皆悉斷《かいしつだん》
壞《ゑ》。卽得解脫《そくとくげだつ》。若《にやく》三千大《だい》千國土《こくど》滿中怨賊《まんちうをうぞく》有一商主《いちしやうしゆ》。將諸商人《しやうしよしやうにん》。齎持重寶《さいぢちうほう》。
經過險路《きやうくわけんろ》。其中《ごちう》一人《にん》。作是唱言《さぜせうごん》。諸善男子《しよぜんなんし》。勿得恐怖《もつとくくふ》。汝等應當《によとうおうたう》。一心《しん》稱觀世《しようかんぜ》
音菩薩名號《おんぼさめうがう》。是菩薩《ぜぼさ》。能以無畏《のういむゐ》。施於衆生《せおしゆぜう》。汝等若稱名者《によとうにやくしよめうしや》。於此怨賊《おしをんぞく》。當得《たうとく》
解脫《げだつ》。衆商人聞《しゆしやうにんもん》。倶發聲言南無觀世音菩薩《ぐほつしやうごんなむかんぜおんぼさ》。稱其名故《しようごめうこ》。卽得解脫《そくとくげだつ》。無盡意《むじんい》。
觀世音菩薩摩訶薩《かんぜおんぼさまかさ》威神之力《いしんしりき》。巍巍如是《ぎぎによぜ》。
若有衆生《にやくうしゆぜう》。多於婬欲《たおいんよく》。常念恭敬《ぜうねんくぎやう》。觀世音菩薩《かんぜおんぼさ》。便得離欲《べんとくりよく》。若多瞋恚《にやくたしんい》。常念恭《ぜうねんく》

敬《ぎやう》。觀世音菩薩《かんぜおんぼさ》。便得離瞋《べんとくりしん》。若多愚癡《にやくたぐち》。常念恭敬《ぜうねんくぎやう》。觀世音菩薩《かんぜおんぼさ》。便得離癡《べんとくりち》。無盡意《むじんい》。觀世音苦薩《かんぜおんぼさ》。有如是等《うによぜとう》。大威神力《だいいしんりき》。多所饒益《たしよねうやく》。是故衆生《ぜこしゆぜう》。常應心念《ぜうおうしんねん》。若有女人《にやくうによにん》。設欲求男《せつよくぐなん》。禮拜供養《らいはいくやう》觀世音苦薩《かんぜおんぼさ》。便生福德《べんせうふくとく》。智慧之男《ちゑしなん》。設欲求女《せつよくぐによ》。便生端正《べんせうたんしやう》。有相之女《うさうしによ》。宿植德本《しゆくちきとくほん》衆人愛敬《しゆにんあいきやう》。無盡意《むじんい》。觀世音苦薩有如是力《かんぜおんぼさうによぜりき》。若有衆生《にやくうしゆぜう》。恭敬禮拜《くぎやうらいはい》。觀世音苦薩《かんぜおんぼさ》。福不唐捐《ふくふたうえん》。是故衆生《ぜこしゆぜう》。皆應受持《かいおうじゆぢ》。觀世音菩薩名號《かんぜおんぼさめうがう》。無盡意《むじんい》。若有人《にやくうにん》。受持《じゆぢ》六十二億《おく》。恆《がう》河沙菩薩名字《がしやぼさめうじ》。復盡形供養《ぶじんぎやうくやう》。飮食衣服臥具《おんじきゑぶくぐわぐ》。醫藥《いやく》。於汝意云何《おによいうんが》。是善男子《ぜぜんなんし》。善女人《ぜんによにん》。功德多不《くとくたふ》。無盡意言《むじんいごん》。甚多《じんた》。世尊《ぜそん》。佛言《ぶつごん》。若復有人《にやくぶうにん》。受持《じゆぢ》。觀世音《かんぜおん》菩薩名號《ぼさめうがう》。乃至一時《ないしじ》。禮拜供養《らいはいくやう》。是《ぜ》二人福《にんぶく》。正等無異《しやうとうむい》。於《お》百千萬億劫《まんおくこふ》。不可《ふか》窮盡《ぐうじん》。無盡意《むじんい》。受持《じゆぢ》。觀世音菩薩名號《かんぜおんぼさめうがう》。得如是《とくによぜ》。無量無邊《むれうむへん》。福德之利《ふくとくしり》。無盡意菩薩《むじんいぼさ》。白佛言《びやくぶつごん》。世尊《せそん》。觀世音菩斷《かんぜおんほさ》。云何遊此娑婆世界《うんがいうししやばせかい》。云何而爲衆生《うんがにゐしゆぜう》說法《せつはう》。方便之力《はうべんしりき》。其事云何《ごじうんが》。

佛《ぶつ》告《がう》無《む》盡《じん》意《い》菩《ぼ》薩《さ》善《ぜん》男《なん》子《し》。若《にやく》有《う》國《こく》土《ど》。衆《しゆ》生《ぜう》應《おう》以《い》佛《ぶつ》身《しん》得《とく》度《ど》者《しや》。觀《かん》世《ぜ》音《おん》菩《ぼ》薩《さ》。即《そく》現《げく》佛《ぶつ》身《しん》。而《に》爲《ゐ》説《せつ》法《ほう》。應《おう》以《い》辟《びやく》支《し》佛《ぶつ》身《しん》得《とく》度《ど》者《しや》。即《そく》現《げん》辟《びやく》支《し》佛《ぶつ》身《しん》。而《に》爲《ゐ》説《せつ》法《ほう》。應《おう》以《い》聲《しやう》聞《もん》身《しん》。得《とく》度《ど》者《しや》。即《そく》現《げん》聲《しやう》聞《もん》身《しん》。而《に》爲《ゐ》説《せつ》法《ほう》應《おう》以《い》梵《ぼん》王《わう》身《しん》。得《とく》度《ど》者《しや》。即《そく》現《げん》梵《ぼん》王《わう》身《しん》。而《に》爲《ゐ》説《せつ》法《ほう》。應《おう》以《い》帝《たい》釋《しやく》身《しん》。得《とく》度《ど》者《しや》即《そく》現《げん》帝《たい》釋《しやく》身《しん》。而《に》爲《ゐ》説《せつ》法《ほう》。應《おう》以《い》自《じ》在《ざい》天《てん》身《しん》。得《とく》度《ど》者《しや》。即《そく》現《げん》自《じ》在《ざい》天《てん》身《しん》。而《に》爲《ゐ》説《せつ》法《ほう》。應《おう》以《い》大《だい》自《じ》在《ざい》天《てん》身《しん》。得《とく》度《ど》者《しや》。即《そく》現《げん》大《だい》自《じ》在《ざい》天《てん》身《しん》。而《に》爲《ゐ》説《せつ》法《ほう》。應《おう》以《い》天《てん》大《だい》將《しやう》軍《ぐん》身《しん》。得《とく》度《ど》者《しや》。即《そく》現《げん》天《てん》大《だい》將《しやう》軍《ぐん》身《しん》。而《に》爲《ゐ》説《せつ》法《ほう》。應《おう》以《い》毘《び》沙《しや》門《もん》身《しん》。得《とく》度《ど》者《しや》。即《そく》現《げん》毘《び》沙《しや》門《もん》身《しん》。而《に》爲《ゐ》説《せつ》法《ほう》。應《おう》以《い》小《せう》王《わう》身《しん》。得《とく》度《ど》者《しや》。即《そく》現《げん》小《せう》王《わう》身《しん》。而《に》爲《ゐ》説《せつ》法《ほう》。應《おう》以《い》長《ちやう》而《じや》身《しん》。得《とく》度《ど》者《しや》。即《そく》現《げん》長《ちやう》者《じや》身《しん》。而《に》爲《ゐ》説《せつ》法《ほう》。應《おう》以《い》居《こ》士《じ》身《しん》。得《とく》度《ど》者《しや》。即《そく》現《げん》居《こ》士《じ》身《しん》。而《に》爲《ゐ》説《せつ》法《ほう》。應《おう》以《い》宰《さい》官《くわん》身《しん》。得《とく》度《ど》者《しや》。即《そく》現《げん》宰《さい》官《くわん》身《しん》。而《に》爲《ゐ》説《せつ》法《ほう》應《おう》以《い》婆《は》羅《ら》門《もん》身《しん》。得《とく》度《ど》者《しや》。即《なく》現《げん》婆《は》羅《ら》門《もん》身《しん》。而《に》爲《ゐ》説《せつ》法《ほう》。應《おう》以《い》比《び》丘《く》。比《び》丘《く》尼《に》。優《う》婆《は》塞《そく》。優《う》婆《は》夷《い》身《しん》。得《とく》度《ど》者《しや》。即《そく》現《げん》比《び》丘《く》。比《び》丘《く》尼《に》。優《う》婆《は》塞《そく》。優《う》婆《は》夷《い》身《しん》。而《に》爲《ゐ》説《せつ》法《ほう》。應《おう》以《い》長《ちやう》者《じや》。居《こ》士《じ》。宰《さい》官《くわん》。婆《は》羅《ら》門《もん》。婦《ぶ》女《によ》身《しん》。得《とく》度《ど》者《しや》。即《そく》現《げん》婦《ぶ》女《によ》身《しん》。而《に》爲《ゐ》説《せつ》法《ほう》。應《おう》以《い》童《どう》男童女身《なんどうにょしん》。得度者《とくどしゃ》。即現童男童女身《そくげんどうなんどうにょしく》。而爲說法《にゐせっほう》。應以天龍《おういてんりう》。夜叉《やしゃ》。乾闥婆《げんだつは》。阿修羅《あしゅら》。迦樓羅《かるら》。緊那羅《きんなら》。摩睺羅伽《まごらが》。人非人等身《にんぴにんとうしん》。得度者即皆現之《とくどしゃそくかいげんし》。而爲說法《にゐせっほう》。應以執金剛神《おういしふこんがうしん》。得度者即現執金剛神《とくどしゃそくげんしふこんがうじん》。而爲說法《にゐせっほう》。無盡意《むじんい》。是觀世音菩薩《ぜかんぜおんぼさ》成就如是功德《じやうじゆによぜくどく》。以種種形《いしゅくぎやう》。遊諸國土《いうしよこくど》。度脫衆生《どだつしゅじやう》。是故汝等《ぜこによとう》。應當《おうとう》一心《しん》。供養《くやう》觀世音菩薩《かんぜおんぼさ》。是觀世音菩薩《ぜかんぜおんぼさ》。摩訶薩《まかさ》。於怖畏急難之中《おふゐきふなんしちう》。能施無畏《のうせむゐ》。是故此娑《ぜこししゃ》婆世界《ばせかい》。皆號之爲施無畏者《かいがうしゐせむゐしゃ》。無盡意菩薩《むじんいぼさ》。白佛言世尊《びやくぶつごんせそん》。我今當供養《がこんとうくやう》。觀世音《かんぜおん》菩薩《ぼさ》。即解頸《そくげきやう》。衆寶珠瓔珞《しゅほうしっやうらく》。價直《げちき》百千兩金《りやうこん》。而以與之《にいよし》。作是言《さぜごん》。仁者《にんじゃ》。受此《じゅし》法施《ほうし》。珍寶瓔珞《ちんほうやうらく》。時觀世音菩薩《じかんぜおんぼさ》。不肯受之《ふこうじゅし》。無盡意復白觀世音菩薩言《むじんいぶびやくかんぜおんぼさごん》。仁者《にんじゃ》。愍我等故《みんがとこ》。受此瓔珞《じゅしやうらく》。爾時佛告觀世音菩薩《にじぶつがうかんぜおんぼさ》。當愍此無盡意菩薩及四衆天龍夜《とうみんしむじんいぼさきふししゅてんりうや》叉乾闥婆《しゃげんだつば》。阿脩羅《あしゅら》。迦樓羅《かるら》。緊那羅《かんなら》。摩睺羅伽《まこらか》。人非人等《にんぴにんとう》。故受是瓔珞《こじゅぜやうらく》。即《そく》時觀世音菩薩《じかんぜおんぼさ》。愍諸四衆《みんしょししゅ》。及於天龍《きふおてんりう》。人非人等《にんぴにんとう》。受其瓔珞分作《じゅごやうらくぶんさ》二分《ぶん》。一分奉《ぶんぶ》釋迦牟尼佛《しゃかむにぶつ》。一分奉多寶佛塔《ぶんぶたほうぶつたう》。無盡意《むじんい》。觀世音菩薩《かんぜおんぼさ》。有如是自在神力《うによぜじざいじんりき》。遊於《いうお》娑婆《しゃば》世《せ》界《かい》。

爾時《にじ》。無盡意《むじんい》菩薩《ぼさ》以《い》偈《げ》問《もん》曰《わつ》。

世《せ》尊《そん》妙《めう》相《そう》具《ぐ》、我《が》今《こん》重《ぢう》問《もん》彼《ぴ》、佛《ぶっ》子《し》河《が》因《いん》縁《ねん》、名《めう》爲《ゐ》觀《かん》世《ぜ》音《おん》、具《ぐ》足《そく》妙《めう》相《そう》尊《そん》、

偈《げ》答《たふ》無《む》盡《じん》意《い》、汝《にょ》聽《ちゃう》觀《かん》音《おん》行《げう》、善《ぜん》應《おう》諸《しょ》方《ほう》所《しょ》、弘《ぐ》誓《ぜい》深《じん》如《にょ》海《かい》、歴《りゃく》劫《こふ》不《ふ》思《し》議《ぎ》、

侍《じ》多《た》千《せん》億《おん》佛《ぶつ》、發《ほっ》大《だい》清淨《せうぐ》願《ぐわん》、我《が》爲《ゐ》汝《にょ》略《りゃく》説《せつ》、聞《もん》名《めう》及《きふ》見《けん》身《しん》、心《しん》念《ねん》不《ふ》空《くう》過《くわ》、

能《のう》滅《めつ》諸《しょ》有《う》苦《く》、假《け》使《し》興《こう》害《がい》意《い》、推《すゐ》落《らく》大《だい》火《くわ》坑《きゃう》、念《ねん》彼《ぴ》觀《かん》音《おん》力《りき》、火《くわ》坑《きゃう》變《へん》成《じやう》池《ち》、

或《わく》漂《へう》流《る》巨《こ》海《かい》、龍《りう》魚《ぎょ》諸《しょ》鬼《き》難《なん》、念《ねん》彼《ぴ》觀《かん》音《おん》力《りき》、波《は》浪《らう》不《ふ》能《のう》沒《もん》、或《わく》在《ざい》須《じゆ》彌《み》峯《ぶ》、

爲《ゐ》人《にん》所《しょ》推《すゐ》墮《だ》、念《ねん》彼《ぴ》觀《かん》音《おん》力《りき》、如《にょ》日《にち》虚《こ》空《くう》住《じう》、或《わく》被《ひ》惡《あく》人《にん》逐《ちく》、墮《だ》落《らく》金《こん》剛《がう》山《せん》、

念《ねん》彼《ぴ》觀《かん》音《おん》力《りき》、不《ふ》能《のう》損《そん》一《いち》毛《まう》、或《わく》値《ち》怨《をん》賊《ぞく》繞《ねう》、各《かく》執《しふ》刀《たう》加《か》害《がい》、念《ねん》彼《ぴ》觀《かん》音《おん》力《りき》、

咸《げん》卽《そく》起《き》慈《じ》心《しん》、或《わく》遭《さう》王《わう》難《なん》苦《く》、臨《りん》刑《ぎゃう》欲《よく》壽《じゅ》終《しう》、念《ねん》彼《ぴ》觀《かん》音《おん》力《りき》、刀《たう》尋《じん》段段《だん〱》壞《ゑ》、

或《わく》囚《しう》禁《きん》枷《か》鎖《さ》、手《しゅ》足《そく》被《ひ》杻《ちう》械《かい》、念《ねん》彼《ぴ》觀《かん》音《おん》力《りき》、釋《しゃく》然《ねん》得《とく》解《げ》脱《だつ》、呪《しゅ》詛《そ》諸《しょ》毒《どく》藥《やく》、

所《しょ》欲《よく》害《がい》身《しん》者《じゃ》、還《げん》著《ちゃく》於《お》本《ほん》人《にん》、或《わく》遇《ぐう》惡《あく》羅《ら》刹《せつ》、毒《どく》龍《りう》諸《しょ》鬼《き》等《とう》、

念《ねん》彼《ぴ》觀《かん》音《おん》力《りき》、時《じ》悉《しつ》不《ぷ》敢《かん》害《がい》、若《にゃく》惡《あく》獸《じう》圍《ゐ》繞《ねう》、利《り》牙《げ》爪《そう》可《か》怖《ふ》、念《ねん》彼《ぴ》觀《かん》音《おん》力《りき》、
疾《しっ》走《そう》無《む》邊《へん》方《ぼう》、蚖《ぐわん》蛇《じゃ》及《ぎふ》蝮《ふく》蠍《かつ》、氣《げ》毒《どく》煙《えん》火《くわ》燃《ねん》、念《ねん》彼《ぴ》觀《かん》音《おん》力《りき》、尋《じん》聲《じゃう》自《じ》回《ゑ》去《こ》、
雲《うん》雷《らい》鼓《ぐ》掣《せい》電《でん》、降《がう》雹《はく》澍《じゅ》大《だい》雨《う》、念《ねん》彼《ぴ》觀《かん》音《おん》力《りき》、應《おう》時《じ》得《とく》消《せう》散《さん》、衆《しゅ》生《じゃう》被《ひ》困《こん》厄《やく》、
無《む》量《れう》苦《く》逼《ひっ》身《しん》、觀《かん》音《おん》妙《めう》智《ち》力《りき》、能《のう》救《ぐ》世《せ》間《けん》苦《く》、具《ぐ》足《そく》神《じん》通《づう》力《りき》、廣《くわう》修《しう》智《ち》方《はう》便《べん》、
十《じっ》方《ぽう》諸《しょ》國《こく》土《ど》、無《む》刹《せつ》不《ふ》現《げん》身《しん》、種種《しゅ〳〵》諸《しょ》惡《あく》趣《しゅ》、地《ち》獄《ごく》鬼《き》畜《ちく》生《しゃう》、生《しゃう》老《らう》病《びゃう》死《し》苦《く》、
以《い》漸《ぜん》悉《しつ》令《れう》滅《めつ》、眞《しん》觀《かん》清淨《せう〳〵》觀《かん》、廣《くわう》大《だい》智《ち》慧《ゑ》觀《かん》、悲《ひ》觀《かん》及《きふ》慈《じ》觀《かん》、常《ぜう》願《ぐわん》常《ぜう》瞻《せん》仰《がう》、
無《む》垢《く》清淨《せう〳〵》光《くわう》、慧《ゑ》日《にち》破《は》諸《しょ》闇《あん》、能《のう》伏《ふく》災《さい》風《ふう》火《くわ》、普《ふ》明《めう》照《せう》世《せ》間《けん》、悲《ひ》體《たい》戒《かい》雷《らい》震《しん》、
慈《じ》意《い》妙《めう》大《だい》雲《うん》、澍《じゅ》甘《かん》露《ろ》法《ほう》雨《う》、滅《めっ》除《ちょ》煩《ぼん》惱《なう》燄《ねん》、諍《じゃう》訟《しょう》經《けう》官《かん》處《じょ》、怖《ふ》畏《ゐ》軍《ぐん》陣《ちん》中《ちう》、
念《ねん》彼《ぴ》觀《かん》音《おん》力《りき》、衆《しゅう》怨《をん》悉《しつ》退《たい》散《さん》、妙《めう》音《おん》觀《かん》世《ぜ》音《おん》、梵《ぼん》音《おん》海《かい》潮《てう》音《おん》、勝《しょう》彼《ひ》世《せ》間《けん》音《おん》、
是《ぜ》故《こ》須《しゅ》常《ぜう》念《ねん》、念念《ねん〳〵》勿《もっ》生《しゃう》疑《ぎ》、觀《かん》世《ぜ》音《おん》淨《じゃう》聖《しゃう》、於《お》苦《く》惱《なう》死《し》厄《やく》、能《のう》爲《ゐ》作《さ》依《ゑ》怙《こ》、
具《ぐ》一《いっ》切《さい》功《く》德《どく》、慈《じ》眼《げん》視《じ》衆《しゅ》生《じゃう》、福《ふく》聚《じゅ》海《かい》無《む》量《れう》、是《ぜ》故《こ》應《おう》頂《ちゃう》禮《らい》。
爾《に》時《じ》持《ち》地《ち》菩《ぼ》薩《さ》。即《そく》從《じう》座《ざ》起《き》。前《ぜん》白《びゃく》佛《ぶつ》言《ごん》。世《せ》尊《そん》。若《にゃく》有《う》衆《しゅ》生《じゃう》。聞《もん》是《ぜ》觀《かん》世《ぜ》音《おん》菩《ぼ》薩《さ》品《ほん》。

自《じ》在《ざい》之《し》業《ごう》。普《ふ》門《もん》示《じ》現《げん》。神通力者《じんつうりきしや》。當《とう》知《ち》是《ぜ》人《にん》。功徳不少《くどくふせう》。佛説是普門品時《ぶつせつぜふもんほんじ》。衆《しゆ》中八萬四《ちうはちまんし》千衆生皆發無等等《せんしゆじやうかいほつむとうとう》。阿耨多羅三藐三菩提心《あのくたらさんみやくさんぼだいしん》。』

斯クノ如ク焔々タル護摩ノ火炎中ニ直立シテ普門品ヲ讀經スルヲ『火中讀經の術』ト云フ。此ノ術ヲ行フニ際シテ『水生《すゐせう》三昧の祕法』ト稱スル祕術ヲ使ヘバ火焔中ニ直立シテ何等ノ熱苦ヲ感ゼズ。卽チ是レマタ一種ノ『火渡《ひわた》りの術』トモ稱シ得ベシ。但シ此ノ『水生三昧ノ祕法』ノ實修法ハ『最高口傳書』ニ讓《ユズ》ル。

一、火中ニテ右ノ普門品ヲ一巻唱ヘ終ルヤ拍掌《カシワデ》ヲ打ツコト七遍。而シテ火ノ外《ソト》ニ出ルベシ。之ヲ以テ八千枚護摩ハ終結ス。

◉以上の如くにして三十五日間の修法が無事に終れば行者の身體には既に堂々たる無盡の靈力が備《そな》われものと云ひ得べく、以つて嬉々として下山すべきなり。

南無大聖不動明王、南無大聖不動明王、南無大聖不動明王!!

『蛇の巻』終了

第參巻　奥傳の部

火の巻

弘法大師の御眞筆

不可思議《ふかしぎ》や『火の巻』

霊術道場

◉謹しみ敬忌《イヤマヒ》て八百萬箇《ヤホヨロズ》の神等《カミタチ》に則祝《ノリホ》ぎ申《マチ》す。天《アメ》の下清《モトキヨ》かれば世《ヨ》の末《スヱ》の穢《ケガ》れ逗《トゞ》まらず。神《カミ》の根《ネ》清かれば人の枝《エ》の汚《ケガ》れ堪《タタ》へず。祗《モト》清く杪《スヱ》清かれば罪《ツミ》と云ふ罪、穢《ケガ》れと云ふ穢《ケガ》れ、禍《ワザワヒ》と云ふ禍、祟《タタ》りと云ふ祟り悉《フツ》りになしと『火の巻』を捧げつつ恐《カシ》こみ恐こみ則祝《ノリホ》ぎ申須《マチス》。

◉夫れ眞言祕密の中でも『《パンウンカンキリク》術』ほど恐ろしき術は又と他にあるまじ。此の術は聞くも恐ろしき『地獄の邪法』なり、『血の邪法』なり、『火の邪法』なり、『惡魔奉仕』の『呪《のろ》ひの邪法』なり。卽ち『蘇悉地羯羅經』の中に『我レ今マタ具足シテ悉地ヲ作ス法ヲ說カン……己身《コシン》ノ血《チ》ヲモッテ塗《ヌ》ッテ以テ護摩シ或ヒハ苦練木ヲ用ヒ或ヒハ屍ヲ燒ケル殘リノ柴ヲ用ヒテ以テ護摩セヨ。火ツキ終ル後ニ屍《シビト》ヲ燒《ヤ》ケル灰《ハイ》ヲモッテ己身《コシン》ノ血《チ》ニ和シテ護摩シ、及ビ毒藥《ドクヤク》ト己身ノ血《チ》ヲ油及ビ芥子トノ四種ヲモッテ相和シテ以テ護摩セヨ……自己《ジコ》ノ身血《シンケツ》ヲ毒藥ト油ト鹽トヲ以テ相和シ夜モスガラ護摩スベシ。マタ己《オノ》ガ肉《テク》ヲ割《サ》イテ護摩セヨ。肉《ニク》ヲ割《サ》キ護摩センニ決定シ來タッテ其ノ成就ヲ與ヘン云々』とあるを本據とせるものにして、卽ち煮《に》えくり返《かへ》り沸返《わかかへ》り七色《なゝいろ》に燃え上る護摩の火焰《ほのほ》に、鮮血淋漓たる唐紅《からくれなゐ》の我身《わがみ》の生血《なまち》を撒《ま》き注《そゝ》ぎ、而して以て我身の血を絞り取つて神佛に獻《そな》へて祈りつめると云ふ地獄の底の『血《ち》の淵《ふち》』の如き恐ろしき護摩なれば或ひは之を『血塗《ちみ》どろ護摩《ごま》』、『血祭《ちまつ》り護摩』、『血塗《ちぬ》りの護摩』、『血染《ちぞ》めの護摩』『血吸《ちす》ひ護摩』、『血供養《ちくよう》護摩』などと稱し、又『地獄《ぢごく》護摩』、『赤色護摩』などとも稱し得べきか。而もたゞ單に『血《ち》』のみに非ず、更に行者自《じ》身《しん》の身體《からだ》の『肉《にく》』までも其の一片を股《もも》か又は臀部より切り取つて護摩の火中に投じ以て自己の肉體の一片《ひときれ》そのまゝを『人身御供《ひとみごく》』として本尊に供《そな》へ獻げると云ふ恐ろしき護摩法なれば、又、或ひは之を『肉拔《にくな》け護摩』、『肉燒《にくや》き護摩』『肉切《にくき》り護摩』、『肉喰《にくく》ひ護摩』、『肉獻《にくあ》げ護摩』、『自身御供《わがみごく》護摩』などと云ひ得べきか。尚はまた其の上に劇毒なる藥汁を注ぐを以て『毒藥《どくやく》護摩』とも稱し、又、屍《しびと》を燒《や》ける灰《はい》、即ち墓地《はかな》の灰を燻ずるが故に之を『屍《しに》灰《はい》護摩』『死人《しびと》護摩』或ひは『墓地《はかば》護摩』などと名づくべきものなり。斯くの如く『タラクバンウンカンキリク術』は地獄の火焔に我が身を投げ、煮えくり返り沸き返り七色に燃えあがる火焔の淵に、夜千度、晝千度、身を黒《くろ》焦《こげ》に燻《くず》ぶらせ、生身《なまみ》のままに死返り生返つて神變自在の魔王となり、以て強烈なる魔力を涵養せんとする恐ろしき基礎的魔力涵養自修法の一つなり。

◉また此の秘術に於ては『阿部晴明《アベノセイメイ》の秘法』卽ち『蟲《むし》祈《いの》り』、或は『百蟲魅《み》込《こま》せ術』と稱する陰陽道の最大祕法をも行なふなり。卽ち、蛇《へび》、蝦蟇《がま》、蜥蜴《とかげ》、蜈蚣《むかで》、蝎《さそり》、などの如き毒蟲をば五十匹《ぴき》も百匹も生《い》きながら壺《つぼ》の中に封じこみ、護摩を焚き祝詞《のりと》をあげて攻《せ》めかけ攻《せ》めかけ祈り詰めると云ふ邪法なり。

◉要するに『タラクバンウンカンキリク術』とは、恐ろしくも恐ろしき惡鬼魔神を呼び寄せて、而して以て冷《つめ》たい曉《あかつき》の光の中て啜《すゝ》り泣きながら生《せい》の大歡喜に打たれると云ふ物すごき祈《いのり》の術なり。草木も眠る丑滿時、古樹欝蒼たる深山は萬籟寂として音もなく、仰げば高峯、雲際に聳え、綠碧層々千古の祕密を鎖《とざ》し、峨々たる斷崖より逆まき落つる瀧水は六根清淨の水烟を飛ばす、俯しては萬仭の谿谷霧深くして、たゞ囂々たる峯の嵐を聞くのみ。此のとき、身に白裝束《しろせうぞく》を着けたる一人の行者は人目を忍んで玆に大祕密の術を修す。清冽なる水を湛へて底さへ知れぬ瀧壺の側に嚴そかに設けられたる祭壇よりは、今し行者の焚く護摩の火は焔々と燃え盛り、朦々たる煙は昇りて天をも曇らす如くなり。その護摩の煙が段々と猛り狂ふに從つて修法も漸やく酣となり、今や邪術は、いよ〳〵其の極度に達しぬ。リーン、リーンと鳴る鈴《りん》の音冴えて、すさまじき法螺貝の聲と共に更《ふ》けゆく深山の夜に響き渡り、見るも物すごき此の地獄の邪法はます〳〵恐ろしき光景となり、此所《ここ》ぞと許《はか》りに行者はドツと火中に護摩木を燒《く》べ、手に呪咀《のろひ》の印を結び、心に邪術の觀を凝らせ、眼怒《まなこいか》らせ齒を喰《く》ひしばり、榊《さかき》の枝をば振り動かし、水晶の珠數を磨《す》り揉んで渾身の血をば漲らし、身を震はせて咒文を唱へ、物すごき聲にて咀《のろ》ひ祈るなり。嗚呼いかに恐ろしき祕術なることよ。いかに物すごき基礎的自修法なるよ。いよ／＼左に其の實修法をば傳授せん。ゆめ／＼他人に漏らすべからず。祕せんかな、祕せん哉。

◉先づ八千枚護摩法の時と同じく適當なる山中に道場を設け、祭壇の中央には本尊として行者自身を祭《まつ》り、自分で自分の身體《からだ》を祭り拜《おが》むべし。斯く行者が自分自身の身體《からだ》を本尊となし御神體となせるものを『**自己《じこ》大明神**』と名づく。即ちこれ密教で最極の祕法とせる『**自供養《じくやう》の祕法**』なり。但し此の、自分自身を御神體として祭る法、即ち『自己大明神』の謹製法は絕對祕密なれば殘念ながら茲には說明する事を得ず『最高口傳書』に讓る

◉其の他、御幣、注連縄、神鏡、などの祭壇の餝りつけは八千枚護摩法の時と同じ。但し、壇の前方、一段高き所に、

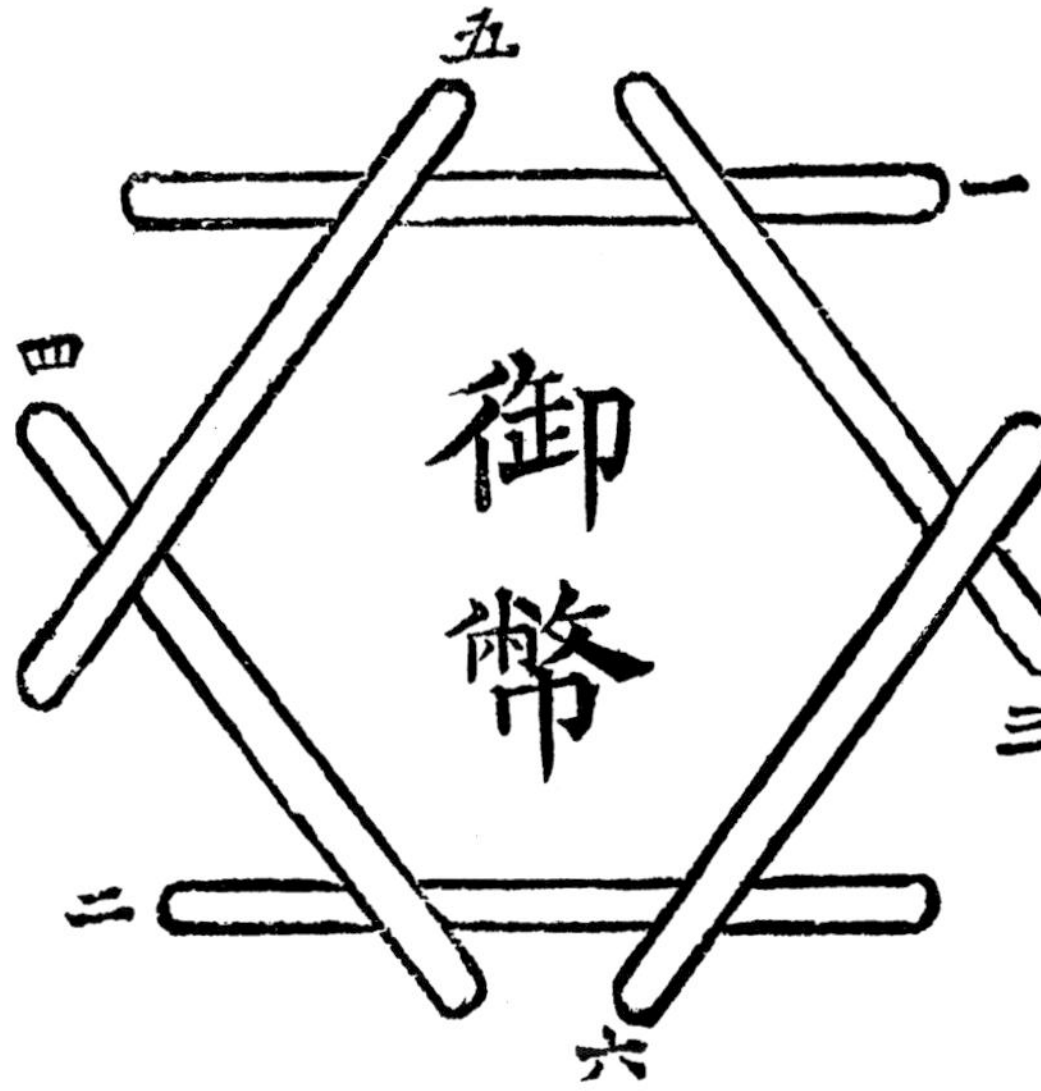

前述の如き毒虫を入れて密封せる壺を置く。而して三十五日間の斷食、及び其の間に於ける日々の水行、及び修法も前と同じ方法を以てす。たゞ日に三回づつ焚くべき護摩は、此の場合に於ては不動護摩にあらずして『**自供養護摩**』即ち、行者が、行者自身の身體《からだ》に拜《おが》むべき護摩法なり。其の法たるや、先づ血液沸騰法と同様の護摩壇を据え其の四隅に御幣を立て、一百八本の護摩木の積み方は圖の如く順次十八階に積み重ね、其の上より中央の穴へ小さき

御幣をば一本、さしてむべし。而して其の焚き方は。

◉一、先ヅ拍掌三回、

一、次ニ般若心經一卷、

一、次ニ『無所不至の印』ヲ結ビ心ニ『金剛界阿字《アジ》の觀』ヲ凝ラシッツ光明眞言ヲ誦スルコト二十一遍。但シ『金剛界阿字の觀』トハ寫眞版ノ挿繪ノ如シ。

一、次ニ拍掌三回、

一、次ニ合掌シッツ祝詞《ノリト》ノ如キ嚴ソカナル句調ヲ以テ、左ノ神歌ヲ唱フルコト三回、

《バザラダドバン》字《ジ》流《ナカ》レノ末《スエ》汲《ク》ミテ

今《イマ》モ神代《カミヨ》ノ祭《マツリ》ゴトセン

一、次ニ拍掌三回。合掌シッツ同ジク左ノ祝詞《ノリト》ヲ三回、

金剛界阿字觀の圖

千《チ》刄《ハヤ》振《フ》ル神代《カミヨ》ノ水《ミツ》ノ水ニテソ
濁穢《ニゴリケガレ》ノ身《ミ》ヲゾ淸《キヨ》ムル

一、次ニ拍掌三回。同ジク左ノ祝詞《ノリト》ヲ三回、

護摩《ゴマ》ヲ焚《タ》ク、 此所《ココ》モ高天原《タカマガハラ》ナレバ
集《アツマ》リタマヘ四方《ヨモ》ノ神々《カミ〻》

一、次ニ神道用ノ千成鈴《センナリスズ》ヲ振リ鳴ラシツツ、左ノ祝詞ヲ三回、

久方《ヒサカタ》ノ天《アマ》ノ八《ヤ》重《ヘ》雲《クモ》、 押分《オシワケ》テ
天降《アマクダ》リマセ天津《アマツ》神々《カミガミ》

一、次ニ同ジク鈴《スズ》ヲ鳴ラシテ左ノ祝詞《ノリト》ヲ三回、

掛《カケ》マクモ畏《カシコ》キ神《カミ》ノ社《ヤシロ》ナリ
阿《ア》吽《ウン》ノ息《イキ》ハ外《ゲ》宮《グウ》内《ナイ》宮《グウ》

一、次ニ同ジク鈴《スズ》ヲ鳴ラシツツ左ノ祝詞《ノリト》ヲ三回、

大日如來《ダイニチニヨライ》、不動明王《フドウメウワウ》ノ加持《カジ》アリテ

我身《ワガミ》コノママ天照皇大神《アマテラスオホカミ》

一、次ニ法螺貝ヲ吹キ鳴ラスコト七聲ニシテ『法螺の文』ヲ唱フ、

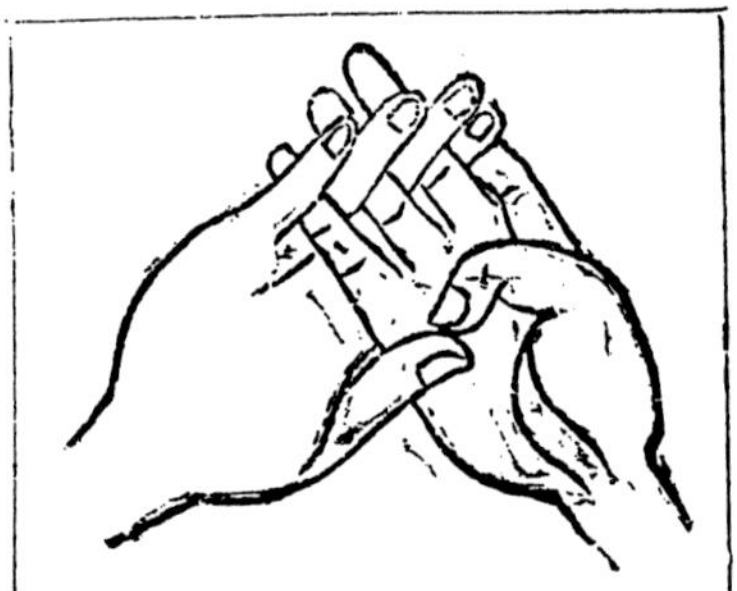

轉法輪印

一、次ニ圖ノ如キ『**轉法輪の印**』ヲ結ビツツ左ノ『**一切如來大乘阿毗三摩耶百字眞言**』ヲ唱フルコト三回、

『ヲンボダラサトハサンマヤ、マドハラヤ、ボダラサトバ、チベイドハチシュダチリターメーバンバ、ソトシュユメーバンバ、アドラキトメーバンバ、ソボシユメーバンバ、サラシッタ、ヨーメーハラヤシャ、サラバカラマソシャメーシッタシリヤクロウンカカカカク、バガハンサラバタターガター、ボタラマ

『メーモンシャ ボダバンバ、サカサンマヤサトバン』

一、次ニ護摩壇ニ火ヲ移ス、

一、次ニ『理趣三昧《リシュザンマイ》の秘法』ヲ凝ラスベシ。『理趣三昧の秘法』トハ『大貪《ダイドン》染《ゼン》三昧の秘法』トモ稱シ最モ極秘トナス。其ノ法ハ要スルニ『般若理趣經』卽チ『大樂金剛不空眞實三摩耶經』ト稱スル大秘密ノ經ヲ讀ムコトナレドモ、其ノ讀經法タルヤ單ナル文句ノ讀經ニ非ズシテ、其ノ讀經中ニ於テ、口ニ讀經ヲナシツヽ、手ニ『理趣經十七段印』ト稱スル十七箇ノ秘印ヲ結ビ、心ニ『理趣經十七段觀』ト稱スル十七個ノ秘密觀法ヲ凝ラスナリ。此ノ理趣經十七個ノ段々印、及ビ印々觀ハ是レ龍樹菩薩ヨリ般若僧正ヘ御直傳ノ秘傳ニシテ、密敎ノ僧侶ト雖モ此ノ秘法ヲ知ラズ、然ルニ今ソレ諸子ハ此ノ無二ノ大秘法ヲ授カラムトス、秘スベシ秘スベシ。扨テ其ノ秘法トハ、抑モ〱理趣經一卷ヲ別チテ十七段トナス。卽チ、最初ノ『如是我聞……』ノ句ヨリ

『……不空三摩耶心』マデヲ初段トシテ之ヲ『金剛薩埵初集會品《コンゴウサツタシヨジウエボン》』ト云ヒ、『時薄伽梵……乃至……自性平等心』ヲ第二段トシテ之ヲ『大日理趣會品《ダイニチリシユエボン》』ト稱シ、『時調伏難……乃至……金剛呼迦羅心』ヲ第三段トシテ之ヲ『降三世品《コウザンセボン》』ト名ヅケ、『時薄伽梵得自性清淨……乃至……種々色心』ヲ第四段トシテ之ヲ『觀自在品《カンジザイボン》』ト呼ビ、斯クノ如ク順次、第五段ヲ『虚空藏品《コクウゾウボン》』、第六段ヲ『金剛拳品《コンコウケンボン》』、第七段ヲ『文殊品《モンジユボン》』、第八段ヲ『轉法輪品《テンボウリンボン》』、第九段ヲ『虚空庫品《コクウコボン》』、第十段ヲ『摧一切魔品《サイイツサイマボン》』、第十一段ヲ『降三世教令輪品《コウザンセケウレイリンボン》』、第十二段ヲ『外金剛會品《ゲコンコウエボン》』、第十三段ヲ『七母天品《シチモテンボン》』、第十四段ヲ『三兄弟品《サンケイテイボン》』、第十五段ヲ『姉妹品《シマイボン》』、第十六段ヲ『五部具會品《ゴブグエボン》』、第十七段ヲ『五祕密品《ゴヒミツボン》』、云フナリ。而シテ今『理趣三昧の祕法』ヲ修スルニハ此ノ十七段ゴトニ夫レ〴〵獨特ノ印ヲ結ビ獨特ノ神號觀ヲ凝ラシツツ讀經シテ行クナリ。例之ヘバ初段ヲ唱ヘ居ル時ハ、手ニ金剛拳ヲ結ビ心ニ天照皇大神ノ神號觀ノ圖ヲ畫キ念ジ、次ニ讀經ガ第二段ヘ移レバ直チニ前ノ印ヲ解キテ智拳印ヲ結ビ、心ニハ妙理大明神ノ神號觀ヲ凝ラスガ如ク、斯クノ如クニシテ順次終リマデ各段每ニ印ト觀トヲ合セナシツツ讀經シテ行クナリ。今左ニ理趣經ノ全文ヲ揭ゲテ各段每ニ其ノ結印法ト神號觀ノ圖トヲ示サン。神號觀ハ此ノ繪ト同ジ繪ヲ自己ノ胸中ニ念ジ畫クベキモノトス。

『大《たい》樂《ら》金《きん》剛《がう》不《ふ》空《こう》眞《しん》實《じつ》三《さん》摩《ま》耶《や》經《けい》、

（又ハ般《はん》若《にや》波《は》羅《ら》蜜《み》多《た》理《り》趣《しゆ》經《けい》）

（結印法）左右ノ手ヲ各々金剛拳ニナシ、右拳ヲ胸ニ安ジ左拳ヲ腰ニ安ズ。

如是《じよし》我聞《がぶん》一時《いつし》薄伽梵《はきやほむ》成就《せいしう》殊勝《しゆしよう》一切《いつせい》如來《じよらい》金剛《きんがう》加持《かち》三摩耶《さんまや》智《ち》已得《いとく》一切《いつせい》如來《じよらい》灌頂《くわんてい》寶《はう》冠《くわん》爲《に》三界主《さんかいしゆう》已證《いしよう》一切如來《いつせいじよらい》一切智智《いつせいちち》瑜伽自在《ゆきやしさい》能作《のうさく》一切如來《いつせいによらい》一切印平等《いつせいいんべいとう》種種事業《しよう〱じげふ》於《よ》無盡無餘《ぶじんぶよ》一切衆生界《いつせいしうせいかい》一切意願作業《いつせいいげんさくげふ》皆悉圓滿《かいしつてんまん》常恒三世《ぜうこうさんぜい》一切時《いつせいし》身語意業《しんぎよいげふ》金剛大《きんがうたい》毘盧遮那《ひろしやだ》如來《じよらい》在《ざい》於《よ》欲界《よくかい》他化自在天王宮中《たくゐじさいてんわうきうちう》一切如來《いつせいじよらい》常所遊處《ぜうそういうしよ》吉祥稱歎《きつせうしようたん》大摩尼殿《たいまにてん》種種間錯《しよう〱かんさく》鈴鐸《れいたく》繒幡《そうは》微風搖擊《びひようねうげき》珠鬘瓔珞《しゆまんねいらく》半滿月《はんまんげつ》等《とう》而爲《じゐ》莊嚴《さうげん》與《よ》八十倶胝《はつじふくし》菩薩衆倶所《ほさつしうくそう》謂《ゐ》金剛手《きんがうしゆ》菩薩《ほさ》摩訶薩《はかさ》觀自在《くわんじざい》菩薩《ぼさ》摩訶薩《はかさ》虛空藏《きよくうさう》菩薩《ぼさ》摩訶薩《はかさ》金剛拳《きんがうけん》菩薩《ぼさ》摩訶薩《はかさ》文《ぶん》殊師利《じゆうしり》菩薩《ぼさ》摩訶薩《ぼかさ》纔發心轉法輪《さいはつしんてんぼふりん》菩薩《ぼさ》摩訶薩《ばかさ》虛空庫《きよくうこう》菩薩《ぼさ》摩訶薩《ばかさ》摧一切魔《さいいつせいま》菩薩《ぼさ》摩《は》訶薩《かさ》與《よ》如是《じよし》等《とう》大菩薩《たいぼさつ》衆《しう》恭敬《きようけい》圍繞《ゐぜう》而爲《じゐ》說法《せつはふ》初中後《そうちうこう》善《ぜん》文義《ぶんぎ》巧妙《こうめう》純一《じゆんにち》圓滿《ゑんまん》清淨《せいせい》潔白《けつぱく》說《せつ》一切法《いつせいはう》清淨句門《せいせいくもん》所謂《そうゐ》妙適《めうてき》清淨句《せいせいく》是《し》菩薩位《ぼさゐ》慾箭《よくせん》清淨句《せいぜうく》是《し》菩薩位《ぼさゐ》觸《しよく》清淨句《せいせいく》是《し》菩薩位《ぼさゐ》愛縛《あいばく》清淨句《せいせいく》是《し》菩薩位《ぼさゐ》一切自在主《いつせいじさいしゆう》清淨句《せいせいく》是《し》菩薩位《ぼさゐ》見《けん》清淨句《せいせいく》是《し》菩薩位《ぼさゐ》適悅《てきねい》清淨句《せいせいく》是《し》菩薩位《ぼさゐ》愛《あい》清淨句《せいせいく》是《し》菩薩位《ぼさゐ》慢《まん》清淨句《せいせいく》是《し》菩薩位《ぼさゐ》莊嚴《さうげん》清淨句《せいせいく》是《し》菩薩位《ほさゐ》意滋澤《いしたく》清淨句《せいせいく》是《し》菩薩位《ぼさゐ》光明《くわうべい》清淨句《せいせいく》是《し》菩薩位《ぼさゐ》身樂《しんらく》清淨句《せいせいく》是《し》菩薩位《ぼさゐ》色《しよく》清淨句《せいせいく》是《し》菩薩位《ぼさゐ》聲《せい》

清《せい》淨《せい》句《く》是《し》菩《ほ》薩《さ》位《ゐ》香《きやう》清《せい》淨《せい》句《く》是《し》菩《ほ》薩《さ》位《ゐ》味《び》清《せい》淨《ぜう》句《く》是《し》菩《ぼ》薩《さ》位《ゐ》何《か》以《い》故《こ》一《いつ》切《せい》法《ほう》自《し》性《せい》清《せい》淨《せい》故《こ》般若《はんにや》波羅《はら》蜜多《びいた》清淨《せいせい》金剛《きんがう》手《しゆ》若《じやく》有《いう》聞《ぶん》此《し》清淨《せいせい》出生《しゆつせい》句《く》般若《はんにや》理趣《りしゆ》乃至《ないし》菩提《はてい》道場《だうちやう》一切《いつせい》蓋障《がいしやう》及《きふ》煩惱《はんだつ》障《しよう》法障《はつしよう》業障《げつしよう》設《せつ》廣《くわう》積習《せきしふ》必《ひつ》不《ぶ》墮《た》於《お》地獄《ちきよく》等《とう》趣《しゆ》設作《せつさく》重《ちやう》罪《ざい》消滅《せうべつ》不《ぶ》難《だん》若《じやく》能《のう》受《じゆ》持《ぢ》日日《じつじつ》讀誦《とくしよう》作意《さくい》思惟《しゐ》即《そく》於《お》現生《げんせい》證《しよう》一切法《いつせいはふ》平等《へいとう》金剛《こんがう》三摩地《さんまち》於《お》一切法《いつせいはふ》皆《かい》得《とく》自《じ》在《ざい》受《じゆ》於《お》無量《ぶりやう》適悅《てきえい》歡喜《くわんぎ》以《い》十六《じふろく》大《だい》菩薩《ぼさつ》生《せい》獲得《くわくとく》如來《じよらい》執《しふ》金剛《きんがう》位《ゐ》時《じ》薄伽梵《はきやはん》一切《いつせい》如來《じよらい》大《だい》乘《じやう》現證《げんしよう》三摩耶《さんまや》一切《いつせい》曼荼羅《まんたら》持《ち》金剛《きんがう》勝《しよう》薩埵《さつた》於《お》三界《さんかい》中《ちう》調伏《てうふく》無《ぶ》餘《よ》一切《いつせい》義《ぎ》成就《せいしう》金剛手《こんがうしゆ》菩薩《ぼさ》摩訶《はか》薩《さ》爲《ゐ》欲《よく》重《ちやう》顯明《げんめう》此《し》義《ぎ》故《こ》熙《き》怡《い》微《び》咲《せう》左《さ》手《しゆ》作《さ》金剛《きんがう》慢印《まんいん》右手《いうしゆ》抽擲《ちうてき》本初《ほうそう》大《だい》金剛《きんがう》作《さく》勇進《ゆうしん》勢《せい》說《せつ》大樂《だいら》金剛《きんがう》不《ふ》空《こう》三摩耶《さんまや》心《しん》。

（結印法）四種拳ノウチノ如來拳印ヲ結ブ。

時《し》薄《は》伽《きや》梵《ばん》毗《ひ》盧《ろ》遮《じや》那《だ》如《によ》來《らい》復《ふ》說《せつ》一《いつ》切《せい》如《じよ》來《らい》寂《せき》靜《せい》法《はつ》性《せい》現《げん》等《とう》覺《がく》出《しゆつ》生《せい》般《はん》若《にや》理《り》趣《しゆ》所《そ》謂《ゐ》金《きん》剛《がう》平《へい》等《とう》現《げん》等《とう》覺《かく》以《い》大《だい》菩《ぼ》提《てい》金《きん》剛《がう》堅《けん》固《ご》故《こ》義《ぎ》平《へい》等《とう》現《げん》等《とう》覺《かく》以《い》大《だい》菩《ぼ》提《てい》一《いち》義《ぎ》利《り》故《こ》法《はふ》平《へい》等《とう》現《げん》等《とう》覺《かく》以《い》大《だい》菩《ぼ》提《てい》自《じ》性《せい》清《せい》淨《せい》故《こ》一《いつ》切《せい》業《げふ》平《へい》等《とう》現《げん》等《とう》覺《かく》以《い》大《だい》菩《ぼ》提《てい》一《いつ》切《せい》分《ふん》別《べつ》無《ぶ》分《ふん》別《べつ》性《せい》故《こ》金《きん》剛《がう》手《しゆ》若《じやく》有《いう》聞《ぶん》此《し》四《し》出《しゆつ》生《せい》法《はふ》讀《どく》誦《しよう》受《じゆ》持《ぢ》設《せつ》使《し》現《けん》行《かう》無《ぶ》量《りやう》重《ちやう》罪《さい》必《ひつ》能《のう》超《てう》越《えつ》一《いつ》切《せい》惡《あく》趣《しゆ》乃《ない》至《し》當《たう》坐《ざ》菩《ほ》提《てい》道《だう》場《ぢやう》速《そく》能《のう》尅《こく》證《しよう》無《ぶ》上《ぜう》正《せい》覺《かく》時《し》薄《は》伽《きや》梵《ばん》如《じよ》是《し》說已《せづち》欲《よく》重《ちやう》顯《けん》明《べい》此《し》義《ぎ》故《こ》熙《き》怡《い》微《び》笑《せう》持《ち》智《ち》拳《けん》印《いん》說《せつ》一《いつ》切《せい》法《はふ》自《し》性《せい》平《へい》等《とう》心《しん》。

(結印法)先ヅ兩手ヲ忿怒拳ニナシ、而シテ小指ヲ互ニ鉤スベシ。

時《し》調《てう》伏《ふく》難《なん》調《てう》釋《せい》迦《きや》牟《ばう》尼《に》如《じよ》來《らい》復《ふ》說《せい》一《いつ》切《せい》法《はふ》平《へい》等《とう》最《さい》勝《しやう》出《しゆつ》生《せい》般《はん》若《しや》理《り》趣《しゆ》所《そ》謂《ゐ》慾《よく》無《ぶ》戲《き》論《ろん》性《せい》故《こ》瞋《しん》無《ぶ》戲《き》論《ろん》性《せい》瞋《しん》無《ぶ》戲《き》論《ろん》性《せい》故《こ》癡《ち》無《ぶ》戲《き》論《ろん》性《せい》癡《ち》無《ぶ》戲《き》論《ろん》性《せい》故《こ》一《いつ》切《せい》法《はふ》無《ぶ》戲《き》論《ろん》性《せい》一《いつ》切《せい》法《はふ》無《ぶ》

戯《き》論《ろん》性《せい》故《こ》應《おう》知《ち》般《はん》若《にや》波《は》羅《ら》蜜多《びいた》無《ぶ》戯《き》論《ろん》性《せい》金《きん》剛《かう》手《しゆ》若《じやく》有《いう》聞《ぶん》此《し》理《り》趣《しゆ》受《しう》持《ち》讀《とく》誦《しよう》設《せつ》害《かい》三《さん》界《かい》一《いつ》切《せい》有《いう》情《せい》不《ふ》墮《だ》惡《あく》趣《しゆ》爲《ゐ》調《てう》伏《ふく》故《こ》疾《しつ》證《しよう》無《ぶ》上《しやう》正《せい》等《とう》菩《ぼ》提《てい》時《し》金《きん》剛《がう》手《しゆ》大《だい》菩《ぼ》薩《さ》欲《よく》重《ちやう》顯《けん》明《べい》此《し》義《ぎ》故《こ》持《ち》降《かう》三《さん》世《せい》印《いん》以《に》蓮《れん》華《くわ》面《めん》微《び》咲《せう》而《じ》怒《ど》頻《ひん》眉《び》猛《まう》視《し》利《り》牙《か》出《しゆつ》現《げん》住《ちう》降《かう》伏《ふく》立《りつ》相《しやう》說《せつ》此《し》金《きん》剛《かう》吽《うん》迦《きや》羅《ら》心《しん》。

（結印法）兩手ヲ金剛拳ニナシ、右拳ノ小指ヲ以テ、左拳ノ五指ヲバ小指ヨリ順次ニ開キ散ゼシム。

時《し》薄《は》伽《きや》梵《はむ》得《とう》自《し》性《せい》清《せい》淨《せい》法《はつ》性《せい》如《じよ》來《らい》復《ふ》說《せつ》一《いつ》切《せい》法《はふ》平《へい》等《とう》觀《くわん》自《し》在《さい》智《ち》印《いん》出《しゆつ》生《せい》般《はん》若《じや》理《り》趣《しゆ》所《そう》謂《ゐ》世《せい》間《かん》一《いつ》切《せい》慾《よく》清《せい》淨《せい》故《こ》即《そく》一《いつ》切《せい》瞋《しん》清《せい》淨《せい》世《せい》間《かん》一《いつ》切《せい》垢《こう》清《せい》淨《せい》故《こ》即《そく》一《いつ》切《せい》罪《さい》清《せい》淨《せい》世《せい》間《かん》一《いつ》切《せい》法《はふ》清《せい》淨《せい》故《こ》即《そく》一《いつ》切《せい》有《いう》情《せい》清《せい》淨《せい》世《せい》間《かん》一《いつ》切《せい》智《ち》智《ち》清《せい》淨《せい》故《こ》即《そく》般《はん》若《じや》波《は》羅《ら》蜜多《びいた》清《せい》淨《せい》金《きん》剛《かう》手《しゆ》若《じやく》有《いう》聞《ぶん》此《し》理《り》趣《しゆ》受《しう》持《ち》讀《とく》誦《しよう》作《さく》意《い》思《し》惟《ゐ》設《せつ》住《ちう》諸《しよ》慾《よく》猶《いう》如《じよ》蓮《れん》華《くわ》不《ふ》爲《ゐ》客《かく》塵《ちん》諸《しよ》垢《こう》所《そう》染《ぜん》疾《しつ》證《しよう》無《ぶ》上《しやう》正《せい》等《とう》菩《ぼ》提《てい》時《し》薄《は》伽《きや》梵《はむ》觀《くわん》自《し》在《さい》大《たい》菩《ぼ》薩《さ》欲《よく》重《ちやう》顯《けん》明《べい》此《し》義《ぎ》故《こ》熙《き》怡《い》微《び》咲《せう》作《さく》開《かい》敷《ふ》蓮《れん》華《くわ》勢《せい》觀《くわん》欲《よく》不《ふ》染《ぜん》說《せい》一《いつ》切《せい》群《きん》

生《せい》種種《しょう〵》色《しょく》心《しん》。

（結印法）外縛拳ヲナシ頭指ヲ立合セ、而シテ自己ノ頭ノ上ニ安ズ。

時《し》薄《は》伽《きゃ》梵《はむ》一切《いっせい》三界《さんかい》主《しゅ》如來《じょらい》復《ふ》說《せい》一切《いっせい》如來《じょらい》灌頂《くわんてい》智藏《ちさう》般若《はんじゃ》理《り》趣《しゅ》所謂《そうゐ》以《い》灌頂《くわんてい》施《し》故《こ》能得《のうとく》三界《さんかい》法王《はうわう》位《ゐ》義《ぎ》利《り》施《し》故《こ》得《とく》一切《いっせい》意《い》願《げん》滿足《まんそく》以《い》法施《はつし》故《こ》得《とく》圓滿《ゑんまん》一切《いっせい》法《はう》資《し》生《せい》施《し》故《こ》得《とく》身口意《しんこうい》一切《いっせい》安樂《あんらく》時《し》虛空藏《きよこうざう》大《たい》菩《ぼ》薩《さ》欲《よく》重《ちやう》顯《けん》明《べい》此《し》義《ぎ》故《こ》熙《き》怡《い》微《び》咲《せう》以《い》金剛《きんかう》寶《はう》鬘《まん》自《し》繫《げい》其《き》首《しゅ》說《せい》一切《いっせい》灌頂《くわんてい》三摩耶《さんまや》寶心《はうしん》。

（結印法）左右ヲ金剛拳トナシ、右拳ヲ左拳ノ上ニ置ク。

時《し》薄《は》伽梵《きやはむ》得《とく》一切《いつせい》如來《じよらい》智《ち》印《いん》如來《じよらい》復《ふ》說《せい》一切《いつせい》如來《じよらい》智《ち》印《いん》加持《かち》般若《はんじや》理《り》趣《しゆ》所謂《そうゐ》持《ち》一切《いつせい》如來《じよらい》身《しん》印《いん》卽《そく》爲《ゐ》一切《いつせい》如來《じよらい》身《しん》持《ち》一切《いつせい》如來《じよらい》語《ぎよ》印《いん》卽《そく》得《とく》一切《いつせい》如來《じよらい》法《はつ》持《ち》一切《いつせい》如來《じよらい》心《しん》印《にん》卽《そく》證《しよう》一切《いつせい》如來《じよらい》三摩地《さんまち》持《ち》一切《いつせい》如來《じよらい》金剛《きんかう》印《いん》卽《そく》成就《せいしう》一切《いつせい》如來《じよらい》身口《しんこう》意《い》業《げふ》最勝《さいしよう》悉地《しつち》金剛手《きんかうしゆ》若《じやく》有《いう》聞《ぶん》此《し》理《り》趣《しゆ》受持《しうち》讀誦《とくしよう》作意《さくい》思惟《しゐ》得《とく》一切《いつせい》自在《しさい》一切《いつせい》智智《ちち》一切《いつせい》事業《しげふ》一切《いつせい》成就《せいしう》得《とく》一切《いつせい》身口《しんこう》意《い》金剛性《きんかうせい》一切《いつせい》悉地《しつち》疾證《しつしよう》無上《ぶしよう》正等《せいとう》菩提《ぼてい》時《し》薄《は》伽梵《きやはむ》爲《ゐ》欲《よく》重《ちやう》顯《けん》明《べい》此《し》義《ぎ》故《こ》熙《き》怡《い》微《び》咲《せう》持《ち》金剛《きんかう》拳《けん》大《たい》三摩耶《さんまや》印《いん》說《せつ》此《し》一切《いつせい》堅固《けんこ》金剛《きんかう》印《いん》悉地《しつち》三摩耶《さんまや》自《し》眞實《しんじつ》心《しん》。

(**結印法**)先ヅ兩手ヲ開キ散ジ、左右ノ中指端腹ヲ合セ、兩方カラ押シアフナリ。

時《し》薄《は》伽梵《きやはむ》一切《いつせい》無《ぶ》戯《き》論《ろん》如來《じよらい》復《ふ》說《せい》轉《てん》字《し》輪《りん》性《はん》若《じや》理《り》趣《しゆ》所謂《そうゐ》諸法《しよはふ》空《こう》與《よ》無《ぶ》自性《しせい》相應《しやうよう》故《こ》諸法《しよはふ》

無《ぶ》相《しやう》與《よ》無《ぶ》相《しやう》性《せい》相《しやう》應《よう》故《こ》諸《しよ》法《はふ》無《ぶ》願《げん》與《よ》無《ぶ》願《げん》性《せい》相《しやう》應《よう》故《こ》諸《しよ》法《はふ》光《くわう》明《べい》般《はん》若《じや》波《は》羅《ら》蜜《びい》多《た》清《せい》淨《せつ》故《こ》時《し》文《ぶん》殊《じゆ》師《し》利《り》童《とう》眞《しん》欲《よく》重《ちやう》顯《けん》明《べい》此《し》義《ぎ》故《こ》煕《き》怡《い》微《び》笑《せう》以《い》自《し》劒《けん》揮《き》斫《しやく》一《いつ》切《せい》如《じよ》來《らい》以《い》說《せつ》此《し》般《はん》若《じや》波《は》羅《ら》蜜《びい》多《た》最《さい》勝《しよう》心《しん》。

（結印法）左右ヲ金剛拳ニナシ、頭指ヲ互ニ鉤交セシム

時《し》薄《は》伽《きや》梵《はむ》一《いつ》切《せい》如《じよ》來《らい》入《じふ》大《たい》輪《りん》如《じよ》來《らい》復《ふ》說《せい》入《じふ》大《たい》輪《りん》般《はん》若《じや》理《り》趣《しゆ》所謂《そうゐ》入《じふ》金《きん》剛《かう》平《へう》等《とう》則《そく》入《じふ》一《いつ》切《せい》如《じよ》來《らい》法《はふ》輪《りん》入《じふ》義《き》平《へい》等《とう》則《そく》入《じふ》大《たい》菩《ぼ》薩《さ》輪《りん》入《じふ》一《いつ》切《せい》法《はふ》平《へい》等《とう》則《そく》入《じふ》妙《べう》法《はふ》輪《りん》入《じふ》一《いつ》切《せい》業《げつ》平《べい》等《とう》則《そく》入《じふ》一《いつ》切《せい》事《し》業《げふ》輪《りん》時《し》纔《さい》發《はつ》心《しん》轉《てん》法《はふ》輪《りん》大《たい》菩《ぼ》薩《さ》欲《よく》重《ちやう》顯《けん》明《べい》此《し》義《ぎ》故《こ》煕《き》怡《い》微《び》咲《せう》轉《てん》金《きん》剛《かう》輪《りん》說《せい》一《いつ》切《せい》金《きん》剛《かう》三《さん》摩《ば》耶《や》心《しん》。

（結印法）左右ヲ劔印、卽チ刀印ヲナシ、二中指ト二頭指ト各ソノ頭指ヲ合セテ兩方カラ押シアフ也。

時《し》薄伽梵《はきやはむ》一切《いつせい》如來《じよらい》種種《しよう〱》供養《きようやう》藏《さう》廣大《くわうだい》儀式《ぎしよく》如來《じよらい》復《ふ》說《ぜい》一切《いつせい》供養《きようやう》最勝《さいしよう》出生《しゆつせい》般若《はんじや》理《り》趣《しゆ》所謂《そうゐ》發菩提心《はつぼうていしん》則爲《そくゐ》於諸如來《よしよじよらい》廣大供養《くわうだいきようやう》救濟《きうせい》一切衆生《いつせいしうせい》則爲《そくゐ》於諸如來《よしよじよらい》廣大供養《くわうたいきようやう》受持《しうち》妙典《べうてん》則爲《そくゐ》於諸如來《よしよじよらい》廣大供養《くわうだいきようやう》於般若波羅蜜多《よはんじやはらびいた》受持《しうち》讀誦《とくしよう》自書《ししよ》敎他《かうた》書《しよ》思《し》惟《ゐ》修習《しうじふ》種種《しよう〱》供養《きようやう》則爲《そくゐ》於諸如來《よしよじよらい》廣大供養《くわうたいきようやう》時《し》虛空庫《きよこうこ》大菩薩《たいぼさ》欲《よく》重顯明《ちやうけんべい》此義《しぎ》故《こ》熙怡《きい》微《び》笑說《せうせつ》此《し》一切《いつせい》事《し》業《げふ》不《ふ》空《こう》三摩耶《さんまや》一切《いつせい》金剛心《きんかうしん》

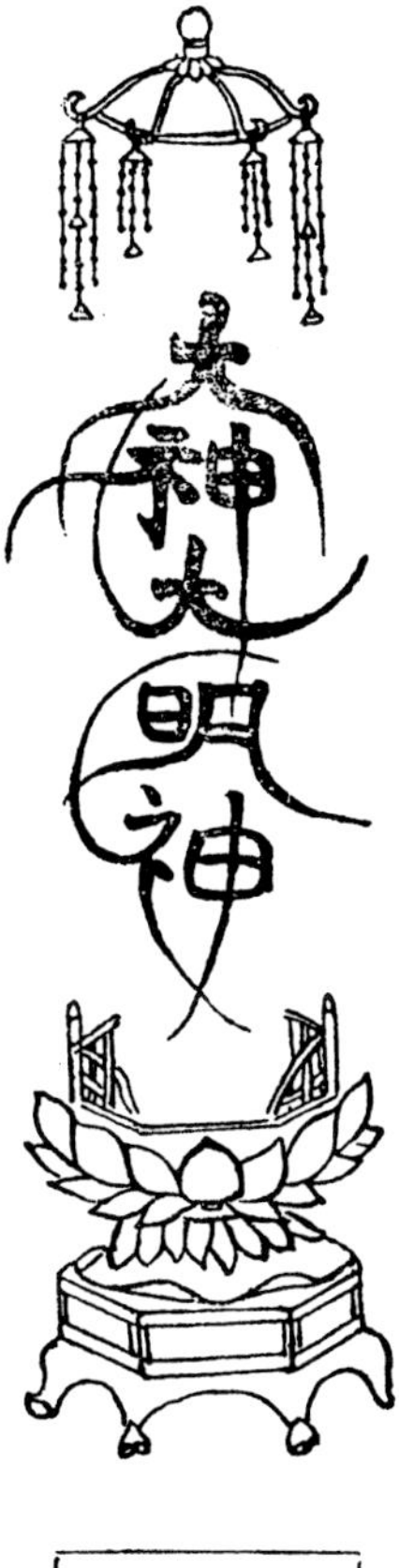

（結印法）右ノ五指ニテ左手頸ヲ握リ、左ノ五指ニテ右ノ手頸ヲ握リテ互ニ兩方カラ引張リアフベシ。

時《し》薄《は》伽梵《きやはむ》能《のう》調持《てうち》智《ち》拳如來《けんじよらい》復《ふ》説《せい》一切《いつせい》調伏《てうふく》智《ち》藏《さう》般若《はんじや》理《り》趣《しゆ》所謂《そうゐ》一切《いつせい》有情《いうせい》平等《へいとう》故《こ》忿怒《ふんど》平等《へいとう》一切《いつせい》有情《いうせい》調伏《てうふく》故《こ》忿怒《ふんど》調一切《てうよくいつせい》法《はつ》有情《いうせい》法性《はつせい》故《こ》忿怒《ふんど》法性《はつせい》一切《いつせい》有情《いうせい》金剛性《きんかうせい》故《こ》忿怒《ふんど》金剛性《きんかうせい》何《か》以《い》故《こ》一切《いつせい》有情《いうせい》調伏《てうふく》則《そく》爲《ゐ》菩《ぼ》提《てい》時《し》摧《さい》一切《いつせい》魔《ま》大菩薩《たいぼさ》欲《よく》重《ちやう》顯明《けんべい》此義《しぎ》故《こ》熈怡《きい》微《び》笑《せう》以《い》金剛《きんかう》藥叉《やきしや》形《けい》持《ち》金剛《きんかう》牙《か》恐怖《きようふ》一切《いつせい》如來《じよらい》已《い》説《せい》金剛《きんかう》忿怒《ふんど》大《たい》咲《せう》心《しん》。

（結印法）十二合掌ノ中ノ金剛合掌ナス。

時《し》薄《は》伽梵《きやはむ》一切《いつせい》平等《へいとう》建立《けんりふ》如來《じよらい》復《ふ》説《せい》一切《いつせい》法《はふ》三摩耶《さんまや》最勝《さいしよう》出生《しゆつせい》般若《はんじや》理《り》趣《しゆ》所謂《そうゐ》一切《いつせい》平等《へいとう》性《せい》故《こ》般若波《はんじやは》羅《ら》蜜多《びいた》平等性《へいとうせい》一切《いつせい》義利《ぎり》性《せい》故《こ》般若波《はんじやは》羅《ら》蜜多《びいた》法性《はつせい》一切《いつせい》事《じ》業《げふ》性《せい》故《こ》般若波《はんじやは》羅《ら》蜜多《びいた》事《じ》業《げふ》性《せい》應《おう》知《ち》時《し》金剛手《きんかうしゆ》入《じふ》一切《いつせい》如來《じよらい》菩薩《ぼさ》三《さん》摩耶《まや》加持《かち》三摩《さんま》地《ち》説《せい》一切《いつせい》不《ふ》空《こう》三摩耶《さんまや》心《しん》。

（結印法）反叉合掌ヲナシテ自己ノ額ニツケルベシ。

時《し》薄《は》伽《きや》梵《はむ》如《じよ》來《らい》復《ふ》說《せい》一《いつ》切《せい》有《いう》情《せい》加《か》持《ち》般《はん》若《じや》理《り》趣《しゆ》所《そ》謂《うゐ》一《いつ》切《せい》有《いう》情《せい》如《じよ》來《らい》藏《さう》以《い》普《ほう》賢《けん》菩《ぼ》薩《さ》一《いつ》切《せい》有《いう》情《せい》金《きん》剛《がう》藏《さう》以《い》金《きん》剛《かう》藏《さう》灌《くわん》頂《てい》故《こ》一《いつ》切《せい》有《いう》情《せい》妙《べう》法《はつ》藏《さう》能《のう》轉《てん》一《いつ》切《せい》語《ぎよ》言《げん》故《こ》一《いつ》切《せい》有《いう》情《せい》羯《きやら》磨《ま》藏《さう》能《のう》作《さく》所《そう》作《さく》性《せい》相《しよう》應《よう》故《こ》時《し》外《ぐわい》金《きん》剛《かう》部《ほう》欲《よく》重《ちやう》顯《けん》明《べい》此《し》義《ぎ》故《こ》作《さく》歡《くわん》喜《ぎ》聲《せい》說《せい》金《きん》剛《かう》自《し》在《さい》自《じ》眞《しん》實《じつ》心《しん》。

（結印法）十八契印ノ中ノ金剛起ノ印ヲ結ブ。

爾《じ》時《し》七《しち》母《ぼ》女《ぢよ》天《てん》頂《てい》禮《れい》佛《ふつ》足《そく》獻《けん》鈎《こう》召《てう》攝《せふ》入《じふ》能《のう》殺《さつ》能《のう》成《せい》三《さん》麼《ま》耶《や》眞《しん》實《じつ》心《しん》。

（結印法）十八契印ノ中ノ金剛輪ノ印ヲ結ブ。

爾《じ》時《し》末《ま》度《と》迦《きや》羅《ら》天《てん》三《さん》兄《けい》弟《てい》等《とう》親《しん》禮《れい》佛《ふつ》足《そく》獻《けん》自《し》心《しん》眞《しん》言《げん》。

（結印法）十八契印ノ中ノ地結ノ印ヲ結ブベシ。

爾《じ》時《し》四《し》姉《し》妹《まい》女《ぢよ》天《てん》獻《けん》自《し》心《しん》眞《しん》言《げん》

（結印法）十八契印ノ中ノ請車輅ノ印ヲ結ブベシ。

時《し》薄《は》伽《きや》梵《はむ》無《ぶ》量《りやう》無《ぶ》邊《へん》究《きう》竟《けう》如《じよ》來《らい》爲《ゐ》欲《よく》加《か》持《ち》此《し》敎《かう》令《れい》究《きう》竟《けう》圓《ゑん》滿《まん》故《こ》復《ふ》說《せい》平《へい》等《とう》金《きん》剛《かう》出《しゆつ》生《せい》般《はん》若《じや》理《り》趣《しゆ》所《そう》謂《ゐ》般《はん》若《じや》波《は》羅《ら》蜜《びい》多《た》無《ぶ》量《りやう》故《こ》一《いつ》切《せい》如《じよ》來《らい》無《ぶ》量《りやう》般《はん》若《じや》波《は》羅《ら》蜜《びい》多《た》無《ぶ》邊《へん》故《こ》一《いつ》切《せい》如《じよ》來《らい》無《ぶ》邊《へん》一《いつ》切《せい》法《はふ》一《いつ》性《せい》故《こ》般《はん》若《じや》波《は》羅《ら》蜜《びい》多《た》一《いつ》性《せい》一《いつ》切《せい》法《はふ》究《きう》竟《けい》故《こ》般《はん》若《じや》波《は》羅《ら》蜜《びい》多《た》究《きう》竟《けい》金《きん》剛《かう》手《しゆ》若《じやく》有《いう》聞《ぶん》此《し》理《り》趣《しゆ》受《しう》持《ぢ》讀《どく》誦《しよう》思《しゐ》惟《き》其《ゐ》義《ぎ》彼《び》於《よ》佛《ふつ》菩《ぼ》薩《さ》行《かう》皆《かい》得《とく》究《きう》竟《けい》。

時《し》薄《は》伽《きや》梵《はむ》毗《ひ》盧《ろ》遮《しや》那《だ》得《とう》一《いつ》切《せい》祕《ひ》密《びつ》法《はつ》性《せい》無《ぶ》戲《き》論《ろん》如《じよ》來《らい》復《ふ》說《せい》最《さい》勝《しよう》無《ぶ》初《そう》中《ちう》後《こう》大《たい》樂《ら》金《きん》剛《かう》不空《こう》三《さん》摩《ま》耶《や》金《きん》剛《かう》法《はふ》性《せい》般《はん》若《じや》理《り》趣《しゆ》所《そう》謂《ゐ》菩《ぼ》薩《さ》摩《ば》訶《か》薩《さ》大《たい》慾《よく》最《さい》勝《しよう》成《せい》就《しう》故《こ》得《とく》大《たい》樂《らく》最《さい》勝《しよう》成《せい》就《しう》菩《ぼ》薩《さ》摩《は》訶《か》薩《さ》得《とく》大《たい》樂《らく》最《さい》勝《しよう》成《せい》就《しう》故《こ》則《そく》得《とく》一《いつ》切《せい》法《じよ》來《らい》大《だい》菩《ぼ》提《てい》最《さい》勝《しよう》成《せい》就《しう》菩《ぼ》薩《さ》摩《は》訶《か》薩《さ》得《とく》一《いつ》切《せい》如《じよ》來《らい》大《だい》菩《ぼ》提《てい》最《さい》勝《しよう》成《せい》就《しう》故《こ》則《そく》得《とく》一《いつ》切《せい》如《じよ》來《らい》摧《さい》大《たい》力《りよく》魔《ま》最《さい》勝《しよう》成《せい》就《しう》菩《ぼ》薩《さ》摩《は》訶《か》薩《さ》得《とく》一《いつ》切《せい》如《じよ》來《らい》摧《さい》大《たい》

力《りよく》魔《ま》最勝《さいしよう》成就《せいしう》故《こ》則《そく》得《とく》遍《へん》三界《さんかい》自在《しさい》主《しゆ》成就《せいしう》菩薩《ぼさ》摩訶薩《はかさ》得《とく》遍《へん》三界《さいかい》自在《しさい》主《しゆ》成就《せいしう》故《こ》則《そく》得《とく》淨除《せいちよ》無《ぶ》餘《よ》界《かい》一切《いつせい》有《う》情《せい》住著《ちうちやく》流轉《りうてん》以《い》大《たい》精進《せいしん》常《しやう》處《しよ》生死《せいし》救攝《きうせふ》一切《いつせい》利益《りゐき》安樂《あんらく》最勝《さいしよう》究竟《きうけい》皆悉《かいしつ》成就《せいしう》何《か》以《い》故《こ》

菩薩《ぼさ》勝慧者《しようけいしや》、乃至《ないし》盡生死《しんせいし》、恒作《こうさく》衆生利《しゆせいり》、而不《じふ》趣涅槃《しゆでつはん》、般若《はんじや》及《きう》方便《ほうべん》、
智度《ちど》悉加持《しつかち》、諸法《しよはふ》及《きふ》諸有《しよいう》、一切《いつせい》皆《かい》清淨《せいせい》、慾等《よくとう》調世間《てうせいかん》、令得《れいとく》淨除故《ぜうちよこ》、
有頂《いうてい》及《きふ》惡趣《あくしゆ》、調伏《てうふく》盡《しん》諸有《しよいう》、如蓮《によれん》體《てい》本染《ほんぜん》、不爲《ふゐ》垢所染《こうそうぜん》、諸慾《しよよく》性《せい》亦然《ゐきぜん》、
不染《ふぜん》利《り》群生《きんせい》、大慾《たいよく》得《とく》清淨《せいせい》、大安樂《たいあんらく》富饒《ふうぜう》、三界《さんかい》得《とく》自在《しさい》、能作《のうさく》堅固《けんご》利《り》、

金剛手《きんかうしゆ》若《じやく》有《いう》聞《ぶん》此《し》本初《ほんそう》般若《はんじや》理趣《りしゆ》日日《じつ〳〵》晨朝《しんてう》或《こく》誦《しよう》或《こく》聽《てう》彼《ひ》獲《くわく》一切《いつせい》安樂《あくらく》悦意《えつい》大樂《たいらく》金剛《きんかう》不《ふ》空《こう》三昧《さんまい》究竟《きうけう》悉地《しつち》現世《げんせい》獲得《くわくとく》一切《いつせい》法《はふ》自在《じさい》悦樂《ゑつらく》以《い》十六《じふろく》大菩薩《だいぼさつ》生得《せいとく》於《お》如來《じよらい》執《しふ》金剛《きんかう》位《ゐ》。

（**結印法**）二手ヲ金剛拳ニシテ各々、頭指ト中指ヲ伸べ掌ヲ自身ニ向ケ中指ノ頭ヲナバ側メ合ス。

爾《じ》時《し》一切《いつせい》如來《じよらい》及《きふ》持《ち》金剛《きんがう》菩薩《ぼさ》摩《は》訶《か》薩《さ》等《とう》皆《かい》來《らい》集會《しふくわい》欲《よく》令《れい》此《し》法《はふ》不《ぷ》空《こう》無《ぶ》礙《かい》速《そく》成就《せいじう》故《こ》咸《かん》共《きやう》稱讚《しようさん》金剛手《きんかうしゆ》言《げん》。

善哉《ぜんさい》善哉《ぜんさい》大薩埵《だいさつた》、　善哉《ぜんさい》善哉《ぜんさい》大安樂《だいあんらく》、　善哉《ぜんさい》善哉《ぜんさい》摩訶衍《まかゑん》、　善哉《ぜんさい》善哉《ぜんさい》大智慧《だいちけい》、

善能《ぜんのう》演説《ゑんせい》此《し》法敎《はつかう》、　金剛《きんかう》修多羅《しゆたら》加持《かち》、　持《ち》此《し》最勝《さいしよう》敎王者《けうわうしや》、　一切《いつせい》諸魔《しよま》不能壞《ふのうくわい》、

得《とく》佛《ふ》菩薩《ぼさ》最勝位《さいしようゐ》、　於《よ》諸《しよ》悉地《しつち》當《たう》不《ふ》久《きう》、　一切《いつせい》如來《じよらい》及《きよ》菩薩《ぼさ》、　共作《きようさく》如是《じよし》勝説《しようせつ》已《ち》、

爲《ゐ》令《れい》持《ち》者《しや》悉成就《しつせいしう》、　皆《かい》大《たい》歡喜《くわんぎ》信受《しんしう》行《かう》、

毗盧遮那佛《ひろしやだふ》、　毗盧遮那佛《ひろしやだふ》、　毗盧遮那佛《ひろしやだふ》、　毗盧遮那佛《ひろしやだふ》、

毗盧遮那佛《ひろしやだふ》、　毗盧遮那佛《ひろしやだふ》、　毗盧遮那佛《ひろしやだふ》、

我等《がとう》所修《しよしゆ》三昧《さんまい》善《ぜん》、　廻向《ゑかう》最上《さいしやう》大《たい》悉地《しつち》、　哀愍《あいみん》攝受《せふじゆ》願海中《ぐわんかいちう》、　消除《せうちよ》業障《とつしやう》證《しよう》三昧《さんまい》、

天衆《てんじゆ》神祇《しんぎ》增《ぞう》威光《ゐくわう》、　當所《たうしよ》權現《どんげん》增《ぞう》法樂《はふらく》、　自己《じこ》大明神《だいめうじん》增《ぞう》法樂《はふらく》、　貴賤《きせん》靈等《りやうとう》成《じやう》佛道《ぶつだう》、

聖朝《しやうてう》安穩《あんのん》增《ぞう》寶壽《ほうじゆ》、　天下《てんげ》安樂《あんらく》興《こう》正法《しやうほう》、　護持《ごち》弟子《でし》除《ぢよ》不祥《ふじやう》、　滅罪《めつざい》生善《しやうぜん》令《れい》滿足《まんぞく》、

菩提《ぼだい》行願《ぎやうぐわん》不退轉《ふたいてん》、　引導《いんだう》三有《さんいう》及《きふ》法界《ほつかい》、　同一性《どうゝつしやう》故《こ》入《にふ》阿字《あじ》、』

一、次ニ鈴《リン》ヲ振リナガラ光明眞言ヲ唱ヘルコト七回。

これを以つて一回の修法を終りとなす。

◉斯くて第卅五日目に到れば右の護摩をば晝夜に百遍乃至千遍焚《た》き、最後に所謂る『血塗りの護摩』を焚くなり。其の護摩木の積み方は圖の如く十二階に百○八本を組み重ぬべし。而して其の焚き方は前述の『自供養護摩』と大差なし。たゞ略なる點は『理趣三昧の秘法』に於て第十六段目に、虫封じせる例の壺をば其のまゝ火中に投じ、尚ほ其の上に墓地の土、或ひは火葬場の灰と、

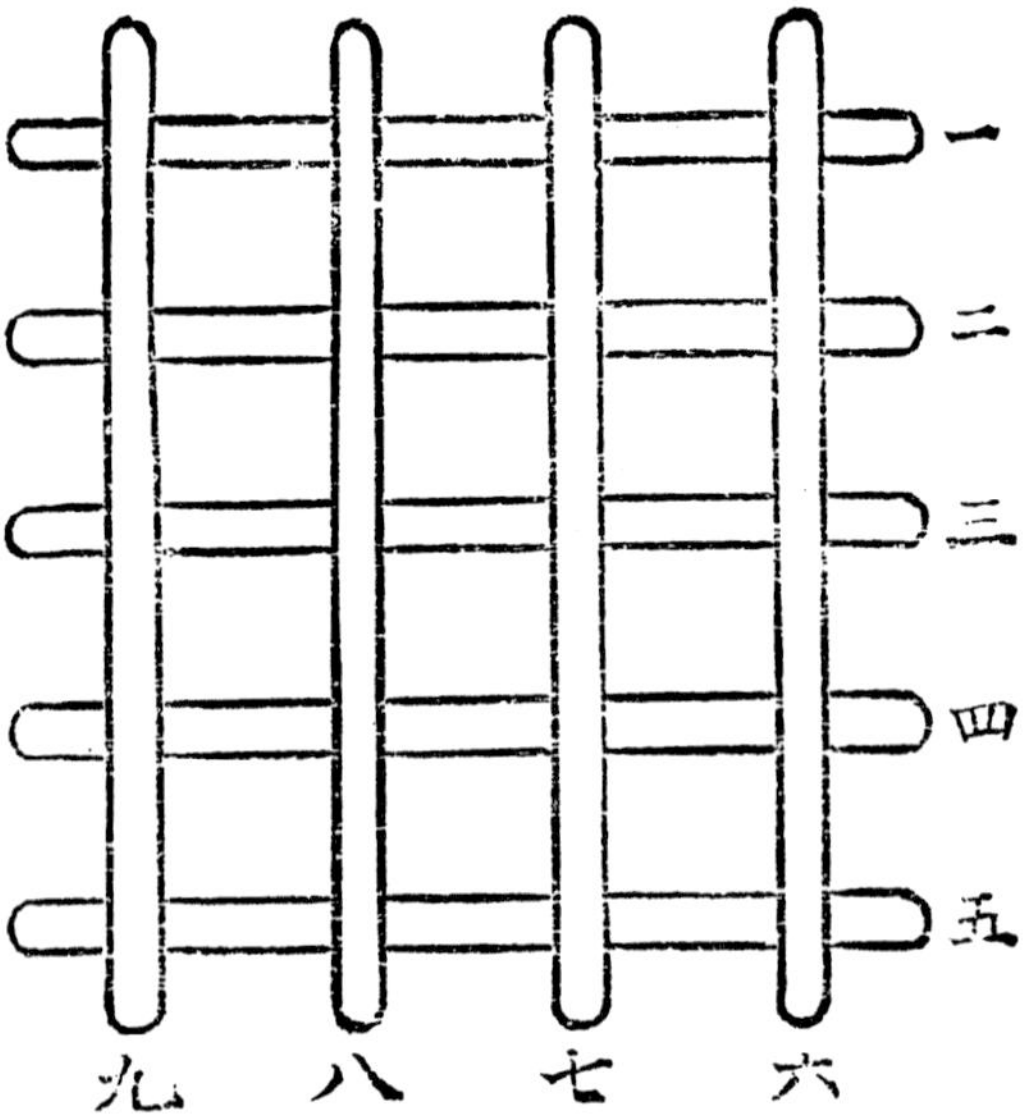

毒薬と鹽とを火中に投じ、第十七段目に入るや否や、神前に獻へある德利の中の血《ち》（これは第卅五日目の朝、自己の指又は其他適當な所を切りて絞り取り德利に入れ、小さき御幣を突き差して神前に、そなへ置くものとす）をば火中に投じ、而して大猛心を奮《ふる》ひ起し鋭利なる刄物にて自身の臀部の肉をば切り取りて之を火中に投ずるなり。

◉以上を以て『タラクバンウンカンキリク術』の傳授は正に終りを告げぬ。次に、基礎的魔力涵養法のうち苦行門第三の方法たる『水底の邪法』とは之を一名『胎息の術』とも稱し支那及び印度の仙道に於ける最極の祕法にして古來幾多仙人が此の法を實修する事によつて大自在の通力を得られたること決つして其の例に乏しからず。諸子また大ゐに之を實修せられなば無限の魔力を驗得する蓋《けだ》し難事に非ざる也。それ努めよや。――其の法たるや、先づ山中の大なる池か或ひは物凄《ものすご》き淵《ふち》の如き成るべく淸らかなる青々《あをく》として水を湛へ而も底の深き見てさへ慄然とする樣な物凄き池か淵を選び、其の中へ飛びこんで沈み、而して水底の岩の上へ座禪を組みて坐《すわ》りながら『**十三佛の祕法**』を凝らすなり（但し耳の穴は綿を以て、詰め置くを要す）。

◉『十三佛の祕法』とは（一）**不動明王**、（二）**釋迦如來**、（三）**文殊菩薩**、（四）**普賢菩薩**、（五）**地藏菩薩**、（六）**彌勒菩薩**、（七）**藥師如來**、（八）**觀音菩薩**、（九）**寶生如來**、（十）**彌陀如來**、（十一）**阿閦如來**、（十二）**大日如來**、（十三）**虛空藏菩薩**、なる十三尊佛の『**種字**《しゆじ》**三昧**《さんまい》』に入ることなり。

『種字』とは又『種子』とも書き、宇宙の森羅萬象を出生せしむる種子の字と云ふ義にして、あらゆる神佛には一尊ごとに必ず「種字」と稱する梵字が一字づつあるものなり。例之ば不動明王の種字は《カン》、大日如來の種字は《バン》、稻荷大明神の種字は《ヤン》、と云ふが如し。而して是等の一個の梵字にも無量無邊の大眞理と大功德とが胚胎せるものにして、一個の種字そのままが、堂々たる神佛の形體と功德とを俱へたる尊像なり。されば「カン」と云ふ一個の梵字は其のまま不動明王なるべく、「バン」なる一字は其のまま大日如來なるべし。斯くの如く總べての神佛には一尊ごとに必ず「種字」と稱する梵字が一個づつあるものにして、種字そのままが神佛の尊體なりとし、神佛の畫像を祭《まつ》る代りに、其の種字を掛圖《かけづ》に書いて祭り拜《おが》むものなり。斯樣に種字を掛圖にせるもの之を稱して『種字曼荼羅《しゆじまんだら》』、或ひは『法曼荼羅《ほうまんだら》』と云ふ。

今、十三佛の『種字三昧』に入るには、先づ十三佛各尊の種字たる十三個の梵字、即ち、（一）《カン》（不動明王の種字）、（二）《アク》（釋迦如來の種字）、（三）《マン》（文殊菩薩の種字）、（四）《アン》（普賢菩薩の種字）、（五）《カ》（地藏菩薩の種字）、（六）《ニ》（彌勒菩薩の種字）、（七）《ボ》（藥師如來の種字）、（八）《サ》（觀音菩薩の種字）、（九）《タラク》（寶生如來の種字）、（十）《キリク》（彌陀如來の種字）、（十一）《ウン》（阿閦如來の種字）、（十二）《バン》（大日如來の種字）、（十三）《イ》（虛空藏菩薩の種字）、の十三字をば圖の如く列《なら》べて之を『**十三佛の法曼荼羅**』となすべし。但し、此の場合は、掛圖に書くに非ず、

(十三佛の法曼荼羅)

ただ水底に於て坐しつゝ、眼前に斯様な十三佛の法曼荼羅をば觀念し想像するなり。而も其の十三個の種字は各々みな麗はしき瑠璃色にして且つ人をして恍惚たらしむるほどの芳香を放つと觀念すべし。

◉斯くの如くに十三佛の法曼荼羅をば觀念しつゝ、いよ〳〵『種字三昧』に入るなり。卽ち此の法曼荼羅の中より先づ、第一番目不動尊の種字たる『カン』字が拔《ぬ》け出《い》て來り、自分の頭上に留《と》まりて香氣を放ちつつ次第に氷の如くに融《と》け流れて頭髓の中心に浸潤《しみわた》り、何とも云へぬ快《こころよ》き氣味にて更に譬へ方もなきほど微妙不思議の作用を起こし、軈て次第に頸筋《くびすじ》より兩肩に潤《うる》ほひ下りて恰かも紙の端に水を涵《した》したる時の如く次第に額《ひたへ》を經て眼に入れば自分の眼は忽ち鮮《あざ》やかなるを覺え、又耳の方に涵《し》み渡れる時は其の耳が忽ち淸らかになりし心地して、其れが鼻の方に到れば芳香が薰りて云はん方なく、口に到れば口中も無限の快感を覺えつゝ、一面に首筋より肩に下れるものと涵《し》み合《あ》ひて臂《ひじ》に到り腕に到り拳に到り指端に至り、前面の方は喉口より胸に及びて兩乳に到り、肺の間より肋骨に泌み渡り、背《せな》の方にまで流れ行きて、其の心持ちの快《よ》きこと云はんかた無く、胃腸より臟腑に渡り、脊髓より腰に及びて臀骨まで、次第に流れ泌《し》みて下方に向ふこと恰かも水の流れ落つるが如く、胸腹の中に瀝々たる流聲を聞くべし。それより、其の麗はしき梵字の汁は尙ほ周《あま》ねく全身に充滿して兩脚を潤しつつ膝節を經て足の甲を過ぎ、而して以つて足の心に至りて止まると觀想すべし。斯く觀想し終れば直ちに又、第二番目の釋迦如來の種字たる『アク』が拔《ぬ》け出でて頭上に留まり、其れが融《と》けて順次、自分の體內に泌《し》みこみ流れ落つること前と同樣に觀想す。次に第三番目の『マン』字、次に第四番目の『アン』字と云ふ樣に第十三番まで順次に同じ事を繰り返すべし。而して第十三番目が終れば又、法曼茶羅を觀念して一より十三まで、なすと云ふが如く何回も出來得るだけ、繰り返すべし。斯くして水底に坐したまゝ是れを二十回乃至三十回ぐらい繰り返し得る様になれば先づ以て一角の靈力家として成功せるものと云ふべし。因みに曰く、此の十三佛三昧の法をなす時には一字ごとに、其の咒文を唱へ印契を結ばざるべからず。其の十三佛の咒文と結印法とは『特別口傳書』を見よ。但し此の時の咒文の唱へかたは『**金剛念誦**』の方法を以てす。

抑も〳〵總べて經文及び眞言咒文等を唱へる方法即ち念誦法に種々あり。先づ『**華蓮念誦**』とは、微かに自分の耳にのみ聞ゆるぐらゐの大きさで唱ふる法なり。次に玆に云ふ『**金剛念誦**』とは唇と齒とを合し、たゞ舌の尖《さき》だけ僅かに動かして唱ふ勿論少しも聲を出さず。次に『**三摩地念誦**』とは舌をも動せず、たゞ心の中で唱ふ。次に『**降魔念誦**』即ち『**忿怒念誦**』とは忿怒の相貌をなし、眉を顰め眼を怒らせ齒を喰ひしばり顧視瞋怒の大音聲を發して叱咤するが如くに荒々しく唱へる方法なり。又『**光明念誦**』とは其の聲を出すと出さざるとに拘らず其の自分の口より光明を出すと念想して唱へるを云ふ。以上五種の念誦法を総稱して之を『**五種念誦**』と云ふ。

◉上來、縷々として述べ去り述べ來れる所のものは要するに何れも魔力涵養法としての基礎的方法なりき。其の理行門の方法を以てするも將た又た苦行門の方法を以てするも行者自身の随意なれど、要するに是れらの方法を以て先づ充分に基礎的の實力を養成し、而して以て所謂る靈術の實修に進むべきなり。されば是れより愈よ〳〵靈術の極祕を傳授せんとす。神通力と云ひ魔力と云ひ幻術と云ひ靈能と云ひ神術と云ふ。是れ等の事は別に不思議の事にはあらず誰人でも之を行なふ事を得るものなり。されど夫れが全然、精神靈動や念力の如き單なる人間の力のみの作用なりと斷定するは大なる誤りなり、さればとて又これを悉く神佛の力とのみ信づるも旣にまた大なる誤りなり。人間の精神力は如何にも偉大なり能く修行し練磨すれば神變不思議の奇蹟を發現し得べし、然りと雖も單に吾人の精神力のみでは不可能なり、此の精神力の根源たる神明諸佛の活力と感應同交、二者互ひに相伴はざれば未だ充分に靈術を體得すべからず。茲に於てか吾人は靈術體得の極祕として『三密瑜伽《さんみつゆが》』の方法を取る。

◉夫れ『三密』とは『身密』、『語密』、『意密』にして身體の作用と、言語の作用と心意の作用との三種なり。即ち身密とは手に祕密の印契を結ぶこと、語密とは口に祕密の眞言陀羅尼咒文經文を唱ふること、意密とは心に祕密の觀想を凝らすことなり。『三密平等《さんみつびやうどう》』又は『三密加持《さんみつかじ》』と稱して、今ま此の印と咒文と觀法との三作用が融合渾一すれば則ち吾人の三密そのままが神佛の三密と合致感應して驚ろくべき靈力は其處に所謂る『位置のエネルギー』となりて潛生し、軈て偉大なる奇蹟を發現するに到るものなり。されば即ち弘法大師の『即身義』にも『一々ノ尊、等シク刹塵ノ三密ヲ具シテ互相ニ加入シ彼此攝持セリ、衆生ノ三密モ亦復是ノ如シ、故ニ三密加持ト名ヅク、若シ眞言行者コノ義ヲ觀察シ手ニ印契ヲ作シ口ニ眞言ヲ誦シ心ヲ三摩地ニ住スレバ三密相應シテ加持スルガ故ニ早ク大悉地ヲ得』と稱せらる。斯くして大神通力を得んとする之を『三密瑜伽』と稱し『三密相應《さんみつさうおう》』と云ふ。諸子第一卷の始めより今まで傳授せられ來りし所の基礎的實修法は皆な要するに此の『三密瑜伽』の方法なり。今後また傳授せらるべき應用的の靈術も又この『三密瑜伽』に他ならず。

◉三密瑜伽を以て單なる精神統一の形式的方法なりと考ふる勿れ。印そのままが神佛の御身體なり、咒文そのままが神佛の御聲なり、觀法そのままが神佛の御心なり、此の身密と語密と意密の三作用を渾然合一せしめたる所に神佛は憑靈したまひ乘移《のりうつ》りたまひて、其所に偉大なる法驗を發現するものなり。我が靈術道場の門弟たるべき諸子は、よろしく敎へらるるがまゝに之を謹修し、決つして之を形式なりと考ふるべからず。

◉三密瑜伽の方法を以つてする時は奇蹟の發現は容易なり。諸子も本祕錄に從つて法の如くに三密を實修すれば日ならずして容易に法驗を發現し得て、自分で自分ながら其の靈力の偉大なるに驚ろくに到らん。茲に於てか愼しむべきは靈力の濫用なり。總べて是等の靈術は國家の一大事に際し自己の全靈力を犧牲にして之を行なふべきものにして、一生に一度か二度しか行なふべからざるものなり。然るに、興行師の如く奇蹟を人に見せて自れの私慾に供し或ひは一片の好奇心より此の神嚴なる靈術をば玩物的に濫用せんとするが如きに於ては如何に法の如くするとも何等の法驗あらざるは勿論、忽ち神佛の法罰を蒙りて恐るべき魔道に墮ち去らんのみ。諸子たるもの豈に愼しまざるべけんや。

◉先づ第一に『**空中飛翔《くうちうひせう》の術**』より傳授せん。抑も〳〵空中飛翔術とは虛空をば自在に飛行する法にして**六神通力**中の『**如意通**』に當るものなり。神道に於ても『**天翔《てんかけ》り**』及び『**國翔《くにかけ》り**』と稱する事あるは實に此の空中飛翔術の事なりとす。其の他、神仙道に於ては此の術を最も大切なるものとなし、決して妄りに傳授せられざりし所の祕術なり。古來この祕術に通達して雲に乘り能く空中を飛行し翔登自在の飛遊をなしたる者その例に乏しからず。我が修驗道の高祖たる役行者《エンノグウジヤ》即ち神變大菩薩は仙術を修行して能く空中飛翔の通力を體得し、毎夜、伊豆の島より富士山へ飛遊し給ひしものなり。又、彼の有名なる久米仙人を始めとし、泰澄行者すなはち『越《こし》の小大德《せうだいとく》』と稱する仙人の如きも大いに此の通力を修得し、呵《アツ》と口を開《ひら》けば千里を飛び吽《ウン》と口を閉《とづ》れば萬里を翔《かけ》ると云ふ驚ろくべき飛行の靈力を現しぬ。其の他、照道仙人、陽勝仙人など飛翔術に通達せしものの例、枚擧に遑なし。

◉扨て此の空中飛翔術を行なはんには『**孔雀明王の祕法**』を用ふるなり。孔雀《くじやく》明王は諸佛能生の德に住するが故に『**孔雀佛母**』と稱す。梵語では『**マユリ明王**』と云ひ、密號を『**佛母金剛**』と云ふ。其の御像は、金色《こんじき》の孔雀に

孔雀明王

乗り給ひ白蓮の上に結伽趺坐し給ひ肉色にして慈悲の相に住し給ふ、四臂あり右第一手には開敷《かいふ》の蓮花を持ち第二手には具縁《ぐゑんか》菓を持ち左第一手は心に當て掌に吉祥菓を持ち第二手には三五莖の孔雀尾を持ち給ふ。先づ山頂、又は其他の淨所に、香爐を据へて香を焚き、行者、身心を淨めて、其の香爐を股げて立ち心に此の孔雀明王の尊像を觀想し、手に『**孔雀明王の印**』即ち『**空中飛翔の印**』を結びながら靜かに瞑目して『**孔雀明王の咒文**』即ち『**空中飛翔の眞言**』を百〇八遍くり返すべし。『空中飛翔の印』とは左右の二手を外縛して二大指及び二小指を夫れ〴〵立て合せ、餘の二頭指二中指二無名指の六本をば扇《あふ》ぎ動かして恰かも飛鳥の翅の如くに爲すべし。『空中飛翔の咒文』とは左の如し、

『**ノーモボダヤ、ノーモタラマヤ、ノーモソウキヤ、タニヤタ、ゴゴゴゴゴ、ノーガレイ、ノーガレイ、ダバダバ、ゴヤゴヤ、ピジャヤ、ビジャヤ、トソ**

トソ、ゴロゴロ、エイラメラ、チリメラ、イリミタソ、チリミタソ、イヅチリミタソ、ダメ、メダメ、トソテイ、クラベイラ、サバラ、ビバラ、イチリビチリ、リチリ、ビチリ、ノーモソトバボダナン、ソクリキシ、クドキャウカ、ノーモラカタン、ゴラダラ、バラシャトニバ、サンマテイノー、ナシヤソニシャソ、ノーマクボダナンソワカ。』

斯くの如く、咒文と印と觀想との三密平等、即ち三密瑜伽に沒入すること暫時にして忽ち行者の魔力と明王の法力とが彼此涉入の作用を起し、行者の身體は香の遙《ゆらめ》き昇ると共に、ユラ〳〵と空中に昇り行くものなり。一度び空中に昇り得れば自在に翔《か》け廻ること極めて容易なり。

◉但し此の術を行はなんとするには七日前より斷食をなし、女色を禁斷し、身心の清淨を保ち『**飛翔の神藥**』と稱する藥を飲み、一日に一萬遍づつ左の

『孔雀明王經』を唱ふる事を要す。（『飛翔の神藥』とは之を飲めば直ちに飛翔術を體得し得ると云ふ毘沙門天の藥なれど、大祕密につき其の製法は『最行口傳書』に於てのみ之を傳授せん。）

『讀誦佛母大孔雀明王經前啓請法

南謨母馱野　南謨達磨野　南謨僧伽野　南謨七佛正徧知者　南謨慈氏菩薩等一切菩薩摩訶薩南無獨覺聲聞四果四向我皆敬禮如是等聖衆我今讀誦摩訶摩瑜利佛母明王經我所求請願皆如意所有一切諸天靈祇或居地上或處虛空或住於水異類鬼神所謂諸天及龍阿蘇羅摩嚕多蘖嚕拏彥達嚩緊那羅摩護囉誐藥叉囉刹娑畢嚟多比舍遮部多矩畔拏布單那羯吒布單那塞建那嗢摩那車耶阿鉢娑麼囉塢娑怛囉迦及餘所有一切鬼神及諸蠱魅人非人等諸惡毒害一切不祥一切惡病一切鬼神一切使者一切怨敵一切恐怖一切諸毒及諸呪術一切厭禱伺斷

佗命起毒害心行不饒益者皆來聽我讀誦佛母大孔雀明王經捨除暴惡咸起慈心

於佛法僧生清淨信我今施設香華飲食願生歡喜咸聽我言

怛儞也佗迦哩迦囉哩矩畔膩餉棄嚩迦麼攞乞史賀哩底賀哩計施室哩麼底賀哩

冰誐黎攬迷鉢囉攬迷迦攞播勢迦攞戍娜哩焰摩努底麼賀囉乞灑枲部多薩囉薩

鉢囉嚩底砌𤙖補澀嚀度嚀囐淡末隣左娜瀉弭囉乞灑佗麼麼颯跛哩嚩覽薩嚩婆

喻鉢捺嚩吠毗藥餌嚩覩韈囉灑捨躭鉢設都捨囉喃捨單悉鈿覩滿怛囉鉢娜娑嚩

賀

諸如是等一切天神咸來集會受此香華飲食發歡喜心擁護於我某甲　幷諸眷屬

我等眷屬所有厄難一切憂惱一切疾病一切餓饉獄囚繫縛恐怖之魔悉皆解脫壽

命百歲願見百秋明力成就所求願滿。

佛母大孔雀明王經卷上

如是我聞一時薄伽梵在室羅伐城逝多林給孤獨園時有一苾芻名曰莎底出家未久新受近圓學毗奈耶敎爲衆破薪營澡浴事有大黑蛇從朽木孔出螫彼苾芻右足拇指毒氣徧身悶絕于地口中吐沫兩目翻上　爾時具壽阿難陀見彼苾芻爲毒所中極受苦痛疾往佛所禮雙足已而白佛言世尊莎底苾芻爲毒所中受大苦惱具如上說如來大悲云何救護作是語已　爾時佛告阿難陀我有摩訶摩瑜利佛母明王大陀羅尼有大威力能滅一切諸毒怖畏災惱攝受覆育一切有情獲得安樂汝持我此佛母明王陀羅尼爲莎底苾芻而作救護爲結地界結方隅界令得安隱所有苦惱皆得消除彼等或爲天龍所持阿蘇羅所持摩嚕多所持誐嚕拏所持彥達嚩所持緊那囉所持摩護囉誐所持藥叉所持囉刹娑所持畢𠼪多所持毗舍遮所魅步多所魅矩畔拏所魅布單那所魅羯吒布單那所魅塞建那所魅嗢摩那所魅車耶所魅阿鉢

娑麽囉所魅塢娑跢囉迦所魅爲如是等所執所魅之時佛母明王悉能加護令無憂怖壽命百年或被他人厭禱呪術蠱魅惡法之類所謂訖哩底迦羯摩拏迦具囉那枳囉拏吠哆拏質者飲他血髓變人驅役呼召鬼神造諸惡業惡食惡吐惡影惡視惡跳惡驀或造厭書或惡冐逆作如是惡事欲相惱亂者此佛母明王擁護彼人并諸眷屬如是諸惡不能爲害又復瘧病一日二日三日四日乃至七日半月一月或復頻日或復須臾一切瘧病四百四病或常熱病偏邪瘿病鬼神壯熱風黄痰癃或三集病飲食不消頭痛半痛眼耳鼻痛脣口頰痛牙齒舌痛及咽喉痛胷脅背痛心痛肚痛腰痛腹痛脞痛膝痛或四肢痛隱密處痛徧身疼痛如是過患悉皆除滅願護於我某甲并諸眷屬我結地界結方隅界讀誦此經悉令安隱卽說伽佗曰

令我夜安　晝日亦安　一切時中　諸佛護念

卽說陀羅尼曰

怛儞也佗伊膩尾膩枳膩呬膩弭膩㲭膩跛㜸伽㜸努誐㜸賀哩抳嚩㜸膩㗘蘇比舍止㲭阿嚧賀抳汙嚧𡃤𡁠帝𡁠底哩底哩謎𡁠謎𡁠底謎底謎

努謎努謎伊置弭置尾瑟置睇左跛嚟尾麽嚟尾麽嚟護嚕護嚕阿濕嚩目棄迦哩麽
賀迦哩鉢囉枳囉拏計施矩嚕矩嚕嚩普嚕句嚕句嚕護嚕護嚕嚩譜嚕度娑努嚩怒
麽怒麽弩嚩弩嚩遇攞夜吠攞夜比輸比輸呬哩呬哩弭哩弭哩底哩底哩鼻哩鼻哩
祖嚕祖嚕母護母護母護母護母護母嚕母嚕母嚕母嚕母嚕護嚕護嚕護嚕護嚕護
嚕護護護護護護護護護嚩嚩嚩嚩嚩嚩嚩嚩嚩嚩惹攞惹攞惹攞惹攞惹攞惹攞
惹攞惹攞惹攞惹攞娜麽娜麽𩕳多跛多跛𩕳入嚩攞入嚩攞𩕳鉢左跛左𩕳嬾努蘗
惹𩕳韈嚩灑抳颯普咤𩕳跢跛𩕳播左𩕳賛哩抳馱哩抳迦哩抳劒跛𩕳沫那𩕳曼膩
底計麽迦哩設迦哩羯迦哩爍迦哩餉迦哩入嚩攞𩕳努麽努嚩哩努銘努酩遇攞野
鉢哩吠攞野韈囉灑覩禰嚩三滿帝曩伊哩枳臬娑嚩賀　阿難陀有諸龍王名
字當起慈心稱念其名攝除諸毒所謂

持國龍王我慈念　愛囉嚩拏常起慈　尾囉博叉亦起慈　黑驕答麽我慈念
麽抳龍王我慈愍　娑蘇枳龍常起慈　杖足龍王亦起慈　滿賢龍王我慈念

無熱惱池嚩嚕拏　曼闍洛迦德叉迦　難陀鄔波難陀龍　我常於彼興慈意
無邊龍王我慈念　嚩蘇目佉亦起慈　無能勝龍常起慈　噿嚩龍王我慈念
大麼娜斯我慈念　小麼娜斯亦起慈　阿鉢嚩羅迦洛迦　有財沙彌龍王等
捺地穆佉及麼抳　白蓮華龍及方主　羯句吒迦及蠡足　毛毯馬勝等皆慈
娑雞得迦供鼻羅　針毛臆行龍王等　哩使迦龍我慈念　滿耳車面亦常慈
句洛迦龍我慈念　娑雌補多蘇難陀　愛囉鉢多大龍王　濫迦洛迦我慈愍
非人龍王我慈念　上人龍王亦復然　蔑蘖囉龍常起慈　母呰隣那我慈念
或有龍王行地上　或有龍王常居空　或有恒依妙高山　或在水中作依止
一首龍王我慈念　及以二頭亦復然　如是乃至有多頭　此等龍王我慈念
或復無足龍王類　二足四足等龍王　或復多足諸龍王　各起慈心相護念
此等龍王具威德　色力豐美有名聞　天與脩羅共戰時　有大神通皆勇猛
勿使無足欺輕我　二足四足勿相侵　及與多足諸龍王　常於我身無觸惱

諸龍及神我慈念　或在地上或居空　常令一切諸衆生　各起慈心相護念
復願一切含生類　及以靈祇諸大神　常見一切善徵祥　勿覩違情罪惡事
我常發大慈悲念　令彼滅除諸惡毒　饒益攝受離災厄　隨在時方常擁護
曩謨窣覩沒馱野曩謨窣覩沒馱曳曩謨窣覩目訖多野曩謨窣覩目訖多曳曩
謨窣覩扇多野曩謨窣覩扇多曳曩謨尾目訖哆曩尾目訖哆曳
諸有淨行者　能伏諸惡業　敬禮如是等　於我常衞護　若逢諸恐怖
一切惱亂時　幷及災害時　疾病變怪等　及被毒所中　不利益之時
護我幷眷屬　無病壽百歲
佛告阿難陀往昔之時雪山南面有金曜孔雀王於彼而住每於晨朝常讀誦佛母大
孔雀明王陀羅尼晝必安隱暮時讀誦夜必安隱卽說陀羅尼曰
曩謨沒馱野曩謨達磨野曩謨僧伽野怛儞也佗護護護護野誐嚩嚩努麽嚩嚩護
野護野尾惹野度蘇度蘇嚫嚕嚫嚕嘘攞謎攞底哩謎攞伊哩蜜怛嚩底里蜜怛嚩伊

哩底哩蜜怛嚩努謎努謎蘇努謎努謎婀蘇帝遇攞吠攞左跛攞尾麼攞伊上置哩毗
置哩伊哩置哩尾置哩曩謨窣覩沒馱南喞哩枳枲遇努呬迦曩謨囉曷耽護囉娜囉
嚩灑覩禍嚩三滿帝曩捺拾蘇儞舍蘇曩謨母馱南娑嚩賀

阿難陀彼金曜孔雀王忽於一時忘誦此佛母大孔雀明王陀羅尼遂與衆多孔雀婇女從林至林從山至山而爲遊戲貪欲愛著放逸昏迷入山穴中捕獵怨家伺求其便遂以鳥羂縛孔雀王被縛之時憶本正念卽誦如前佛母大孔雀明王陀羅尼於所繫縛自然解脫眷屬安隱至本住處復說此明王陀羅尼曰

曩謨母馱野曩謨達磨野曩謨僧伽野曩謨蘇嚩囉拏嚩婆薩寫麼庾囉囉枳孃曩謨
摩賀麼庾哩曳尾儞也囉枳惹怛儞也佗悉第蘇悉第謨左頞謨刹抳目訖帝尾目訖
帝阿麼黎尾麼黎頞麼黎瞢誐黎呬孏孃糵陛囉怛曩護陛跛捺嚇蘇跋捺嚇三滿多
跋捺嚇薩嚩囉佗娑馱頞跛囉沫佗娑馱頞薩嚩囉佗鉢囉嚩馱頞薩嚩瞢誐囉娑馱
頞麼曩枲麼曩枲摩賀麼曩枲曷步帝頞底也訥部帝䝟卒帝阿惹嚇尾惹嚇尾麼黎

阿蜜哩帝阿麼黎阿麼囉抳沒囉摵謎沒囉摵麼娑嚩嚛布囉儜布囉拏麼努囉剃蜜哩多散哜嚩顙室哩跛捺嚛戰捺嚛戰捺囉鉢囉陛素哩曳素哩也建帝味多婆曳蘇轙顙沒囉摵麼具囇沒囉摵麼乳瑟𪘨薩嚩怛囉鉢囉底賀帝娑嚩賀那莫薩嚩沒馱喃娑嚩娑底麼麼曩誐寫颯跛哩嚩囉囉乞產矩挽覩哜嚩覩轙囉灑設單鉢扇覩設囉難設單護呰麌呰具呰祇呰娑嚩賀

佛告阿難陀往昔金曜孔雀王者豈異人乎即我身是我今復說佛母大孔雀明王心陀羅尼曰

怛儞也佗伊底蜜底底哩蜜底底哩弭里蜜底底黎比弭哩弭哩底弭底哩弭哩蘇嚬嚩嚬嚩蘇嚩左唧哩枳枲野牝那謎膩曩謨沒馱南唧羯枲鉢囑多慕黎壹底賀嚧咯呬多慕黎膽嚩暗嚩俱置矩曩置底囉君左曩置阿拏嚩多野轙囉灑覩禰務曩嚩麼娑娜捨麼細底壹底弭哩枳哩弭哩計攞弭哩計覩母黎努努迷蘇努謎嬭娜哩謎散覩轙𪘨母娑轙𪘨母薩嚛母薩嚛噎拏嚩窣多囉計捺迦攞曩迦哩謎佉囉麼囉企黎

壹底薩惹黎覩吠覩頓吠頞曩酥鉢囉曩酥頞拏捺酥韈囉灑覩禰務曩謨娜計曩散
怛酺妬三滿帝曩曩囉野抳播囉野抳賀哩多哩君多哩伊哩蜜窣底吉底哩蜜窣底
伊哩謎悉鈿覩捺囉弭拏曼怛囉跛諾娑嚩賀
阿難陀此佛母大孔雀明王心陀羅尼若復有人欲入聚落應當憶念於曠野中亦應
憶念在道路中亦常憶念或在非道路中亦應憶念入王宮時憶念逢劫賊時憶念鬬
諍時憶念水火難時憶念怨敵會時憶念大衆中時憶念或蛇蠍等螫時憶念爲毒所
中時憶念及諸怖畏時憶念風黃痰癃時憶念或三集病時憶念或四百四病一一病
生時憶念若苦惱至時皆當憶念何以故若復有人應合死罪以罰物得脱應合被罰
以輕杖得脱應合輕杖被罵得脱應合被罵訶責得脱應合訶責戰悚得脱應合戰悚
自然解脱一切憂惱悉皆消散　阿難陀此佛母大孔雀明王眞言一切如來同共宣
說常當受持自稱已名請求加護願攝受我某甲并諸眷屬除諸怖畏刀杖枷鎖苦難之時願
皆解脱常逢利益不値災危壽命百歲得見百秋阿難陀若有人天魔梵沙門婆羅門

等讀誦受持此佛母大孔雀明王陀羅尼結其地界結方隈界請求加護一心受持者我不見有大龍鬼神能爲惱害所謂天及天婦天男天女及天父母幷諸朋屬如是等類無能爲害若龍龍婦龍男龍女及龍父母幷諸朋屬亦不能爲害若阿蘇羅及婦男女父母朋屬等不能爲害若麼嚕多及婦男女父母朋屬等亦不能爲害若譏嚕拏及婦男女父母朋屬等亦不能爲害若彥達嚩及婦男女父母朋屬等亦不能爲害若緊那囉及婦男女父母朋屬等不能爲害若摩護囉譏及婦男女父母朋屬等亦不能爲害若藥叉及婦男女父母朋屬等不能爲害若囉刹娑及婦男女父母朋屬等亦不能爲害若畢嚟多及婦男女父母朋屬等不能爲害若比舍遮及婦男女父母朋屬等亦不能爲害若步多及婦男女父母朋屬等亦不能爲害若矩畔拏及婦男女父母朋屬等亦不能爲害若布單那及婦男女父母朋屬等不能爲害若羯吒布單那及婦男女父母朋屬等亦不能爲害若塞建那及婦男女父母朋屬等不能爲害若嗢麼那及婦男女父母朋屬等亦不能爲害若車耶及婦男女父母朋屬等不能爲害若阿鉢娑麼

囉及婦男女父母不屬等亦不能爲害若塢娑跢羅迦及婦男女父母屬朋等皆不能爲害　如是等天龍藥叉及諸鬼神所有親眷朋屬等發起惡心伺求人便作諸障難者此等天龍鬼神雖起惡心不能惱亂持此經者何以故由常受持佛母明王陀羅尼故此等天龍鬼神爲惱害者若還本處彼類不容入衆若有違此佛母明王眞言越界法者頭破作七分猶如蘭香梢

復次阿難陀又有明王陀羅尼汝當受持卽說明曰　怛儞也佗伊哩弭哩緊嬦契目訖帝蘇目訖帝阿拏曩拏蘇曩拏蘖囉灑覩禰舞跛囉摩拏蘖跢焰阿囉播囉遇怒呬迦伊哩弭哩牝爾哩迦嗢努迦嗢嫩努迦伊哩弭哩底哩弭哩三滿怛多訖㗚怛嚩護嚕護嚕呬哩呬哩弭哩弭哩枳哩枳哩室哩灑拏沒哩衫戍嚕戍嚕左攞左攞唧哩唧哩祖嚕祖嚕尾置尾置式棄式棄壹置尾置式棄式棄護祖護祖護祖護祖護祖護祖護祖護祖賀囉賀囉賀囉抳染陛鉢囉昝陛薩嚩訥瑟吒麼努瑟鴿昝陛弭麼麼颯跛哩嚩囉寫囉乞創屈挽覩迦嚕弭你嚩都蘖囉灑設單鉢捨都設囉脯

設單虞底孕跛哩怛囉喃跛哩仡囉憾跛哩播攞腩扇底孕娑嚩窣底也野南難孥跛
哩賀囕尾灑努灑喃尾灑曩拾難臬麽曼鄧馱囉抳曼蕩左迦嚕弭唧怛𡁠唧怛囉麽
𡁠賀黎賀攞麽黎頗黎頗攞麽黎齲嚕齲嚕佉囉嚩嚕抳味𡁠噎曳阿嚕麽嚕滅除一
切毒及起惡心者根毒牙齒毒飲食中諸毒願佛以威光滅除毒害苦素嚕素嚕計嚩
囉嚩囉計䕶囉計尾哩呬哩一切毒消除願勿相侵害七佛諸世尊正偏知覺者及以
聲聞衆威光滅諸毒噎攞謎攞壹哩謎攞底哩底哩謎攞底賀努賀尾麽努麽噎蘇努
麽遜𡁠頓嚩三麽頓嚩阿嬭曩嬭矩攞矩嚩曩嬭嚩囉灑覩禰嚩伊哩枳臬三曼帝曩
曩嚩麽娑娜娑麽娑昧怛哩謎薩嚩怛吠數取薩嬭取娜哩抳計嚩擿計嚩吒迦慕隷
伊底攝嚩𡁠覩吠覩吠畢哩孕迦𡁠阿嚩齼跛哩嚩齼那舞那計曩嚩囉灑覩禰舞曩
謨娑誐嚩妬印捺囉遏跛臬迦野壹置吒野遏怒呬迦野勃陵誐哩迦野阿黎多黎君
多黎阿拾頞播拾頞播跛頞矩黎曩謨婆誐嚩跢喃悉鈿覩滿怛囉鉢娜娑囉賀

毗鉢尸如來　無憂樹下坐　尸棄佛世尊　依止奔陀利　毗舍浮如來

住在娑羅林　拘留孫如來　尸利娑樹下　羯諾迦大師　烏曇跋羅樹
迦攝波善逝　尼俱陀樹下　釋迦牟尼佛　聖種憍答摩　坐於菩提樹
證無上正覺　是等諸世尊　皆具大威德　諸天廣供養　咸生敬信心
一切諸鬼神　皆生歡喜念　令我常安隱　遠離於衰厄

七佛世尊所說明曰

怛儞也佗壹哩弭哩枳哩尾哩計哩嚩哩嘔努囉蘇努謨禰慕薩囉護護迦囉劑迦囉
惹母𡃤壹底捨𡃤跢矩覩哩曩囉野抳跛捨𩕳跛捨跛捨𩕳劫比囉嚩空覩伊哩嚩悉
鈿覩捺囉弭拏滿怛囉跛娜娑嚩賀

復次阿難陀有大藥名是素訶世界主大梵天王天帝釋四大天王二十八大藥叉將
共所宣說若有受持如是大藥叉名者設有鬼神發起惡心欲相惱亂者頭破作七分
猶如蘭香梢即說藥叉名曰

怛儞也佗吉底慕𡃤𧬤嚕慕𡃤三滿多慕𡃤阿孎曩孎矩薩曩孎伊帝弭帝播嚕阿嚕

拏句麼嚕拏句伊哩枳哩尾哩悉努呬迦嘔鈍度麼牝娜吠拏

願二足吉祥　四足亦吉祥　行路中吉祥　迴還亦吉祥　願夜中吉祥

晝日亦吉祥　一切處吉祥　勿値諸罪惡　一切日皆善　一切宿皆賢

諸佛皆威德　羅漢皆斷漏　以新誠實言　願我常吉祥

阿難陀若讀誦此大明王經時作如是語此大孔雀明王佛所宣說願以神力常擁護我饒益攝受爲作氣依寂靜吉祥無諸災患刀杖毒藥勿相侵損我今依法結其地界結方隅界除諸憂惱壽命百歲願度百秋　復次阿難陀有大藥叉王及諸藥叉將住大海邊或住妙高山及餘諸山或居曠野或住諸河川澤陂池屍林坎窟村巷四衢園苑林樹或居餘處有大藥叉住阿拏挽多大王都處如是等衆咸願以此佛母大孔雀明王陀羅尼擁護於我某甲幷諸眷屬壽命百年願見百秋陀羅尼曰怛儞也佗賀哩賀哩抳賀哩抳左哩佐哩顊怛囉跛抳謨賀顊娑擔婆顊沓婆顊娑嚩演僕賀

復次阿難陀東方有大天王名曰持國是彥達囉主以無量百千彥達嚩而爲眷屬守

護東方彼有子孫兄弟軍將大臣雜使如是等衆彼亦以此佛母大孔雀明王陀羅尼擁護於我幷諸眷屬爲除憂惱壽命百歲願見百秋陀羅尼曰怛儞也佗麤麤嚕麤麤嚕麤麤嚕麤麤嚕麤嚕麤嚕麤嚕謎娑嚩賀復次阿難陀南方有大天王名曰增長是矩畔拏主以無量百千矩畔拏而爲眷屬守護南方彼有子孫兄弟軍將大臣雜使如是等衆彼亦以此佛母大孔雀明王陀羅尼擁護於我幷諸眷屬爲除憂惱壽命百歲願見百秋陀羅尼曰怛儞也佗吠嚕計吠嚕計阿蜜怛囉伽多顊嚩嚕拏嚩底吠努麼里顊吠哩顊補怛哩計祖祖唧祖娑嚩賀

復次阿難陀此西方有大天王名曰廣目是大龍主以無量百千諸龍而爲眷屬守護西方彼有子孫兄弟軍將大臣雜使如是等衆彼亦以此佛母大孔雀明王陀羅尼擁護於我幷諸眷屬爲除憂惱壽命百歲願見百秋陀羅尼曰怛儞也佗吠努哩吠努哩麼置帝麼置帝句胝句胝尾儞度麼底護護護護護護護護嚕護嚕護嚕護嚕護嚕護嚕護嚕護嚕祖祖祖祖祖祖祖祖左左左左左左左嚧娑嚩賀

復次阿難陀北方有大天王名曰多聞是藥叉主以無量百千藥叉而爲眷屬守護北方彼有子孫兄弟軍將大臣雜使如是等衆彼亦以此佛母大孔雀明王陀羅尼擁護於我幷諸眷屬爲除憂惱壽命百歲願見百秋陀羅尼曰怛儞也佗素哩素哩施哩施哩麽底賀哩賀哩麽底迦哩哩賀哩哩閉嚕閉嚕冰誐黎祖魯祖魯鈍廣麽底賀單尼衫鈍度麽底娑嚩賀

東方名持國南方號增長西方名惡目北方多聞天此四大天王護世有名稱四方常擁護大軍具威德外怨悉降伏他敵不能侵神力有光明常無諸恐怖天與阿蘇羅或時共鬪戰此等亦相助令天勝安隱如是等大衆亦以此明王護我幷眷屬無病壽百歲陀羅尼曰

怛儞也佗𠾼隷謎隷底哩謎隷嚩勢努吠努努吠䄻囉灑覩𭕄嚩三滿帝曩咽哩弭哩頓吠覩頓吠頞𪘨嚩𪘨跛囉麽努嚩𪘨䄻囉灑覩𭕄務誐嚕彥跢野頓孋覩頓孋鐝計穆計伊哩膩弭哩膩呬哩呬黎護魯護黎呬哩弭哩覩黎多嚕哩娑嚩賀

佛母大孔雀明王經卷上。

佛母大孔雀明王經卷中

佛告阿難陀汝當稱念大藥叉王及諸大藥叉將名字所謂

矩吠囉長子　名曰珊逝耶　常乘御於人　住弭癡羅國　以天誠實威

衆皆從乞願

彼亦以此佛母大孔雀明王眞言擁護我幷諸眷屬爲除憂惱壽命百歲願見百秋卽說眞言曰

怛儞也佗𠺕黎𠺕勒迦𪘂摩蹬倪戰拏哩補嚕灑抳尾唧哩額遇哩彥馱哩摩蹬倪戰拏哩麽哩額呬哩呬哩阿蘗底蘗底彥馱哩句瑟耻迦𠺕哩尾賀額呬哩劒謎娑𠺕賀

羯句忖那神　波吒黎子處　阿跋羅爾多　住窣吐奴邑　賢善大藥叉

住於世羅城　摩那婆大神　常居於北界　大聖金剛手　住居王舍城

常在鷲峯山　以爲依止處　大神金翅鳥　毗富囉山住　質怛囉笈多
質底目溪住　薄俱羅藥叉　住於王舍城　營從幷眷屬　有大威神力
大小黑藥叉　勃比羅城住　是釋族牟尼　大師所生處　斑足大藥叉
吠囉耶城住　摩醯首藥叉　止羅多國住　勿賀娑鉢底　住於舍衛城
娑嚢囉藥叉　娑雞多處住　金剛杖藥叉　毗舍離國住　訶里冰嚢囉
力士城中住　大黑藥叉王　婆羅拏新國　藥叉名善現　住於占波城
吠史怒藥叉　住在墮羅國　馱羅抳藥叉　住在護門國　可畏形藥叉
住於銅色國　末達那藥叉　烏洛迦城住　阿吒薄俱將　曠野林中住
劫比羅藥叉　住於多稻城　護世大藥叉　嘔逝尼國住　轙蘇步底神
阿羅挽底國　水天藥叉神　婆盧羯泚國　歡喜大藥叉　住於歡喜城
持鬘藥叉神　住在勝水國　阿難陀藥叉　末羅鉢吒國　白牙齒藥叉
住於勝妙城　堅固名藥叉　末娑底國住　大山藥叉王　住在山城處

婆颯婆藥叉　住居吠儞勢　羯底雞藥叉　住嚧呬多國　此藥叉童子
名聞於大城　百臂大藥叉　住在頻陀山　廣車藥叉神　羯陵伽國住
能征戰藥叉　窣鹿近那國　雄猛大藥叉　遏祖那林住　遏拏波藥叉
末達那國住　山峯藥叉神　住於摩臘婆　嚕捺囉藥叉　嚧呬多馬邑
一切食藥叉　住於奢羯羅　波喇得迦神　少智洛雞住　商主財自在
住在難勝國　峰牙及世賢　跋娑底耶國　尸婆藥叉王　住食尸婆城
寂靜賢藥叉　住在可毘國　因陀囉藥叉　因陀囉國住　華幢藥叉主
住於寂靜城　那嚕迦藥叉　那嚕迦城住　劫比囉藥叉　常在邑城住
寶賢及滿賢　住梵摩伐底　能摧他藥叉　住健陀囉國　能壞大藥叉
得叉尸羅住　驢皮藥叉神　在於吐山住　三密藥叉主　阿努波河側
發光明藥叉　嚧鹿迦城住　喜長藥叉神　呬隅摧國住　婆以盧藥叉
住居婆以地　愛鬪諍藥叉　住在濫波國　蘗踏婆藥叉　末土羅城住

鉼腹藥叉王　住在楞伽城　日光明藥叉　住在蘇那國　阬頭山藥叉
住憍薩羅國　勝及大勝神　住在半尼國　圓滿大藥叉　末羅耶國住
緊那囉藥叉　計羅多國住　護雲藥叉王　住在伴拏國　謇拏迦藥叉
住在安立國　僧迦離藥叉　必登蘖哩住　引樂藥叉神　怛楞蘖底住
孫陀囉藥叉　那新雞國住　阿僧伽藥叉　婆盧羯車住　難儞大藥叉
及子難儞迦　此二藥叉神　羯訶吒迦住　垂腹大藥叉　羯陵伽國住
大臂藥叉王　憍薩羅國住　娑悉底迦神　娑底羯吒國　娑洛伽藥叉
常在林中住　賢耳大藥叉　怛胝肩國住　勝財藥叉神　住居陸滿國
氣力大藥叉　毗囉莫迦住　喜見藥叉神　住阿般底國　尸謇馱藥叉
住在牛摧國　愛合掌藥叉　住居吠儞勢　陛瑟致得迦　住在蓋形國
調摩竭藥叉　住在三層國　廣目藥叉神　住居一腋國　安拏婆藥叉
優曇跋囉國　無功用藥叉　憍閃彌國住　微嚧者那神　寂靜意城住

遮羅底迦神　住居蛇蓋國　亦黃色藥叉　劒畢離國住　薄倶囉藥叉
嗢逝訶那住　布喇拏藥叉　住曼拏比國　緊迦謎沙神　半遮離城住
難摧大藥叉　蘗度娑國住　堅頰藥叉神　住在水天國　脯闌逝野神
住在闞戰國　怛洛迦藥叉　及倶怛洛迦　二大藥叉王　住在倶盧土
大烏嚧佉羅　及與迷佉羅　此二藥叉女　威德具名稱　并與諸眷屬
亦住倶盧土　徽帝播底神　及以義成就　此二藥叉王　阿曳底林住
往成就藥叉　窣鹿近那住　窣吐羅藥叉　住窣吐羅國　虎力師子力
并大師子力　倶胝年大將　佗勝宮中住　華齒藥叉神　住在占波城
摩竭陀藥叉　住在山行處　鉢跋多藥叉　瞿瑜伽處住　蘇囇那藥叉
那蘗羅國住　勇臂大藥叉　娑雞多邑住　能引樂藥叉　住在哥乾底
無勞倦藥叉　住憍閃彌國　賢善藥叉神　住於賢善國　步多面藥叉
波吒離子住　無憂大藥叉　住在迦遮國　羯徵羯吒神　菴娑瑟佗住

成就義藥叉　住在天脓國　曼那迦藥叉　住在難勝國　解髮藥叉神
住居勝水國　寶林藥叉神　住先陀婆國　常謹護藥叉　劫毗羅國住
羯吒徵羯吒　迦毗羅衛國　慳悋藥叉神　住乾陀羅國　墮羅藥叉神
賦攞耶肩住　處中藥叉神　賢善名稱住　吠瑠璃藥叉　堅實城中住
染薄迦藥叉　住居沙磧地　舍多大藥叉　及以毗羯吒　此二藥叉神
物那擿迦住　毗摩尼迦神　提婆設摩住　曼陀羅藥叉　捺羅那國住
作光藥叉神　羯濕彌羅國　占博迦藥叉　在羯住城住　半支迦藥叉
羯濕彌羅際　具足五百子　有大軍大力　長子名肩目　住在支那國
諸餘兄弟等　憍尸迦國住　牙足藥叉神　羯陵伽國住　曼茶羅藥叉
住曼茶羅處　楞伽自在神　住於迦畢試　摩利支藥叉　羅摩脚蹉住
達磨波羅神　住在於踈勒　大肩藥叉神　薄佉羅國住　毗沙門王子
具衆德威光　住在覩火羅　有大軍大力　一俱胝藥叉　而爲其眷屬

娑多山藥叉
住在三層殿
財自在藥叉
常依地下住
能破佗藥叉
末末拏藏國
那吒矩韈囉
住在爍迦處
滿面藥叉王
憍薩羅國鉢
囉嚩拏藥叉
鉢尼耶國住

及以雪山神
能摧大藥叉
住在師子國
有光明藥叉
捺羅泥國住
摩怛哩藥叉
住於迦畢試
毗摩質多羅
奔拏韈達那
摩竭幢大神
一摩陀國住
金毗囉藥叉

此二大藥叉
羯陵伽國住
鸚鵡口藥叉
白蓮華國住
冰蘗羅藥叉
住於施欲國
鉢囉設囉神
莫里迦城住
羯囉羅藥叉
住居沙磧處
赤黃色藥叉
住於王舍城

辛都河側住
半遮羅巘拏
住於曠野處
設弭羅藥叉
菴末離國住
極覺藥叉神
鉢羅多國住
冰羯囉藥叉
住在烏長國
質怛囉細那
羅尸那國住
常居毗富羅

執三戟藥叉
達彌拏國住
兢羯娑藥叉
於大城中住
末末拏藥叉
布底嚩吒國
商羯囉藥叉
羯得迦國住
甕腹藥叉神
僕迦那國住
樂見藥叉神
有大軍大力

萬俱胝藥叉　而爲其眷屬　瞿波羅藥叉　住在蛇蓋國　䮧洛迦藥叉
頞洛迦城住　難提藥叉神　住在難提國　末里大天神　住在村巷處
毗沙門居住　佛下寶堦處　遏拏挽多城　億衆神圍繞　如是等藥叉
有大軍大力　降伏他怨敵　無有能勝者　名稱滿諸方　具足大威德
天與阿脩羅　戰時相助力

此等福德諸神大藥叉將徧贍部洲護持佛法咸起慈心彼亦以此佛母大孔雀明王眞言常擁護我攝受饒益令得安隱所有厄難皆悉消除或爲刀杖損傷或被毒中王賊水火之所逼惱或爲天龍藥叉所持及諸鬼等乃至畢隸索迦行惡病者皆遠離於我幷諸眷屬我結地界結方隅界讀誦此經除諸憂惱壽命百歲願見百秋卽說眞言

曰怛儞也佗阿迦穌尾迦穌訶哩扼賀哩扼馱囉扼馱囉扼護計護計母計母計我所有病苦賀曩賀曩賀曩賀曩賀曩賀曩賀曩賀曩賀曩我所有恐怖娜賀娜賀娜賀娜賀娜賀娜賀娜賀娜賀娜賀娜賀我所有怨家跛左跛左跛左跛左跛左跛左跛

左跛左跛左跛左我所有不饒益事度度度度度度度度度度我有遭毒藥賀賀賀賀
賀賀賀賀賀賀我所有他人厭禰爾置爾置爾置爾置爾置爾置爾置爾置爾置爾置
我所有罪業願皆消滅祖嚕祖嚕祖嚕祖嚕祖嚕祖嚕祖嚕祖嚕祖嚕祖嚕呬哩呬哩
呬哩呬哩呬哩呬哩呬哩呬哩弭哩弭哩弭哩弭哩弭哩弭哩弭哩弭哩弭哩弭哩弭
哩弭哩普嚕普嚕普嚕普嚕普嚕普嚕普嚕普嚕普嚕普嚕普嚕卿置卿置卿置卿置
卿置卿置卿置卿置卿置呬計弭計卿計尾計室哩跋捺𡃤曹蘗嚟滿多跋捺𡃤薩𡃤
囉佗娑馱頞阿麼𡃤尾麼嚟贊捺囉鉢囉陛素哩野建帝努吠怒努吠畢哩孕迦𡃤娑
嚩賀

惟願諸神等常擁護我并諸眷屬壽命百歲願見百秋

佛告阿難陀復有二十八藥叉大將名號汝當稱念此等藥叉大將能於十方世界覆
護一切衆生爲除衰患厄難之事有四藥叉大將住於東方擁護東方所有衆生令離
憂苦其名曰

儞伽蘇寗怛咯布囉拏迦切比囉

彼亦以此佛母大孔雀明王擁護我幷諸眷屬壽命百年

阿難陀有四藥叉大將住於南方擁護南方所有衆生令離憂苦其名曰

僧賀塢跛僧賀餉企囉難那

彼亦以此佛母大孔雀明王擁護我幷諸眷屬壽命百年

阿難陀有四藥叉大將住於西方擁護西方所有衆生令離憂苦其名曰

賀囉賀哩計爍鉢鉢囉僕切比囉

彼亦以此佛母仕孔雀明王擁護我幷諸眷屬壽命百年

阿難陀有四藥叉大將住於北方擁護北方所有衆生令離憂苦其名曰

馱囉拏馱囉難努嗢儞度業播路尾瑟努

彼亦以此佛母大孔雀明王擁護我幷諸眷屬壽命百年

阿難陀有四藥叉大將各住四維擁護四維所有衆生令離憂苦其名曰

半止脚半者羅巘拏裟跢儗哩彥麽嚩多
彼亦以此佛母大孔雀明王擁護我幷諸眷屬壽命百年
阿難陀有四藥叉大將常居於地擁護所有地居衆生令離憂苦其名曰
步莫蘇步莫迦囉塢跛迦囉
彼亦以此佛母大孔雀明王擁護我幷諸眷屬壽命百年
阿難陀有四藥叉大將常在空居擁護所有空居衆生令離憂苦其名曰
素哩野素謨阿儗顊嚩庾
彼亦以此佛母大孔雀明王擁護我幷諸眷屬壽命百年
復次阿難陀汝當稱念多聞天王兄弟軍將名號此等常護一切有情爲除災禍厄難
憂苦遊行世間作大利益其名曰
印捺囉素摩嚩嚕拏鉢囉惹跛底娑囉納嚩惹伊舍那室戰娜諾迦莫室噤瑟姹矩顊
建姹顊建姹脚嚩膩麽扼麽扼者咯鉢囉拏那塢跛半止脚娑跢儗哩彥麽嚩多布囉

拏佉儞囉句尾諸遇跛囉藥叉阿吒嚩句曩囉邏閣哈捺囉乞灑娑半者囉巘拏蘇母契儞伽藥叉薩跛哩惹曩唧怛囉細曩濕嚩彥達嚩底哩頗哩左怛哩建吒迦儞伽爍底室左麽多哩

此等藥叉是大軍主統領諸神有大威力皆具光明形色圓滿名稱周徧是多聞天王法兄弟多聞天王常勅此等藥叉兄弟若諸鬼神侵擾彼人者汝等爲作擁護勿使惱亂令得安樂諸藥叉聞巳依教奉行此等藥叉大將亦以此佛母大孔雀明王守護於我幷諸眷屬壽命百年若有鬬諍苦惱之事現我前時願藥叉大將常衛護我幷諸眷屬令離憂苦或爲天龍所持阿蘇囉所持麽嚕多所持誐嚕拏所持彥達嚩所持緊那羅所持摩護囉誐所持藥叉所持羅刹娑所持畢𠶹多所魅比舍遮所魅步多所魅矩伴拏所魅布單那所魅羯吒布單那所魅塞建那所魅嗢麽那所魅車耶所魅阿鉢娑麽羅所魅塢娑跢囉迦所魅諸刹怛囉所魅隸跛所魅爲如是等鬼神所持所魅皆擁護我幷諸眷屬令離憂惱壽命百年

復有諸鬼食精氣者食胎者食血者食肉者食脂膏者食髓者食生者食命者食祭祠者食氣者食香者食鬘者食華者食果者食苗稼者食火祠者食膿者食大便者食小便者食涕唾者食涎者食洟者食殘食者食吐者食不淨物者食漏水者如是鬼魅所惱亂時願佛母明王擁護於我幷諸眷屬令離憂苦壽命百年願見百秋常受安樂若復有人造諸蠱魅厭禱呪術作諸惡法所謂訖㗚底迦羯磨拏迦具㗚那枳囉拏吠跢拏賀嚩娜多嘔度跢多飲他血髓變人驅役呼召鬼神造諸惡業惡食惡吐惡影惡視或造厭書或惡跳惡驀或惡冐逆作惡事時皆擁護我幷諸眷屬令離憂苦又有諸怖王怖賊怖水火等怖或他兵怖惡友刼殺怨敵等怖遭饑饉怖夭壽死怖地震動怖諸惡獸怖如是等怖皆護於我幷諸眷屬

又復諸病疥癩瘡癬痔漏癰疽身皮黑澀飲食不消頭痛半痛眼耳鼻痛脣口頰痛牙齒舌痛及咽喉痛胷脅背痛心痛腰痛肚痛腹痛髀痛膝痛或四肢痛隱密處痛瘦病乾消徧身疼痛如是等痛悉皆除滅又諸瘧病一日二日三日四日乃至七日半月一

月或復頻日或復須臾或常熱病偏斜瘻病鬼神壯熱風黃痰癃或三集病四百四病
一切瘧病如是等病悉令殄滅我今結其地界結方隅界讀誦此經悉令安隱娑嚩賀

復說伽佗曰

令我夜安　晝日亦安　一切時中　諸佛護念

復次阿難陀有十二大畢舍遮女亦應稱名如是鬼女於菩薩處胎時初生時及生已
此等鬼女常爲守護其名曰

覽麼尾覽麼鉢囉覽麼塢覽麼賀哩底賀哩計試賀哩冰孽攞迦哩迦囉里劒母佗哩
嚩迦枳迦攞戍娜哩

此等鬼女有大神力具大光明形色圓滿名稱周徧天阿蘇羅共戰之時現大威力彼
亦以此佛母大孔雀明王眞言守護於我幷諸眷屬壽命百年眞言曰怛儞也佗賀𠼝
佉𠼝麟隸麼黎弭黎母黎麼帝曼膩底計護嚕護嚕護嚕護嚕護嚕護嚕護嚕護嚕弭
膩弭膩弭膩娑嚩娑底娑嚩娑底娑嚩娑底娑嚩賀

阿難陀復有八大女鬼亦應稱名是諸女鬼於菩薩處胎時初生時及生巳此等女鬼常爲守護其名曰

末那麽娜曩麽怒得迦吒塢跛末娜畢嚩底汙惹賀哩阿捨𩕳仡囉薩寧制底

此等女鬼有大神力具大光明形色圓滿名稱周徧天阿蘇羅共戰之時現大威力彼亦以此佛母大孔雀明王眞言守護於我幷諸眷屬壽命百年眞言曰

怛儞也佗賀𡁠佉𡁠齲𡁠麽黎弭黎母黎麽帝曼膩底計護嚕護嚕護嚕護嚕護嚕護嚕護嚕護嚕弭膩弭膩弭膩弭膩娑嚩娑底娑嚩娑底娑嚩娑底娑嚩娑底娑嚩賀

阿難陀復有七大女鬼亦應稱名此諸女鬼於菩薩處胎時初生時及生巳此等女鬼常爲守護其名曰

阿賢嚕儞迦囉乞史底迦質怛哩比舍止迦布囉拏跛捺囉迦阿儗𩕳囉乞史底迦蜜怛囉迦里迦乙𡃤史囉乞史底迦制底

此等女鬼常瞰血肉惱觸於人有大神力具大光明形色圓滿名稱周徧天阿蘇羅共

戰之時現大威力彼亦以此佛母大孔雀明王眞言守護於我幷諸眷屬壽命百年眞言曰

怛儞也佗賀𠺕佉𠺕齲𠺕麽黎弭黎母黎麽帝曼膩底計護嚕護嚕護嚕護嚕護嚕護嚕護嚕弭膩弭膩弭膩弭膩娑嚩娑底娑嚩娑底娑嚩娑底娑嚩娑底娑嚩賀

阿難陀復有五大女鬼當稱彼名此女鬼等於菩薩處胎時初生時及生已此等女鬼常爲守護其名曰

君姹顙君姹難娜尾史努攞劫比攞

此等女鬼有大神力具大光明形色圓滿名稱周徧天阿蘇羅共戰之時現大威力彼亦以此佛母大孔雀明王眞言守護於我幷諸眷屬壽命百年眞言曰

怛儞也佗賀𠺕佉𠺕齲𠺕麽黎弭黎母黎麽帝曼膩底計護嚕護嚕護嚕護嚕護嚕護嚕護嚕弭膩弭膩弭膩弭膩娑嚩娑底娑嚩娑底娑嚩娑底娑嚩娑底娑嚩賀

阿難陀復有八大羅刹女於菩薩處胎時初生時及生已此等羅刹女常爲衛護其名

曰　　　謨賀蘇試矩麽舍乞史計矢漸劒冒餌蘇蜜怛囉路呬跢乞史迦者囉

此等羅刹女有大神力具大光明形色圓滿名稱周徧天阿蘇羅共戰之時現大威力常取童男童女血肉充食入新產家及空宅處隨光而行喚人名字吸人精氣甚可怖畏養恐於人無慈愍心彼亦以此佛母大孔雀明王眞言守護於我幷諸眷屬壽命百年眞言曰　　　怛儞也佗賀嚩佉嚩齲嚩麽黎弭黎母黎麽帝曼膩底計護嚕護嚕護嚕護嚕護嚕護嚕護嚕護嚕弭膩弭膩弭膩弭膩娑嚩娑底娑嚩娑底娑嚩娑底娑嚩娑底娑嚩賀

阿難陀復有十大羅刹女於菩薩處胎時初生時及生已此等羅刹女常爲衞護其名曰　　　賀哩底羅刹女難娜羅刹女冰蘖囉羅刹女餉棄顊羅刹女迦以迦羅刹女禰嚩蜜怛囉羅刹女禁婆囉羅刹女君娜牙羅刹女覽尾迦羅刹女阿曩囉羅刹女

此等羅刹女有大神力具大光明形色圓滿名稱周徧天阿蘇羅共戰之時現大威力彼亦以此佛母大孔雀明王眞言守護於我幷諸眷屬壽命百年眞言曰

怛儞也佗賀𠺁佉𠺁麟𠺁麽黎弭黎母黎麽帝曼膩底計護噜護噜護噜護噜護噜護

噜護噜護噜弭膩弭膩弭膩弭膩娑嚩娑底娑嚩娑底娑嚩娑底娑嚩娑底娑嚩賀

阿難陀復有十二大羅刹女於菩薩處胎時初生時及生巳此等羅刹女常爲衞護其

名曰

無主羅刹女　大海羅刹女　毒害羅刹女　施命羅刹女　明智羅刹女

持弓羅刹女　持爍底羅刹女　持刀羅刹女　持犂羅刹女　持輪羅刹女

輪圍羅刹女　可畏羅刹女

此等羅刹女有大神力具大光明形色圓滿名稱周徧天阿蘇羅共戰之時現大威力

彼亦以此佛母大孔雀明王眞言守護於我幷諸眷屬壽命百年眞言曰

怛儞也佗賀𠺁佉𠺁麟𠺁麽黎弭黎母黎麽帝曼膩底計護噜護噜護噜護噜護

噜護噜護噜弭膩弭膩弭膩弭膩娑嚩娑底娑嚩娑底娑嚩娑底娑嚩娑底娑嚩

賀

阿難陀復有十二天母於諸有情常爲觸惱驚怖欺誑此諸天毋於菩薩處胎時及初生時及生巳此天母等常爲衛護其名曰　　沒囉憾銘嘮捺哩𡃤麽哩吠瑟拏微愛捺哩嚩囉呬𡃤吠哩嚩嚕捉夜弭野嚩葉尾野阿仡顈曳摩賀迦離

此等天母有大神力具大光明形色圓滿名稱周徧天阿蘇羅共戰之時現大威力彼亦以此佛母大孔雀明王眞言守護於我幷諸眷屬壽命百年眞言曰　　怛儞也佗賀𡃤佉𡃤齲𡃤麽黎弭黎母黎麽帝曼膩底計護嚕護嚕護嚕護嚕護嚕護嚕護嚕護嚕弭膩弭膩弭膩娑嚩娑底娑嚩娑底娑嚩娑底娑嚩娑底娑嚩賀

阿難陀復有一大畢舍支女名曰一髻是大羅刹婦居大海岸聞血氣香於一夜中行八萬踰繕那於菩薩處胎時初生時及生巳此羅刹婦常爲衛護彼亦以此佛母大孔雀明王眞言守護於我幷諸眷屬壽命百年眞言曰

怛儞也佗賀𡃤佉𡃤齲𡃤麽黎弭黎母黎麽帝曼膩底計護嚕護嚕護嚕護嚕護嚕護嚕護嚕護嚕弭膩弭膩弭膩弭膩娑嚩娑底娑嚩娑底娑嚩娑底娑嚩娑底娑嚩賀

阿難陀復有七十三大羅刹女彼等於菩薩處胎時初生時及生已此等羅刹女常爲守護其名曰

刧囉羅刹女　鉢努麽羅刹女　麽呬史羅刹女　謨哩迦羅刹女　娜膩迦羅刹女　入嚩攞顭羅刹女　答跛顭羅刹女　羯攞施羅刹女　尾麽囉羅刹女　馱囉抳羅刹女　賀哩室戰捺囉羅刹女　噓呬抳羅刹女　摩哩支羅刹女　護誃拾顭羅刹女　嚩嚕抳羅刹女　迦離羅刹女　君惹囉羅刹女　末囉羅刹女　蘗散寧羅刹女　迦囉離羅刹女　麽蹬儗羅刹女　冰蘗囉羅刹女　頻拏囉羅刹女　具哩羅刹女　巘馱哩羅刹女　矩伴膩羅刹女　迦嘲儗羅刹女　娑囉顭羅刹女　末娜寧羅刹女　阿拾寧羅刹女　食胎羅刹女　食血羅刹女　包齒羅刹女　驚怖羅刹女　沒囉憾彌羅刹女　怛拏業播囉羅刹女　持金剛羅刹女　塞謇那羅刹女　答麽羅刹女　行雨羅刹女　震雷羅刹女　擊聲羅刹女　擊電羅刹女　足行羅刹女　炬口羅刹女　持地羅刹女　黑夜羅刹女　焰摩使羅刹女　無垢羅刹女

不動羅刹女　高髻羅刹女　百頭羅刹女　百臂羅刹女　百目羅刹女　常害羅
刹女　摧破羅刹女　猫兒羅刹女　拏末囉羅刹女　夜行羅刹女　晝行羅刹女
愛粧羅刹女　忿怒羅刹女　留難羅刹女　持刀棒羅刹女　持三叉羅刹女　牙
出羅刹女　意喜羅刹女　寂靜羅刹女　躁暴羅刹女　難多囉羅刹女　呬林摩
羅刹女　青色羅刹女　質怛囉羅刹女
此等七十三諸羅刹女有大神力具大光明形色圓滿名稱周徧天阿蘇羅共戰之時
現大神力彼亦以此佛母大孔雀明王眞言守護於我幷諸眷屬壽命百年眞言曰
怛儞也佗呬哩呬哩弭哩弭哩怛拏多嚩嬭嚩計嚩計護𡃤護𡃤馱囉馱囉賀囉賀囉
左攞左攞祖嚕祖嚕娑嚩賀曩莫薩嚩母馱南娑嚩賀鉢嚩底曳迦母馱南娑嚩賀遏
囉曷擔娑嚩賀每怛𡃤野寫冒地薩怛嚩寫娑嚩賀薩嚩冒地薩怛嚩南娑嚩賀阿曩
誐弭南娑嚩賀塞訖哩娜誐弭南娑嚩賀素嚕跢半曩南娑嚩賀三藐蘖跢南娑嚩賀
三藐鉢囉底半曩南娑嚩賀沒羅憾麼野娑嚩賀印捺囉野娑嚩賀鉢囉惹跛多曳娑

嚩賀伊舍曩野娑嚩賀阿仡曩曳娑嚩賀嚩野吠娑嚩賀嚩嚕拏野娑嚩賀琰麼野娑
嚩賀塢徧捺囉野娑嚩賀吠室囉摩拏野藥乞灑地鉢多曳娑嚩賀地哩多囉瑟吒囉
野彥達嚩地鉢多曳娑嚩賀尾嚕荼迦野禁伴拏地鉢多曳娑嚩賀尾嚕播乞灑野曩
誐地鉢多曳娑嚩賀禰嚩喃娑嚩賀曩誐南娑嚩賀阿蘇囉喃娑嚩賀麼嚕跢喃娑嚩
賀誐嚕拏喃娑嚩賀彥達嚩喃娑嚩賀緊那囉喃娑嚩賀摩護囉誐喃娑嚩賀藥乞灑
喃娑嚩賀囉乞察娑喃娑囉賀畢𠼝跢喃娑嚩賀比舍左喃娑嚩賀部跢喃娑嚩賀禁
伴拏喃業嚩賀布旦曩喃娑嚩賀羯吒布旦曩喃娑嚩賀塞建那喃娑嚩賀嗢麼娜喃
娑嚩賀車耶喃娑嚩賀阿鉢娑麼囉喃娑嚩賀塢娑跢囉迦喃娑嚩賀贊捺囉素哩野
喻娑嚩賀諾乞察怛囉喃娑嚩賀仡囉賀喃娑嚩野乳底釤娑嚩賀乙嘌史喃娑嚩賀
悉馱喃沒囉跢喃娑嚩賀悉地野尾儞也喃娑嚩賀遇哩曳娑嚩賀彥馱里曳娑嚩賀
曩冥里曳娑嚩賀阿蜜嘌跢曳娑嚩賀昝婆頞曳娑嚩賀佐閉置曳娑嚩賀捺囉弭膩
曳娑嚩賀捨嚩哩曳娑嚩賀阿闔嚩捨嚩囉曳娑嚩賀贊拏哩曳娑嚩賀麼蹬儗曳娑

嚩賀曩誐紇哩乃夜野娑嚩賀誐嚕拏紇哩乃夜野娑嚩賀麼曩泉曳娑嚩賀灑拏乞灑拏野娑嚩賀麼捉跋捺囉野娑嚩賀三麼野娑嚩賀摩賀滿多跋捺囉野娑嚩賀鉢囉細囉野娑嚩賀試多嚩曩野娑嚩賀摩賀曩野娑嚩賀難拏馱囉野娑嚩賀試多嚩賀母皆隣娜野娑嚩賀摩賀母皆隣娜野娑嚩賀扇底曳娑嚩賀阿濕嚩訖哩路野娑嚩賀摩賀瘦哩野尾儞野娑嚩賀
如是等大明大眞言大結界大護能除滅一切諸惡願破一切呪術惡業願除滅蠱魅厭禱願除滅訖㘑底迦羯摩拏具㘑那枳攞拏吠多拏質遮畢噤灑迦願除滅塞建那嗢麼那車耶阿鉢娑麼跢囉塢娑跢囉顚狂癎病消瘦疥癬願除滅種種鬼魅諸惡食者願除滅飮佗血髓變人驅役呼召鬼神諸惡業者願除滅諸怖王怖賊怖水火等怖惡友劫殺怨敵等怖兵饑饉天壽死怖地動惡獸及諸死怖願除滅惡食惡吐惡影惡視作厭書者願除滅惡跳惡驀作惡冒逆者願除滅一切瘧病一日二日

歡喜龍王奇妙龍王妙眼龍王妙軍龍王護復拏龍王那母止龍王母止龍王母止隣
陀龍王囉婆拏龍王囉笈婆龍王囉笈婆子龍王室哩龍王山孤龍王濫母嚕龍王有
蠱龍王無邊龍王羯諾迦龍王象羯磋龍王黃色龍王赤色龍王白色龍王醫囉葉龍
王商佉龍王阿跛邏龍王黑龍王小黑龍王力天龍王那羅延龍王劒麽羅龍王石膊
龍王弶伽龍王信度龍王嚩芻龍王枲多龍王吉慶龍王無熱惱池龍王善住龍王醫
羅跋拏龍王持地龍王持山龍王持光明龍王賢善龍王極賢善龍王世賢龍王力賢
龍王寶珠龍王珠咽龍王二黑龍王二黃龍王二赤龍王二白龍王華鬘龍王赤華鬘
龍王犢子龍王賢句龍王鼓音龍王小鼓音龍王菴末囉津龍王寶子龍王持國龍王
增長龍王廣目龍王多聞龍王車面龍王占箄野迦龍王驕答摩龍王半遮羅龍王五
髻龍王光明龍王頻度龍王小頻度龍王阿力迦龍王羯力迦龍王跋力迦龍王曠野
龍王緊質額龍王緊質額迦龍王緝馱迦龍王黑驕答摩龍王蘇摩那龍王人龍王根
人龍王上人龍王摩蹬迦龍王曼拏洛迦龍王非人龍王頞拏迦龍王最勝龍王勝龍

三日四日乃至七日半月一月或復頻日或復須臾或常熱病等願除滅一切瘠癬痔漏癰疽偏邪癭病鬼神壯熱風黃痰癊或三集病四百四病願除滅頭痛半頭痛飲食不消眼耳鼻痛脣口頰痛願除滅牙齒舌痛及咽喉痛胷脅背痛心痛肚痛願除滅腰痛腹痛胜痛膝痛及四支痛隱密處痛及徧身疼痛願除滅龍毒蛇毒藥毒蠱毒一切諸毒悉皆殄滅如是等一切鬼魅惡病生時皆擁護我幷諸眷屬悉令解脫壽命百年

復次阿難陀汝當稱念諸龍王名字此等福德龍王若稱名者獲大利益其名曰

佛世尊龍王梵天龍王帝釋龍王焰摩龍王大海龍王海子龍王娑蘗囉龍王娑蘗囉子龍王摩竭龍王難陀龍王塢波難陀龍王那羅龍王小那羅龍王善見龍王娑蘇枳龍王德叉迦龍王阿嚕拏龍王婆嚕拏龍王師子龍王有吉祥龍王吉祥咽龍王吉祥增長龍王吉祥賢龍王大力龍王設臘婆龍王妙臂龍王妙高龍王日光龍王月光龍王月光龍王大吼龍王震聲龍王雷電龍王擊發龍王降雨龍王無垢龍王無垢光龍王頞洛迦頭龍王跋洛迦頭龍王馬頭龍王牛頭龍王鹿頭龍王象頭龍王濕力龍王

王末攞迦龍王阿嚕迦龍王翳囉龍王翳囉鉢拏龍王阿羅婆喀龍王廢囉婆路龍王摩那私龍王羯句擿迦龍王劫比羅龍王勢婆洛迦龍王靑蓮華龍王有爪龍王增長龍王解脫龍王智慧龍王極解脫龍王毛綖馬勝二龍王翳羅迷囉二龍王難佗跋難佗二龍王阿齒羅龍王大善現龍王徧黑龍王徧蟲龍王妙面龍王鏡面龍王承迎龍王嚧馱囉龍王師子龍王師子洲龍王達弭龍王達弭拏龍王二黑龍王二白龍王二小白龍王

如是等諸大龍王而爲上首及種類眷屬於此大地或時震響或放光明或降甘雨成熟苗稼已曾見如來受三歸依幷受學處脫金翅鳥怖離火沙怖免王役怖常持大地住大寶宮壽命長遠有大勢力富貴自在無量眷屬具大神通能摧怨敵有大光明形色圓滿名稱周徧天與脩羅共戰之時助威神力令天得勝彼諸龍王所有子孫兄弟軍將大臣雜使皆以此佛母大孔雀明王眞言守護於我幷諸眷屬令離憂苦壽命百年我及眷屬若淸淨若不淸淨若迷醉若放逸若行住坐臥若睡覺來去一切時中願

皆擁護我等或爲天怖龍怖阿蘇羅怖麼嚕多怖誐嚕拏怖彥達嚩怖緊那羅怖摩護囉誐怖藥叉所怖羅刹娑怖畢隸多怖比舍遮怖步多所怖矩伴拏怖布單那怖羯吒布單那怖塞建那怖嗢麼那怖車耶所怖阿鉢娑麼囉怖塢娑跢囉迦怖如是等怖悉皆遠離又有諸怖王怖賊怖水火等怖或惡友劫殺怨敵等怖或他兵怖遭饑饉怖天壽死怖地震動怖諸惡獸怖所有一切恐怖之時令我并諸眷屬悉皆解脫復說伽佗曰

令我夜安隱　晝日亦安隱　於一切時中　諸佛常護念

南謨窣覩母馱野南謨窣覩母馱曳南謨窣覩目訖多野南謨窣覩目訖多曳南謨窣覩扇多野南謨窣覩扇多曳南謨窣覩尾目訖多野南謨窣覩尾目訖多曳

諸有淨行婆羅門　能除一切諸惡業　如是等衆我歸依　擁護我身并眷屬

佛母大孔雀明王經卷中。

佛母大孔雀明王經卷下

佛告阿難陀過去七佛正偏知者亦復隨喜宣說佛母明王眞言汝當受持徵鉢尸如來正偏知者亦隨喜宣說此佛大孔雀明王眞言曰

怛儞也佗阿囉孏迦囉孏麼禰麼娜蘖馱寧阿嚩𡀔捨嚩𡀔覩𡀔覩𡀔母𡀔母𡀔捨嚩𡀔鉢囉拏捨嚩𡀔戶止戶止戶止戶止戶止戶止娑嚩賀

復次阿難陀尸棄如來正偏知者亦隨喜宣說此佛母大孔雀明王眞言曰

怛儞也佗壹穌弭穌麟𡀔尾麟𡀔呬哩弭哩計覩母黎嗢嚩𡀔嗢嚩羅嚩底砮謎怒砮謎呬里呬里矩止矩止母止母止娑嚩賀

復次阿難陀毗舍浮如來正偏知者亦隨喜宣說此佛母大孔雀明王眞言曰

怛儞也佗慕哩慕哩計跛知滿膩滿膩底計賀𡀔賀𡀔伽𡀔佉𡀔頗黎頗哩𩕳難帝難底𩕳難底黎捨迦知麼迦知曩孏曩膩𩕳試哩試哩試哩試哩娑嚩賀

復次阿難陀羯句忖那如來正徧知者者亦隨喜宣說此佛母大孔雀明王眞言曰

怛儞也佗呬膩弭膩矩膩母膩覩膩頞孄難帝難底黎爍迦哩斫迦哩佗誐哩多誐哩建左寧建左曩嚩底嚩嚇嚩嚇嚩嚇嚩嚇難帝悉地娑嚩賀

復次阿難陀羯諾迦牟尼如來正徧知者亦隨喜宣說此佛母大孔雀明王眞言曰

怛儞也佗難多黎怛多黎怛多黎多羅姤多黎味嚇尾惹曳尾孺馱嚇阿囉薺尾囉薺尾囉惹麼斯麼底麼哩麼顰門孄試囉門孄入嚩黎入嚩黎入嚩黎入嚩黎跋捺囉嚩底悉地娑嚩賀

復次阿難陀迦攝波如來正徧知者亦隨喜宣說此佛大孔雀明王眞言曰

怛儞也佗頞拏嚇建拏嚇曼拏嚇謇拏嚇染謀染謀曩儞染謀嚩底滿帝曼膩底計阿麼嚇僧係賀囉賀囉賀囉賀囉跛輸跛輸跛輸跛輸跛輸鉢底悉地娑嚩賀

阿難陀我釋迦牟尼如來正徧知者亦隨喜宣說此佛母大孔雀明王眞言爲欲利益諸有情故眞言曰

怛儞也佗呬哩弭哩枳哩弭哩伊哩黎羯怛黎計覩嚩黎阿拏麼哩納脾羼脾沒薩囉計沒薩𪘨怛囉謇禰迦麼哩劒母捺哩怛嚕怛嚕嚩囉抳鉢囉訖哩底能瑟𪘨弭哩多黎伊底賀細阿左黎㘑多黎嚩枳黎嚩致嚩致底計拶吒膽吠嚩囉灑覩禰嚩悉鈿覩滿怛羅鉢那曩謨娑誐嚩妬伊哩惹曳遇怒呬迦曳勃陵誐哩迦曳阿嚕止曩嚕止捺𪘨捺𪘨嚩日㘑捺吒嚩日㘑嚂娜野納納畢哩曳阿攞跢黎矩攞跢夜那囉野抳鉢捨顭娑鉢捨顭悉鈿覩捺攞弭拏滿怛囉鉢娜娑嚩賀

阿難陀我巳敎汝受持佛母大孔雀明王法救莎底苾芻蛇毒之難令彼苾芻獲得安隱亦令一切有情讀誦受持是經獲大安樂壽命百年所求遂願巳如前說

復次阿難陀慈氏菩薩亦隨喜宣說此佛母大孔雀明王眞言曰

怛儞也佗試哩試哩試哩跛捺㘑孺底孺底孺底跛捺㘑賀㘑賀㘑賀哩抳難底捨嚩㘑試吠戍囉播抳顭冒地冒地冒地冒地薩怛吠冒地鉢哩播左抳曳娑嚩賀

阿難陀索訶世界主大梵天王亦隨喜宣說此佛母大孔雀明王眞言曰

怛儞也佗咽哩咽哩弭哩弭哩麼哩顊葬迦哩枳哩枳哩枳哩枳哩枳哩底沒囉
賀麼曳矩嚂擿計尾拏訶普細馱囉馱囉賀攞賀攞普嚕普嚕普嚕普嚕娑嚩賀
阿難陀此眞言能滅一切惡毒能除一切毒類佛力除毒菩薩摩訶薩力除毒獨覺力
除毒阿羅漢力除毒三果四向聖力除毒實語者力除毒梵王杖力除毋帝釋金剛杵
力除毒吠率怒輪力除毒火天燒力除毒水天羂索力除毒阿蘇囉幻士力除毒龍王
明力除毒嚕捺囉三戟叉力除毒塞謇那爍底力除毒佛毋大孔雀明王力能除一切
諸毒令毒入地令我及諸眷屬皆得安隱阿難陀復有一切毒類汝應稱彼名字所謂
跛磋那婆毒訶囉遏囉毒迦囉俱吒毒牙齒毒螫毒根毒末毒疑毒眼毒電毒雲毒蛇
毒龍毒蠱毒魅毒一切鼠毒蜘蛛毒象毒蝦蟆毒蠅毒及諸蜂毒人毒人非人毒藥毒
呪毒如是等一切諸毒願皆除滅令我及諸眷屬悉除諸毒獲得安隱壽命百年願見
百秋
阿難陀帝釋天王亦隨喜宣說此佛毋大孔雀明王眞言曰

怛儞也佗惹邏膳覩黎壓羅膳覩黎佐閉胝膳覩黎末佗𩕳伽多𩕳仡囉薩𩕳賀哩矢
哩儞度底失哩怛嚕怛嚕拏嚩底賀賀賀賀僧係地底地底底矩嚕矩嚕尾囉惹咄
吒咄吒枲䕬吒䕬吒枲悉哩悉哩劫比黎劫比羅母黎賀呬護薩嚩訥瑟吒鉢囉訥瑟
吒喃染婆能迦盧弭曷多播能誐鉢羅底孕誐𩕳蘗囉悍迦嚧弭娑賀怛哩娜勢呬𧝳
吠呬嗢徵儗抳素囉跛底䕬底嚩日囉嚩日囉嚩日囉嚩日囉鉢多曳娑嚩賀

阿難陀四大天王亦隨喜宣說此佛母大孔雀明王眞言曰

怛儞也佗入嚩攞入嚩攞曩答跛答跛曩跛多跛多曩馱麼馱麼曩薩囉薩囉拏矩胝
矩胝母胝母胝弭胝弭胝薩囉薩囉賀囉賀囉怛羅怛羅娜娜娜娜嚩嚩嚩嚩賀
攞賀攞賀攞賀攞悉地悉地悉地悉地娑嚩娑底娑嚩娑底娑嚩娑底娑嚩
娑底娑嚩娑底娑嚩賀

令我幷諸眷屬皆得遠離一切使者琰使者黑夜母天持黑索者及死王所罰梵天所
罰帝釋所罰仙人所罰諸天所罰龍王所罰阿蘇羅所罰麼嚕多罰誐嚕拏罰彥達嚩

罰緊那羅罰摩護囉誐罰藥叉所罰羅刹娑罰畢隸多罰比舍遮罰步多所罰矩畔拏罰布單那罰羯吒布單那罰塞建那罰嗢麼那罰車耶所罰阿鉢娑麼囉罰塢娑跢囉迦罰吠跢拏罰王所罰賊所罰水火所罰於一切處所有讁罰及輕小治罰令我幷諸眷屬皆得遠離常見擁護壽命百年願見百秋

阿難陀汝當稱念諸大河王名字其名曰　殑伽河王信度河王嚩芻河王枲多河王設臘部河王阿吤羅伐底河王琰母娜河王句賀河王尾怛娑多王河設多訥嚕河王徽播捨河王愛嚩伐底河王戰捺囉婆誐河王薩囉娑嚩底河王羯縒比頻河王盃喻史抳河王迦尾哩河王擔沒囉鉢拏河王末度末底河王吠怛囉嚩底河王葢芻伐底河王遇末底河王捺末娜河王燥蜜怛囉河王尾濕嚩蜜怛囉河王阿麼囉河王跢麼囉河王半者囉河王素婆窣堵河王鉢囉婆捺哩迦河王答布多河王尾麼囉河王遇娜嚩哩王泥連繕那河王呬嚫孃襪底河王

如是等諸大河王依此大地而住彼諸河處若天若龍若阿蘇囉摩嚕多誐嚕拏彥達

嚩緊娜囉摩護囉識若藥叉羅刹娑畢隸多比舍遮若步多矩畔拏布單那羯吒布單
那塞建那嗢麼那車耶鉢阿娑麼囉塢娑跢囉迦及食精氣者食胎者食血者食肉者
食脂膏者食髓者食生者食命者食祭祠者食氣者食香者食鬘者食華者食果者食
苗稼者食火祭者食膿者食大便者食小便者食涕唾者食涎者食洟者食殘食者食
吐者食不淨物者食漏水者如是等種種形貌種種顏色隨樂變身諸鬼神等依彼河
住彼等亦以此佛母大孔雀明王皆擁護我并諸眷屬令離憂苦壽命百年常受安樂
阿難陀汝當稱念諸大山王名字其名曰　　妙高山王雪山王香醉山王百峯山
王竭地洛迦山王金脅山王持光山王顊泯達羅山王輪圍山王大輪圍山王因陀羅
石山王梵宅山王有吉祥山王善現山王廣大山王出寶山王多蟲山王寶頂山王出
金脇山王阿蘇囉巖山王毗摩質多羅山王電光山王馬耳山王月光山王日光山王
摩羅耶山王頻陀山王賢石山王質怛囉矩吒山王金峯山王播哩耶怛囉山王妙臂
山王有摩尼山王蘇曬那山王梵嶺山王智淨山王牛耳山王摩羅質怛囉山王劍形

山王炎熱山王安繕那山王積聚山王鹿色山王達達山王罽羅娑山王大帝山王
如是等諸大山王居此大地於彼等山所有天龍阿蘇囉麼嚕多誐嚕拏彥達嚩緊那
囉摩護囉誐藥叉囉刹娑畢㗚多比舍遮步多矩畔拏布單那羯吒布單那塞建那嗢
摩那車耶阿鉢娑麼囉塢娑跢龍迦諸鬼神等及持明大仙并諸營從眷屬住彼山者
亦皆以此佛母大孔雀明王擁護於我并諸眷屬壽命百年除滅惡事常覩吉祥離諸
憂惱復說伽陀曰

令我夜安隱　晝日亦安隱　於一切時中　諸佛常護念

孔雀陀汝當稱念諸星宿天名號彼星宿天有大威力常行虛空現吉凶相其名曰

昴星及畢星　觜星參及井　鬼宿能吉祥　柳星爲第七

此等七宿住於東門守護東方彼亦以此佛母大孔雀明王常擁護我并諸眷屬壽命
百年離諸憂惱

星宿能摧怨　張翼亦如是　軫星及角亢　氐星居第七

此等七宿住於南門守護南方彼亦以此佛母大孔雀明王常擁護我幷諸眷屬壽命

百年離諸憂惱

房宿大威德　心尾亦復然　箕星及斗牛　女星爲第七

此等七宿住於西門守護西方彼亦以此佛母大孔雀明王常擁護我幷諸眷屬壽命

百年離諸憂苦

虛星與危星　室星壁星等　奎星及婁星　胃星最居後

此等七宿住於北門守護北方彼亦以此佛母大孔雀明王常擁護我幷諸眷屬壽命

百年離諸憂惱阿難陀汝當稱念有九種執曜名號此執曜天巡行二十八宿之時能

令晝夜時分增減世間所有豐儉苦樂皆先表其粗其名曰

日月及熒惑　辰歲幷太白　鎭及羅睺彗　此皆名執曜

此等九曜有大威力能示吉凶彼亦以此佛母大孔雀明王常擁護我幷諸眷屬壽命

百年復以伽陀讚諸星宿

宿有二十八　四方各居七　執曜復有七　加日月爲九　總成三十七

勇猛大威神　出沒照世間　示其善惡相　令晝夜增減　有勢大光明

皆以淸淨心　於此明隨喜

此等星宿天皆亦以此佛母大孔雀明王常擁護我幷諸眷屬壽命百年

阿難陀汝當稱念諸大仙人名號此諸仙人皆持成就禁戒常修苦行皆具威德有大光明或住山河或居林藪欲作善惡呪願吉凶隨言成就五通自在遊行虛空一切所爲無有障礙汝當稱念其曰

阿瑟吒迦大仙𡅏麼迦大仙𡅏麼儞𡅏大仙摩利支大仙末建嬭耶大仙種種友大仙婆私瑟佗大仙跋臘弭迦大仙迦葉波大仙老迦葉波大仙勃陵隅大仙勃哩囉娑大仙鴦儗囉大仙婆儗囉娑大仙阿怛𠻆耶大仙補攞悉底耶大仙遲頭大仙焰摩火大仙洲子大仙黑洲子大仙賀哩多大仙賀哩多子大仙等聲大仙高勇大仙等高勇大仙說忍大仙名稱大仙善名稱大仙尊重大仙黃大仙補怛洛迦大仙阿濕𡅏攞野那

大仙香山大仙雪山大仙赤目大仙難住大仙吠陝播野那大仙嚩攬弭迦大仙能施大仙訥摩娑大仙設臘婆大仙麼努大仙主宰大仙帝釋大仙歲星大仙嬌大仙光大仙鸚鵡大仙阿羅禰彌大仙鎮星大仙辰星大仙持毒大仙乾陀羅大仙獨角大仙仙角大仙蘖誐大仙單拏野那大仙建姹野那大仙烟頂大仙可畏大仙劫比羅大仙喬答摩大仙摩蹬伽大仙朱眼大仙妙眼大仙娜囉那大仙山居大仙訖哩弭囉大仙

此等諸仙皆是往古大仙造四明論善閑呪術衆行備成自佗俱利彼亦以此佛母大孔雀明王擁護我幷諸眷屬壽命百年離諸憂惱復說眞言曰

怛儞也佗呬哩呬哩呬哩佉哩麼哩護哩素哩賀哩呬哩呬哩弭哩弭哩囁普囁普拏囁普仡囉薩頞沫陀頞諾賀頞伽多頞跛左頞播左頞播多頞跢跛頞賀曩頞娜賀頞娜賀娜賀娜賀娜囉娜囉娜囉頞播吒頞邏賀頞謨賀頞娑擔婆頞呰婆頞娑嚩賀

阿難陀汝當稱念此大地中有大毒藥名字其名曰

頞拏囉半拏囉迦囉攞計度囉部蹬誐麼部多鉢底泯弩鉢底悉哩鉢底帝惹鉢底帝

祖仡囉鉢底拽戍鉢底拽戊仡囉鉢底阿囉拏多囉拏阿囉赧怛囉拏難跢諾賀濟賀濟邏發邏虞邏止囉難覩囉伊哩枳止迦捨旦覩囉尾補里曩矩哩枳哩比怛喞誐哩瑟吒闍母麼底昝母麼底麼度麼底迦麼黎尾麼黎軍拏黎阿呬覩呬嚩計嚩迦努帝嚩攃曩陛摩賀誐黎覩覽迷蘇覽迷

阿難陀此大毒藥及諸藥神亦以此佛母大孔雀明王守護我幷眷屬壽命百年離諸毒害

復次阿難陀此佛母大孔雀明王敎七正徧知如來之所宣說所謂微鉢尸尸棄毗舍浮羯句忖那羯諾迦牟尼迦葉波我釋迦牟尼正徧知等皆隨喜宣說此佛母大孔雀明王慈氏菩薩亦隨喜宣說索訶世界主大梵天王幷天帝釋四大天王持國天王與彥達嚩主增長天王與矩畔拏主廣目天王與龍主多聞天王與藥叉主幷二十八大藥叉將皆隨喜宣說此佛母大孔雀明王眞言般支迦大將訶利底底及五百子幷諸眷屬亦隨喜宣說阿陀難此佛母大孔雀明王眞言無能違越者若天若龍若阿蘇囉

麽嚕多誐嚕拏彥達嚩緊那囉摩護囉誐等亦無能違越者若藥叉若囉剎娑若畢㘑畢比舍遮步多矩畔拏布單那羯吒布單那塞建那嗢麼那車耶阿鉢娑麽囉塢娑足羅迦等一切鬼神亦無能違越者及一切諸惡食者食精氣者食胎者食血者食肉者食脂膏者食髓者食生者食命者食祭祠者食氣者食香者食鬘者食華者食果者食苗稼者食火祠者食膿者食大便者食小便者食涕唾者食涎者食洟者食殘食者食吐者食不淨物者食漏水者如是等諸惡食者亦不能違越此佛母大孔雀明王又諸蠱魅厭禱呪術諸惡法者訖嘌底迦羯麼拏迦具嘌那枳剌拏吠跢拏質者畢㘑灑迦亦不能違越又有飲他血髓變人驅役呼召鬼神造諸惡業惡食惡吐惡影惡視或造厭書惡跳惡驀或惡冒逆作惡事者亦不能違越此佛母大孔雀明王又諸王賊水火佗兵饑饉非時夭壽地動惡獸怨敵惡友等亦不能違越悉皆遠離又諸惡病疥癩瘡癬痔漏癰疽身皮黑澀飲食不消頭痛半痛眼耳鼻痛脣口頰痛牙齒舌痛及咽喉痛胷脅背痛心痛肚痛腰痛勝痛及胜膝痛手足四支及隱密處痛瘦病乾消徧身疼痛

如是等痛亦不能違越皆得遠離又諸瘧病一日二日三日四日乃至七日半月一月或復頻日或復須臾或常熱病偏邪瘿病鬼神壯熱風黃痰癊或三集病四百四病皆不能違越此佛母大孔雀明王

阿難陀復有鬼魅人非人等諸惡毒害一切不祥及諸惡病一切鬼神幷及使者怨敵恐怖種種諸毒及以呪術一切厭禱皆不能違越此摩訶摩瑜利佛母明王常得遠離一切不善之事獲大吉祥衆聖加持所求滿足復次阿難陀若有人纔稱念此摩訶摩瑜利佛母明王名字者便護自身及護佗人或結線索身上帶持如其此人應合死罪以罰物得脫應合被罰輕杖得脫應合輕杖被駡得脫應合被駡戰悚得脫應合戰悚自然解脫一切苦難悉皆消散此人亦不被王賊水火恐毒刀杖之所侵害人天鬼神無敢違越㬔安覺安離諸恐怖福德增長壽命延長

阿難陀唯除宿世定業必受報者但讀此經必獲應効

阿難陀若天旱時及雨澇時讀誦此經諸龍歡喜若滯雨卽晴若亢旱必雨令彼求者

隨意滿足

阿難陀此佛母大孔雀明王纔憶念者能除恐怖怨敵一切厄難何況具足讀誦受持必獲安樂

阿難陀此摩訶摩瑜利佛母明王是能除灾禍息怨敵者爲欲守護四衆苾芻苾芻尼鄔波索迦斯迦鄔波斯迦離諸怖畏故復說眞言曰

怛儞也佗野嚩底馱𩕳囉枳矩嚕覩嚕銘娑嚩賀

貪欲瞋恚癡　是世間三毒　諸佛皆已斷　實語毒消除　貪欲瞋恚癡

是世間三毒　達磨皆已斷　實語毒消除　貪欲瞋恚癡　是世間三毒

僧伽皆已斷　實語毒消除　一切諸世尊　有大威神力　羅漢具名稱

除毒令安隱　我等幷眷屬　常得離災厄　願佛母明王　令一切安隱

爾時具壽阿難陀聞佛世尊說是經已頂禮雙足右繞三帀承佛聖旨往莎底苾芻所便以此佛母大孔雀明王法爲彼苾芻而作救護結其地界結方隅界攝受饒益除其

苦惱時莎底苾芻苦毒消散身得安隱從地而起與具壽阿難陀俱詣佛所禮雙足已在一面立爾時世尊告阿難陀由此因緣汝當普告四衆苾芻苾芻尼鄔波索迦鄔波斯迦及國王大臣世間人等勸令一心受持此法爲佗人說書寫經卷在處流通當令嚴飾建立壇場香華飲食隨分供養令一切有情離諸憂惱得福無量常獲安樂壽命百年爾時世尊說是經已人天藥叉及諸鬼魅奉佛教勑不敢違越皆起慈心護持經者時具壽阿難佗及諸大衆天龍藥叉彥達嚩阿蘇羅摩嚕多蘗嚕拏緊那囉摩護囉誐人非人等聞佛所說皆大歡喜信受奉行

佛母大孔雀明王經卷下。

天阿蘇羅藥叉等　來聽法者應至心　擁護佛法使長存　各各勤行世尊教

諸有聽徒來至此　或在地上或居空　常於人世起慈心　日夜自身依法住

願諸世界常安隱　無邊福智益群生　所有罪業並消除　遠離衆苦歸圓寂

恒用戒香塗瑩體　常持定服以資身　菩提妙華徧莊嚴　隨所住處常安樂。』

（註）孔雀經は大祕密經なるが故に假名を附し難し、特志者には直接傳授を以て口傳す。

此の孔雀經は修驗道に於て最も尊崇すべき神典にして、役行者《エンノゲウジヤ》神變大菩薩は此の經に依りて呪力を得られ、仙道を成就して所謂る『**持明仙**』となり而して以て空中をば自在に翔飛したまへりと云ふ最も有難き御經なり。妄《みだ》りに他人に傳授すべからず。

◉右は『**孔雀明王の法**』に依る空中飛翔術なりしが、次には『**文珠菩薩の法**』に依る飛翔術をば傳授せん。其の法は卽ち『金剛頂經瑜伽文珠師利菩薩品』に『此ノ像前ニ對シ如法ニ念誦シテ此ノ言ヲ作ス諸法ハ自性念誦ノ數ヲ成就シ**五千萬遍**ヲ滿ズレバ卽チ無盡ノ辨方ヲ得テ文珠師利菩薩等ノ如ク**虛空ニ翔騰シ**求ムル所ノコト悉ク成就ヲ得』云々とあるを本據とするものにして、卽ち一週日の間、濟戒沐浴、斷食斷欲、圖の如き文珠菩薩の畫像を祭りて左の

『文殊經』を五千萬遍唱へよ。

『佛《ぶつ》說《せつ》文《もん》殊《じゆ》師《し》利《り》五《ご》字《じ》瑜《ゆ》伽《が》根《こん》本《ぽん》祕《ひ》密《みつ》大《だい》智《ち》神《しん》咒《じゆ》大《だい》陀《だ》羅《ら》尼《に》經《けう》。如《によ》是《ぜ》我《が》聞《もん》一時《じ》佛《ぶつ》住《じゆ》王《はう》舍《しや》城《ぜう》耆《ぎ》闍《しや》崛《くつ》山《さん》中《ちう》與《よ》大《だい》比《び》丘《く》衆《しゆ》千二百五十人俱《にんぐ》復《ぶ》菩《ぼ》薩《さつ》摩《ま》訶《か》薩《さつ》然《ぜん》爲《い》上《せう》首《しゆ》普《ふ》賢《けん》菩《ぼ》薩《さつ》與《よ》一萬菩《ぼ》薩《さつ》衆《しゆ》俱《く》爾《に》時《じ》佛《ぶつ》告《とう》普《ふ》賢《けん》菩《ぼ》薩《さつ》釋《しやく》梵《ぼん》諸《しよ》天《てん》一切《さい》聲《せう》聞《もん》龍《りう》神《じん》八部《ぶ》人《にん》非《ぴ》人《にん》等《とう》汝《によ》等《とう》四衆善之《しうぜんし》諦聽《たいてう》於《な》會《ね》中在《ちうさい》我《が》本師《ほんじ》大慈《だいじ》大悲《だいひ》智惠《ちえ》辨才《べんさい》一切《さい》功德《くどく》成就圓滿《ぜうじゆえんまん》大悲《だいひ》闡提大菩薩《せんだいくぼさつ》名曰《めうわう》文殊師利《もんじゆしり》童子《どうじ》菩薩《ぼさつ》者《しや》過去《かこ》久遠《くおん》之《し》大導師《だいどうし》三世《ぜ》諸《しよ》佛出生智母《ぶつしゆつせうちぼ》十方如來《じつぱうによらい》發心《ほつしん》薩埵《さつた》雖然《すいねん》爲《い》助諸佛《じよしよぶつ》行化《げうけ》或現《わくけん》菩薩《ぼさつ》身《しん》或現《わくげん》聲聞《せうもん》身《しん》或現《わくげん》辟支佛《ひやくしぶつ》身《しん》或現《わくげん》種々《しゆしゆ》身形《しんげう》相貌《そうほう》一切衆生《さいしゆせう》全入佛道《ぜんにうぶつどう》爲《い》欲守護《よくしゆご》利益《りやく》安樂《あんらく》諸《しよ》有《う》情《ぜう》故《こ》能《のう》受持《じゆじ》諸金剛密陀羅尼經《しよこんごうみつだらにけう》若有善男子《にやくうぜんなんし》善女人《ぜんによにん》能受持《のうじゆじ》者《しや》入如來智《にうによらいち》入如來惠《にうによらいゑ》一切《さい》功《く》德成就圓滿《どくぜうじゆゑんまん》所以《しよい》者何《しやか》此《し》總持《そうじ》者能除怖畏《しやのうじよふゐ》無《む》病自《べうじ》在身心安樂故《ざいしんしんあんらくこ》證《せう》三摩《ま》地《ち》三昧法《まいほう》門卽其《もんそくご》咒曰《しゆわう》アラハシャノウ復次《ぶじ》佛告諸菩薩《ぶつとうしよぼさつ》諸大衆言善男子《しよだいしうごんぜんなんし》善女人此《ぜんによにんし》五字咒《じしゆ》者是《しやぜ》大神咒是《だいしんしゆぜ》大明咒是《だいめうしゆぜ》無《む》上咒是《ぜうしゆぜ》無《む》等々咒《とうとうしゆ》若有淨信善男子《にやくうぜうしんぜんなんし》善女人誦持此咒者《ぜんによにんづじししゆしや》

文殊菩薩

現身獲得智惠《げんしんきやくとくちゑ》辨才聽明勇健《べんさいてうめうゆうごん》若復有《にやくぶう》人《にん》纔誦《さんづ》一遍《へん》成就《ぜうじゆ》一切《さい》八萬寶藏《ほうぞう》十二部《ぶ》經《けう》一切陀羅尼《さいだらに》一切《さい》三摩地《まち》門所以《もんしよい》者何《しやか》此《し》五字《じ》呪者《しゆしや》一切諸佛甚深祕密呪始《さいしよぶつじんしんひみつしゆし》成正覺初《ぜうせうかくしよ》法門也《ほうもんや》何《か》況《けう》數遍《しゆへん》功德《くどく》利益《りやく》不可《ふか》勝計《せうけ》若復有《にやくぶう》人《にん》閑處《かんしよ》靜室《ぜうしつ》淸淨《せうく》洗浴《せんよく》著《じやく》新《しん》淨衣《ぜうゑ》懺悔《さんげ》業障《ごうせう》三諦《さい》五戒能持《かいのうじ》不《ふ》犯至《ぼんし》心歸《しんな》命《めう》誦《づ》五十萬遍者《まんべんしや》二世《せ》所願成就圓滿閉《しよがんぜうじゆゑんまんへい》三惡道《あくどう》開《かい》涅槃門《ねはんもん》爾時《にじ》世《せ》尊而《そんに》說偈《せつげ》言文殊大聖尊《ごんもんじゆたいせうそん》十方諸佛師《ほうしよぶつし》歸依《きゑ》供養者超諸佛供養受持《くやうしやてうしよぶつくやうじゆじ》此呪者得値《ししゆしやとくち》五十億現在《おくげんざい》十方佛常憶念是《ほうぶつぜうおくねんぜ》人《にん》一切《さい》受生處常遇善知《じゆせうしよぜうぐうぜんち》識《しき》心《しん》所欲須者《しよよくしゆしや》一切皆吉祥若諸女人受持《さいかいきつせうにやくしよによにんじゆじ》此《し》經者捨離《けうしやしやり》女人形轉生智《によにんげうてんせうち》男身得男子《なんしんとくなんし》身已《しんい》則成於《そくぜうお》菩《ぼ》提轉無《だいてんむ》上法輪隨意《ぜうほうりんずいい》入涅《にうね》槃佛說此《はんぶつせつし》經已《けうい》則起《そくき》三昧《み》觀察大衆重告衆言善男子《かんさつだいしゆぢうこくしゆごんぜんなんし》等至《とうし》心能聽我《しんのりてうが》成正覺利《ぜうせうがくり》益安樂《やくあんらく》一切《さい》衆生文殊師《しゆぜうもんじゆし》利《り》敎誡敎授威《けうかいげうじゆい》神之《しんし》力譬《りきひ》如《によ》一切世間《さいせけん》少兒《せうに》現在父《げんざいふ》母《も》此《し》大吉祥菩《だいきちせうぼ》薩大悲《さつだいひ》恩德廣大甚深不《おんどくこうだいじんしんふ》可《か》計《け》數爾時《しゆにじ》大衆諸天龍神夜《だいしゆしよてんりうじんや》叉羅《しやら》刹人非《せつにんひ》人等聞佛所說皆大歡喜《にんとうもんぶつしよせつかいたいかんぎ》信受奉《しんじゆぶ》行作《けうさ》禮而《らいに》去《こ》、佛說文殊經《ぶつせつもんじゆけう》』。

勿論この七日間は其の道場の入口を嚴重に密閉し、他人をして絶對に道場内を窺《うか》がわしむるべからず。

◉斯くて愈々飛翔せんと思はゞ、前の孔雀法の時と同樣に香爐に香を焚きて股《また》の下へ置き、心に孔雀明王の畫像の觀念を凝らし、手に『**孔雀空中飛翔の祕印**』卽ち、虛心合掌し二中指を二無名指の背後につけ二頭指を屈して二大指を捻じ而して二小指と二藥指と二中指と（二藥指と二中指とは組んだまま）の六本をば水中を泳ぐ時の魚の口の如く、開閉させるなり。手に斯樣な印を結びつつ、口に『**大莊嚴孔雀明王翔飛經**』と稱する左の祕密經を百〇八遍、唱へよ。但し此の經文も前の孔雀經と同樣、神聖にして侵すべからざる大祕密なれば之に假名《かな》を附《つ》けること能はず。敢て知らんと熱望する特志者には直接面會の上これを口授せん。

『**大莊嚴孔雀明王翔飛經**』

佛告阿難佗若諸世間所有災禍逼惱刀兵饑饉亢旱疾疫四百四病憂惱鬪諍及八

萬四千鬼魅嬈惱有情所求世間出世間勝願多有障礙者皆由無始已來貪愛無明虛妄分別三毒煩惱不了實相積集不善感招如是種種災難阿難佗是故我今爲彼讀誦佛母大孔雀明王經者及一切災厄衆生復說畫像法及建立道場供養儀軌若依此法轉讀是經一切災難皆得消除所有願求隨意滿足阿難佗若有苦惱災難起時或彼國王及諸王子大臣妃后及苾芻苾芻尼善男子善女人等爲除災故或於王宮或於勝地或於清淨伽藍或隨本所居宅舍依法淨地掘深一肘除去瓦礫地中穢物塡滿淨土築令平正其土本淨却用塡之若土有餘其地殊勝應泥拭清淨建立道場作五肘方壇高四指量三重布位或以彩畫或用五色粉成於內院中心畫八葉蓮華於蓮華胎上畫佛母大孔雀明王菩薩頭向東方白色著白繒輕衣頭冠瓔珞耳璫臂釧種種莊嚴乘金色孔雀王結跏趺坐白蓮華上或靑蓮華上住慈悲相有四臂右邊第一手執開敷蓮華第二手持俱緣果左邊第一手當心掌持吉祥菓第二手執三五莖孔雀尾從佛母右邊右旋周帀蓮華葉上畫七佛世尊從微鉢尸如來次第布列

乃至釋迦及慈氏菩薩等皆頭向外坐各住定相至西北角第八葉上畫慈氏菩薩左手執軍持右手揚掌向外作施無畏勢又於蓮華葉外內院四方畫四辟支佛皆作佛形頂有肉髻亦住定相又於四隅畫四大聲聞從東北隅畫阿難佗次東南隅畫羅睺羅次西南隅畫舍利弗次西北隅畫大目乾連皆著乾佗袈裟偏袒右臂此皆中院次第二院畫八方天王幷諸眷屬東方畫帝釋天王執金剛杵與諸天衆圍遶次東南方畫火天王左手執軍持右手施無畏與五通苦行仙衆圍遶次南方畫焰摩天王執焰摩幢與焰摩界鬼衆圍遶次西南方畫羅刹主勢刀與諸羅刹衆圍遶次西方畫水天持羂索與諸龍衆圍遶次西北方畫風天王執幢幡與諸持明仙衆圍遶次北方畫多聞天王執寶棒與諸藥叉衆圍遶次東北方畫伊舍那天執三戟叉與諸步多鬼衆圍遶此皆是第二院次第三院從東北隅右旋周市畫二十八大藥叉將各與諸鬼神衆圍遶及畫宿曜十二宮神次第三院外周市用香泥塗拭布以荷葉葉上安置供養食器所謂乳糜酪飯飲食果子等皆以阿波羅𠯆多明王眞言加持香水散灑布列四邊

供養及以諸漿砂糖石蜜石榴蜜漿等而奉獻之壇上散白色華於四角置酥燈四盞四門各置二淨器滿盛香水於壇東安佛母大孔雀明王像其畫像法如前畫壇唯不安界道即是中院聖衆燒沈香和香等佛養東方天衆應燒白膠香而爲供養南方天衆以紫鑛芥子及鹽相和燒之供養西方天衆以酥和安息香燒之供養北方天衆應燒薰陸香而供養之持誦者於壇西面敷茅薦爲座或坐庳脚床子題飾經案置於壇前以諸香華供養經卷應如是布列轉讀經者可三五人乃至七人更替相續晝夜不令經聲間斷要在絕語言除數內一人明閑敎法呪師指撝取與祇對作法結印啓請賢聖餘人但當至心讀經唯在徧數多般重發願依三十七尊禮懺三時或六時其道場或一日或二日三日乃至七日一切災禍悉皆殄滅除不至心轉經者或在家或是出家人每日澡浴清淨著新淨衣初起首時對着場前虔誠一心禮諸聖衆先以印契眞言依敎請召一切佛菩薩及諸天衆如法供養說所求事慇懃啓告願垂加護普爲一切苦難衆生廣發大願然後結跏趺坐以塗香塗手先結三昧耶印二手右押左外

相叉作拳直竪二中指頭相柱即成結印當心誦三昧耶眞言七徧眞言曰

唵三麼野娑怛鑁

即以此印加持自身四處所謂心額喉頂頂上散印次結金剛鉤菩薩印准前三昧耶印以二頭指屈如鉤向身招不間斷誦眞言七徧普召諸佛菩薩諸天鬼神一切聖衆眞言曰

唵嚩日朗矩尸阿羯茶徵羯茶娑嚩訶

由結此印誦眞言請召一切聖衆不違本誓皆來赴集

次結阿波羅㖃多明王印用結地界結方隅界二手右押左内相叉直竪二中指頭相柱即以印頂上右旋三匝隨心遠近便成結界誦七徧眞言曰　　唵虎嚕虎嚕戰拏里摩蹬岐娑嚩訶

次結普供養一切聖衆印二手右押左相叉合掌十指互交上節即成結印當心誦七徧頂上散印眞言曰

曩莫三滿多勃馱南薩嚩佗欠嚂娜孽帝娑頗囉呬𤚥誐誐曩劍娑嚩訶

由結此印及誦眞言能於一一佛菩薩諸聖衆前及於無量諸佛刹土成辦一切廣大供養

次結佛母大孔雀明王印二手右押左內相叉二小指二小指各直竪頭相拄即成結印當心誦眞言七徧如前以印加持四處頂上散印眞言曰

唵麽庾囉訖蘭帝娑嚩訶

次捧香爐奉獻啓請告聖衆說所求事如是依法請召供養巳然後起悲愍心爲拔濟衆生苦難故轉讀此經每日中前換諸供物應結阿波羅尒多明王印誦本眞言以印頂上左旋一帀暫解其界換供養巳即如前次第再迎請結界如是依敎供養轉讀此經所有災難亢旱疾疫鬼魅厭禱惡毒災障種種苦難必得除滅所有祈願無不遂心我巳廣說畫像壇場供養儀軌竟若不辨如是塗畫壇場或有急速災難至可隨自力分於一淨處以瞿摩夷塗地作一方壇隨意大小磨白檀香塗作圓壇九位中安佛像

及以三五莖孔雀尾豎於壇上隨時燒香散花乳糜酪等供養聖衆但虔誠一心轉讀此經或一偏或三偏乃至七偏或一日或二日一切厄難悉得消除所有祈願皆得圓滿

爾時阿難佗聞佛尊爲當來世一切苦難有情說此讀誦大孔雀明王經法頂戴受持禮佛而退。』

然らば三密瑜伽の力に依つて行者の肉體は徐ろに空中に翔騰するものなり。

◉これを以て空中飛翔術の傳授は終りぬ。此の祕法は千金を以てするも他人に傳授し得らるべきものに非ず。諸子たるもの、堅く之を祕密となし以つて已《おの》が勤修に努めよや。南無行者神變大菩薩、南無行者神變大菩薩、南無行者神變大菩薩!!

『火の卷』終了

第四巻　極傳の部

魔の巻

弘法大師の御眞筆

神《あら》験《たか》や「魔の巻」

靈術道場

◉あら難有《ありがた》や天《あめ》の七神《なゝかみ》國常立尊《くにとこだちのこみと》、國狹槌尊《くにさづちのみこと》、豐斟渟尊《とよくんねのみこと》、泥土《うひち》煑《に》沙土煑尊《すいちにのみこと》、大《おほ》戸導大苫邊尊《とのちおほとまべのみこと》、面足惶根尊《おもたまかしこねのみこと》、伊弉諾《いざなぎ》伊弉冊尊《いざなみのみこと》。あら尊《とう》とやな地《ち》の五神《いつつかみ》天照皇《あまてらす》大神《おほみかみ》、正哉吾勝々速日《まさやあかつかつはやひ》天忍穗耳尊《あまのおしほみみのみこと》、天津《あまつ》彥々火瓊々杵尊《ひこひこほのにゝぎのみこと》、彥火々出見尊《ひこほゝでみのみこと》、彥《ひこ》波瀲《なぎさ》武《たけ》鸕鷀《うがや》草葺不合尊《ふきあわせずのみこと》。あら畏《かし》こやな八百萬《やほよろづ》の神たち、伊勢大神宮、石淸水男《いわしみつをとこ》

山《やま》八幡《はん》宮、上賀茂《かみがも》神社、下賀茂神社、松尾神社、平野神社、稲荷神社、春日神社、大原野神社、大神々社、石上神社、大和神社、廣瀬神社、龍田神社、住吉神社、日吉神社、梅宮神社、吉田神社、廣田神社、祇園神社、北野神社、丹生《によ》大神宮、貴布禰《きよね》神社などの二十二社の神々、及び諸國一宮《いちのみや》、賀茂下上大明神、三輪《みわ》大明神、枚岡《ひらおか》大明神、大鳥神社《おほとりのじんじや》、敢國《あへくにの》神社、都波岐《つはきの》神社、伊射波《いさはの》神社、眞《ま》清田《すみだの》神社、砥鹿《とかの》神社、已等乃麻知《ことのまち》神社、淺間神社、寒川神社、氷川神社、安房神社、玉前神社、香取神宮、鹿島神社、南宮神社、水無神社、南方刀美《みなとみの》神社、二荒山神社、氣比神社、白山比咩神社、度津神社、出雲神社、伊和神社、土佐神社、大山祇神社、與土日女神社、阿蘇神社などの神々よ、

榊葉《サカキハ》ヤ神津《カミツ》シダイノ四垂《シデ》アレバ
天地《テンチ》別《ワカ》レテ神《カミ》ゾ集《アツ》マル

あら難有や神々よ、集まり給へ降りたまへ。而して我れに無限の神験と法力とを與へ給へ。

◉第三卷に於て空中飛翔の術を傳授せり。されば次に『火《ひ》火《ひ》火《ひ》火《ひ》火《ひ》火《ひ》火《ひ》火《ひ》火《ひ》火《ひ》の術』とも稱すべき極祕の神術をば傳授せん。諸子よ夫れ襟《えり》を正《たゞ》し謹しんで之を聞け。此の術は又の名を『焰《ほのを》の舞《まひ》』とも稱し或は『火《ひ》の舞《まひ》』とも云ひ神道に於ては『火《ひ》渡《わた》り神樂《かぐら》』とも稱せらる。卽ち此の祕法は昔《むかし》木花開耶姫《このはなさくやひめの》命《みこと》が無戸《うつ》室《むろ》の火中に祈誓《うけ》ひ給ひし神蹟を本據とするものにして最も祕密に屬する大法なり。行者たるもの謹しみ敬まひて此の法を行なはば炎々たる火焔の上を自在に舞ひ歩み以て衆人をして驚嘆せしむる事を得べし。

◉其の法は先づ淸らかなる土地へ荒薦《あらこも》を布《し》き、其の上へ、一面に鹽《しほ》を一寸ぐらゐの厚さに撒《ま》き、而して其上へ能く枯れたる眞木《まき》を長さ三尺五寸、太《ふと》さ直徑一寸ほどに切りて圖の如く五行形に順次百十五本積み重ね、而して中央の陷穴へ大なる白紙の御幣（串の長さは八尺）卽ち『白幣』を立て、周圍の五個の穴へ小なる『五行《ごげう》の御幣《ごへい》』を差し立てるべし。五行の御幣とは青色紙を以て造れる御幣、卽ち『青幣』、赤色紙を以てせるもの卽ち『赤幣』、黒色紙にて造れるもの卽ち『黒幣』、黄色紙にてせるもの卽ち『黄幣』、

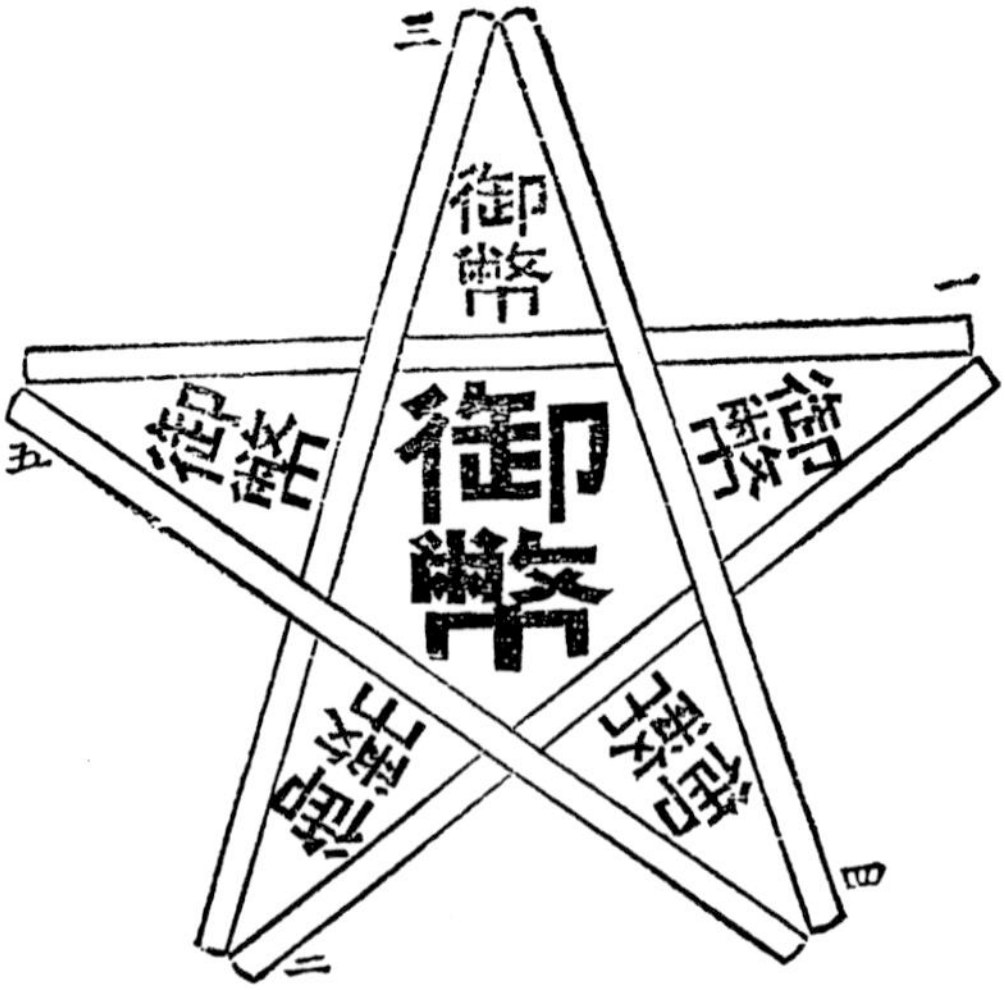

紫色紙にてせるもの卽ち『紫幣』の五本の御幣なり。今この五本の小御幣（串の長さは三尺にす）を造りて順次に五個の穴へ立てるなり。

◉準備終らば先づ威儀を正して行法に移る。即ち其の前に薦《こも》を敷き、行者は白装束に身を清めて其上に坐り、

一、先ヅ拍掌シテ嚴ソカニ左ノ『焰の祝詞』ヲ唱フ、

『是《コレ》ノ神籬《ヒモロギ》ニ招奉《オギマツ》リ齊《イハ》ヒ奉《タテマツ》ル言《イ》ハマクモ鳴呼《アヤ》ニ恐《カシコ》キ火《ヒ》ノ神靈《ミタマ》ト坐《マ》ス火産靈大《オムスビノオホ》神《カミ》、水《ミヅ》ノ神靈《ミタマ》ト坐《マ》ス罔象女大神《ミツハノメノオホカミ》ヲ始《チ》キ奉《タテマツ》リテ、天地《アメツチ》ノ八百萬神等《ヤホヨロヅノカミタチ》ノ御前《ミマヘ》ニ恐《カシコ》ミ惶《カシヨ》ミ白《マチ》サク、榊葉《サカミバ》ノ數多《カズオホ》キ神事《カムワザ》ノ中《ナカ》ニ別《ワキ》テ重《イカシ》ク恐《カシコ》キ焰《ホノホ》ノ舞《マヒ》ノ大行事《オホキワザ》ヲ仕《ツカ》ヘ奉《タテマツ》ラムト忌斧《イミオノ》モテ大峽《オホカヒ》小峽《コカヒ》ノ眞木《マキ》ヲ八段《ヤキダ》ニ打切《ウチキ》リ百束《モヽツカ》ニ取束《トリツカ》ネテ御庭《ミニハ》ノ眞中《マナカ》ニ打積置《ウチツミオ》キテ今日《ケフ》ノ吉日《ヨキヒ》ニ嚴《イヅ》ノ忌火《イミビ》ヲ打鑽《ウチキ》リテ燒《タ》キ騰《ア》グル烟《ケムリ》ハ八重《ヤヘ》雲《グモ》ノ棚引《タナビ》ク如《ゴト》ク大地《オホツチ》ノ底津岩根《ソコツイワネ》モ焦《コガ》ルマデ伊燒《イタ》キ凝《コ》ラシテ火《ヒ》ノ舞奏《マヒカナ》デ火《ヒ》ノ中《ナカ》ウチ渡《ワタ》リテ誠意《マゴコロ》ノ底《ソコ》ヒ伊這《イハ》ヒ拜《ホロ》ガミ奉《マツ》ル事《コト》ノ狀《サマ》ヲ阿那憐《アナイトシ》ト見行《ミツナハ》シ阿那愛《アナメグシ》ト思行《オモホ》シ坐《マ》シテ嚴速《イヅハヤ》キ伊都《イツ》ノ大靈德《オホヨツ》ヲ垂給《タレダマヒ》テ四方八方《ヨモヤモ》ニ打散《ウチチラ》ス火《ヒ》ノ花《ハナ》ノ赤《アカ》キ大御心《オホミココロ》ニ民草《タミグサ》ノ心《ココロ》ヲ神習《カムナラハ》シメ給《タマ》ヒ打渡《ウチワタ》ル火炎《ホノホ》ニモ燒《ヤ》クル事《コト》ナキ神隨《カムナガラ》ノ眞《マコ》

誠《ト》ノ大道《オホミチ》ヲ賤《フマ》シメ給《タマ》ヒテ皇神等《スメカミタチ》ノ大稜威《オホミイツ》ヲ彌高《イヤタカ》ク世《ヨ》ニ響《ヒビ》カセ給《タマ》ハム事《コト》ハ更《サラ》ナリト恐《カシコ》ミ恐《カシコ》ミモ祈禱《ノミ》ノ稱辭《タタヘゴト》ヲ竟奉《ヘマツラ》マクト白《マチ》ス』。（拍掌）

一、次ニ眞木壇ニ火ヲツケル

一、次ニ聲荒々《アラ〱》シク左ノ『**鎭火の祝詞**《ほしづめとりと》』ヲ、何回モ何回モ續誦シツツ、火ノ周圍ヲバ數十回トナク巡ルベシ、

『高天原《タカマガハラ》ニ神留坐《カムツマリマ》ス皇親神漏義神漏美《スメラガムツカムロギカムロミ》ノ命《ミコト》ヲ持《モチ》テ皇御孫命《スメミマノミコト》ハ豐葦原《トヨアシハラ》ノ水穗國《ミヅホノクニ》ヲ安國《ヤスクニ》ト平《タヒラケ》ク所知食《ソロシメセ》ト天下所寄奉《アメノシタヨザシマツリ》シ時《トキ》ニ事寄奉《コトヨザシマツリ》シ天都詞太詞事《アマツノリトノフトノリゴト》ヲ以《モ》テ申《マヲサ》ク、神伊佐奈伎《カムイザナギ》、伊佐奈美《イザナミ》ノ命《ミコト》、妹背二柱《イモセフタハシラ》、嫁繼給《トツギタマヒ》テ國《クニ》ノ八十國《ヤソグニ》、島《シマ》ノ八《ヤ》十島《ソジマ》ヲ生給《ウミタマ》ヒ、八百萬神等《ヤホヨロズノカミタチ》ヲ生給《ウミタマ》ヒテ、麻奈弟子《マナオトゴ》ニ火結神《ホムスビノカミ》ヲ生給《ウミタマ》ヒテ美保斗《ミホト》被燒《ヤカエ》テ石隱坐《イハカクリマシ》テ夜七夜《ヨハナナヨ》、晝七日《ヒハナヌカ》、吾《ア》ヲ奈見給《ナミタマ》ヒソ、吾奈妹《アガナセ》ノ命《ミコト》ト申給《マヲシタマ》ヒキ、此七日《コノナヌカ》ニハ不足《タラズ》テ隱坐《カクリマス》コト奇《アヤシ》トテ見所行《ミソナハ》ストキ火《ヒ》ヲ生給《ウミタマヒ》テ御保斗《ミホト》ヲ所燒坐《ヤカエマシ》キ、如是時《カカルトキ》ニ吾名妹命《アカナヤノミコト》ノ吾《ア》ヲ見給《ミタマ》フナト申《マチ》スヲ吾《ア》ヲ見阿波多志給《ミアハタシタマヒ》ツト

申給《マヲシタマヒ》テ、吾名妹命《アガナセノミコト》ハ上津國《ウハツクニ》ヲ所知食《シラス》ベシ吾《ア》ハ下津國《シタツクニ》ヲ所知《シラ》ムト白《マヲシ》テ石隠《イハガクリ》給《タマヒ》テ與美津《ヨミツ》枚坂《ヒラサカ》ニ至坐《イタリマシ》テ所思食《オモホシメサ》ク、吾名妹命《アガナセノミコト》ノ所知食《シロシメ》ス上津國《ウハツクニ》ニ心惡子《ココロアシキコ》ヲ生置《ウミオキ》テ來《キ》スト宣答《ノリタマヒ》テ返坐《カヘリマシ》テ更《サラ》ニ子《ミコ》ヲ生給《ウミタマ》フ、水神《ミヅノカミ》、匏《ヒサゴ》、川菜《カハナ》、埴山姫《ニニヤマヒメ》四《ヨ》種《クサ》物《モノ》ヲ生給《ウミタマヒ》テ此《コ》ノ心惡《ココロアシ》キ子《コ》ノ心《ココロ》、荒《アラ》ビソバ、水神《ミヅノカミ》、匏《ヒサゴ》、埴山姫《ハニヤヤヒメ》、川菜《カハナ》ヲ持《モチ》テ鎭奉《ツズメマツ》レト事敎悟給《コトオシヘサトシタマ》ヒキ、依此《コレニヨリ》テ稱辭竟奉《タタヘゴトラヘマツリ》クハ此里《コノサト》ニ御心一速《ミココロイチハヤ》ビ給《クマ》ハジト爲《シ》テ種々《クサ〴〵》ノ幣《ミテクラ》ヲ置所足《オキタラハシ》テ天津《アマツ》祝詞《ノリト》ノ太祝詞《フトノリ》事以《ゴトチモ》テ此辭竟奉《タタヘゴトチヘマツラ》クト惶《カシコ》ミ惶《カシコ》ミ白《マヲ》ス』。

一、次ニ火ニ向ヒテ『**大元水妙々《だいげんすいめう〳〵》の秘法《ひほう》**』卽チ『**火《び》伏《ぶ》せの術**』ト稱スル秘術ヲ行ナフベシ。此ノ術ヲ使ヘバ火ノ中ニ入リテモ熱ク感ゼザルナリ。但シ之ハ最モ祕密ノ大神術ニシテ玆ニハ傳授シ難キヲ以テ『最高口傳書』ニ讓ル。

一、次ニ火中ヘ鹽ヲ澤山撒ク、

一、次ニ『**大海の秘法**』ト『**大月の秘法**』トヲナス。此ノ二種ノ祕法ハ、卽チ焔々タル火中ヲバ渺々タル大海原ナリト觀念シ、我身ヲバ秋夜ノ青空ニ澄ミ渡ル大月輪ナリト觀念スルモノニシテ卽チ一心決定ノ大祕決ナリ。先ヅ『大海の祕法』トハ左右二手ノ大指端ト大指端、頭指端ト頭指端ヲ、各々《オノ〱》、突合《ツキア》ハセテ圓形ヲナシ、餘ノ六指ヲ以テ内縛拳ノ如クス、之ヲ『大海の印』ト云フ。

此ノ印契ヲ結ビナガラ、三摩地念誦ノ方法ヲ以テ『今遣《イマゾ》月乃《ツキノ》出潮《デシウ》仁《ニ》天《デ》、此所《ココ》卽《スナハチ》大《オウ》海也《ウミナリ》』ト念唱ス。之ヲ『大海の祕法』又ハ『海印三昧』トモ云ナリ。次ニ『大月の祕法』トハ又『月印三昧』トモ稱シ、其ノ法ハ手ニ『大月の印』ト云フ印契ヲ結ビテ『我也《ワレヤ》月《ツキ》、月也《ツキヤ》我《ワレ》仁《ニ》天《テ》、今也《イマヤ》出潮《デシ》乃《ノ》海中《ウミナガ》仁《ニ》立《タ》津《ツ》』ト默唱スルナリ。

『大月の印』トハ第二卷ニテ傳授セシ『日輪の印』ヲ結ビテ二小指、二藥指、二中指チ離散セズニ、屈メルナリ。

一、而シテ『イヤーッ』ト大聲ニ掛聲《カケゴヘ》シテ素足《ハダシ》デ火中ヘ飛ビ入リテ左ノ神歌ヲ嚴ソカニ唱ヘナガラ、

民草《タミグサ》ノ罪《ツミ》ニ代《カワ》リテ燃《モ》ヘ昇《ノボ》ル
煙《ケムリ》ゾ神《カミ》ノ姿《スガタ》ナリケレ。

左手ニ御幣、右手ニ鈴《スヾ》ヲ振リ乍ラ所謂ル『焔の舞』ヲバ舞ヒ廻ルベシ。此ノ舞ヒ方ハ圖ニ其ノ足跡《アシアト》ヲ示セル如ク先ヅ(一)ヨリ(二)ニ歩ミ(二)ヨリ(三)ニ、(三)ヨリ(四)ニ、(四)ヨリ(五)ニ、各々ソノ矢ノ方向ニ刻足シ、(五)ヨリ渦ノ如クニ迂曲シテ(六)ニ到リ、而シテ(六)ヨリ(七)ニ至リテ一旦《イツタン》、火ノ外《ソト》ニ出デ、更ニ(四)

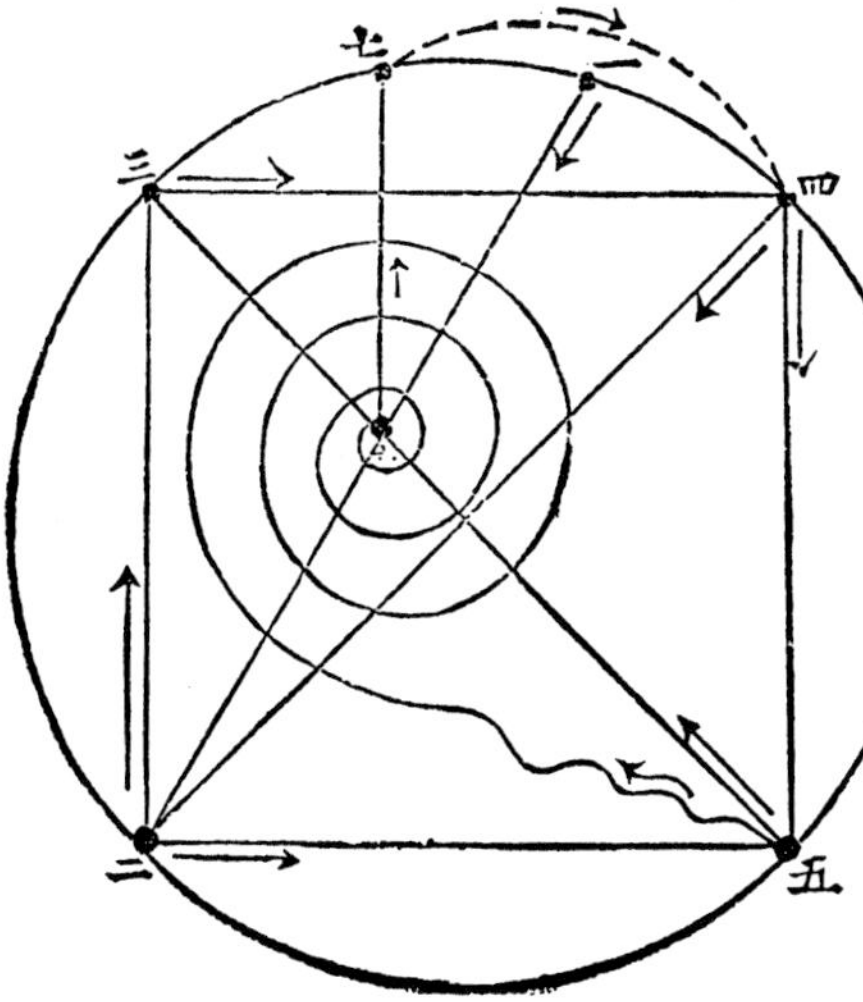

ヲ起點トシテ十文字ニ舞ヒ通ル、卽チ(四)ヨリ(二)ニ、(二)ヨリ(五)ニ、(五)

ヨリ(三)ニ歩ムナリ。

◉火の舞は實に神嚴なる秘術にして太古より眞言、修驗、兩部神道などに於て盛に行なはれ來りし所のものなり。今も尙ほ日向國に『火舞神社《ヒノマヒジンシヤ》』と稱する神社のありて、昔より代々この秘法が傳はる。今玆に傳授せるものは實に此の神社の法流なりとす。右の秘法に於て火中に必ず鹽を撒くことを忘るべからず、鹽は水神の結晶し給へる所のものにして實に淨の極であり淸の極であるなり。されば火中に鹽を撒くは勿論、此の秘法を行なふ前に當りて鹽水を以て全身の沐浴をなし、以つて心身の不淨を除く事もまた大切なりとす。

◉次に『**五大夜叉明王三昧術**』と稱する大秘術を傳授せん。此の術を用ふる時は實に强烈なる靈力を發現するものにして有らゆる多數の神驗も之に依て行なふ事を得るなり。彼の『**河水逆流**』卽ち洋々として流るる河の水を一喝に依て靜止せしめ果ては逆にさへ流れしむる神術、及び『山嶽崩壞術』卽ち崔嵬たる大巖峯をば一睨に依て瓦壞せしむる秘術『渡刄の神術』卽ち鋭利なる刀の刄の上を素足で歩む術及び『飛鳥念力墜落術』卽ち飛ぶ鳥を一喝に依て墜落せしむる法驗、或は『樹木枯凋術』と稱して青々と繁る草木を一睨に依て枯れ凋《しぼ》ましむる秘法、『火生三昧の術』と稱して念力のみにて大火炎を起す神術、或は『雲行變換術』と稱して雲行の方向を自在に變化せしむるの術、或ひは『火藥爆發術』と稱して念力のみを以て火藥を爆發せしむるの術、或ひは『浪逆鎭靜術』と稱して逆まく怒濤を一喝に依て鎭靜せしめ、『逆浪招起術』と稱して鏡の如き靜かなる水面に俄かに大なる波浪を起さしむるの術、『魔力波指頭流出術』と降して行者の手端より神力波を流出せしめ、之を病人の身體に觸れさせて其の病氣を治癒せしむるの術、『不動明王現身術』と稱して、不動尊の姿を眼前に現はす術、『卽身成佛の術』と稱して自分の身體をば神佛の姿に見せる祕法、其他『**木葉念力落葉術**』と稱して念力のみにて樹木の葉をバラ〳〵と落葉せしめ、庭の立樹を數十尺離れたる所より念力にてバサ〳〵と動かせ、『**流星の神驗**』と稱して一睨に依て星を飛ばしめ、『**念力騰寫術**』と稱して、數百枚の白紙へ一時に同樣の文字を現はし、『**驅車停止術**』と稱して疾驅せる車類を一喝に依て停車せしめ、『**消燈の祕術**』と稱して念力のみを以て燈火を吹き消すなど、驚嘆すべき數多の奇蹟は皆な此の『五大明王三昧の術』に依つて行なひ得るなり。『五大明王三昧術』の神驗や何ぞ夫れ驚くべきかな。

◉扨て此の偉大なる祕術を行はんとするには如何にすべきか。今より謹んで其の方法を皆傳せん。此の法をなさんとするものは一巻二巻に述べたる基礎的實修法を綜へ、且つ其の上に『**法華經二十八品の修法**』、或ひは『**修**

題目曼荼羅の圖

驗道二十八番神妙法蓮華經法』とも稱すべき修法と『水割り法』と稱する修法とをなさゞるべからず。其の法は二十八日間に法華經二十八品の修法をするなり。即ち山籠して洞穴《ほらあな》の中へ圖の如き『題目《だいもく》曼《まん》荼《だ》羅《ら》』を祭り、二十八日間、斷食水行をなしつつ此の題目曼荼羅を本尊として之を拜《をが》んで修法するなり。而して此の洞穴は上から冷《つめ》たき水滴が、ピタリ〳〵と落つる所ならざる可らず。卽ち洞穴の中で岩蔭から水滴がピタリ〳〵と落ちる下に端坐しつつ毫も動ずる事なく二十八日間修法を續けるなり。但し此の水滴は澤山落ちては効なし、澤山なれば凌《しの》ぎ易《やす》けれど、僅かに二滴か三滴か、ポチッ……ポチッ……と襟元《えりもと》に落ち來るは實に堪へ難き苦痛にして、一時間も續けて瀧に打たれるよりも搖かに苦痛なり。此の苦痛に堪え忍んで修法すればこそ其所《そこ》に始めて强烈なる神力を得らるるものなれば行者たるもの、よろしく好んで此の苦痛に堪えざる可らず。此の水滴の落下する下に端坐して怺《こら》へる修行を『**水滴の修法**』と云ふ。

◉斯く『水滴の修法』をなしつつ正面に祭れる題目曼荼羅を睨んで二十八日間、

手に『二十八金剛の邪印』を結び、口に法華經の二十八品を誦し、心に『修驗道二十八明神の秘觀』を凝らせて三密瑜伽の修法をなすなり。例之へば第一日目には、手に第一金剛『鈴の邪印』を結び續け、心に『熱田大明神』の觀を凝らせつつ、一日中、何回となく法華經第一『序品』をば繰返し〳〵唱ふ又、第二日目には、一日中、手に第二金剛『王の邪印』をば結び續け心に『諏訪大明神』の秘觀を凝らせつつ、法華經第二『方便品』を何回となく唱へるなり。斯くの如くして順第廿八日に及ぶものにして即ち左の如し、

◉『二十八金剛の邪印』は、

▼第一日目……『**金剛鈴の邪印**』……

▼第二日目……『金剛王の邪印』……

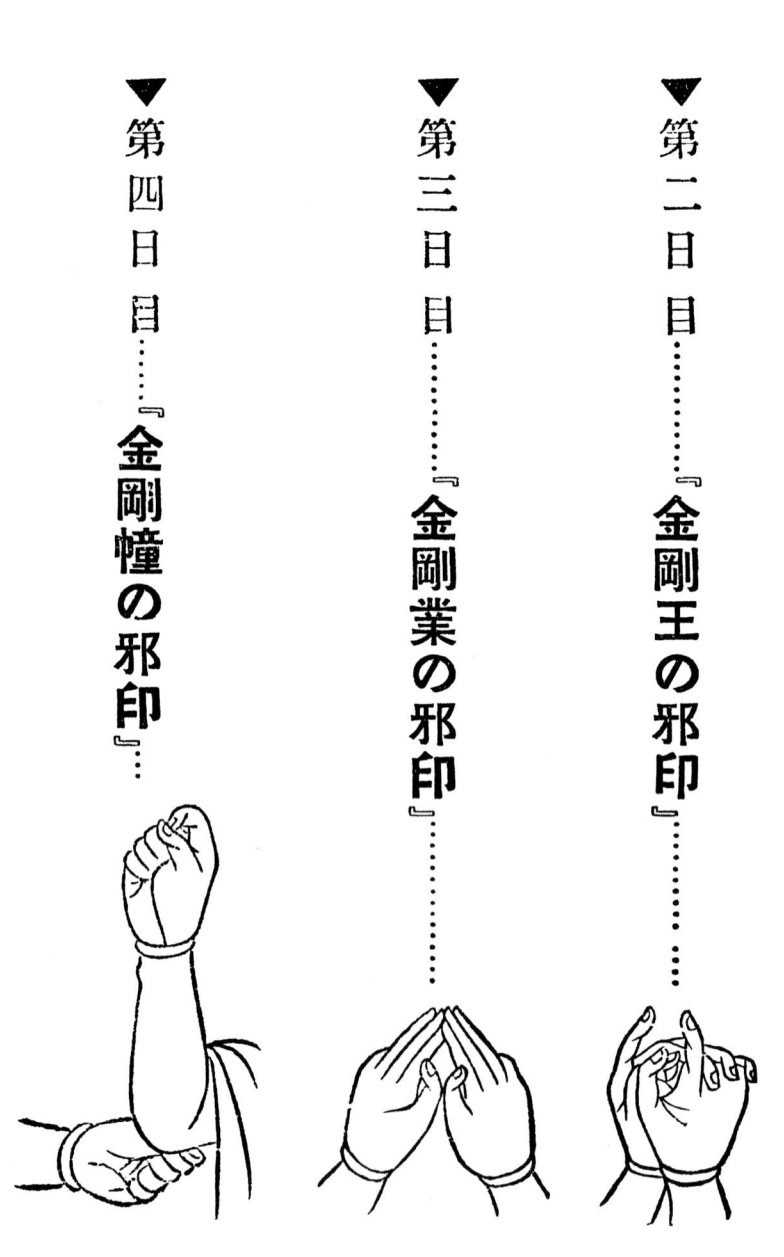

▼第三日目……『金剛業の邪印』……

▼第四日目……『金剛幢の邪印』……

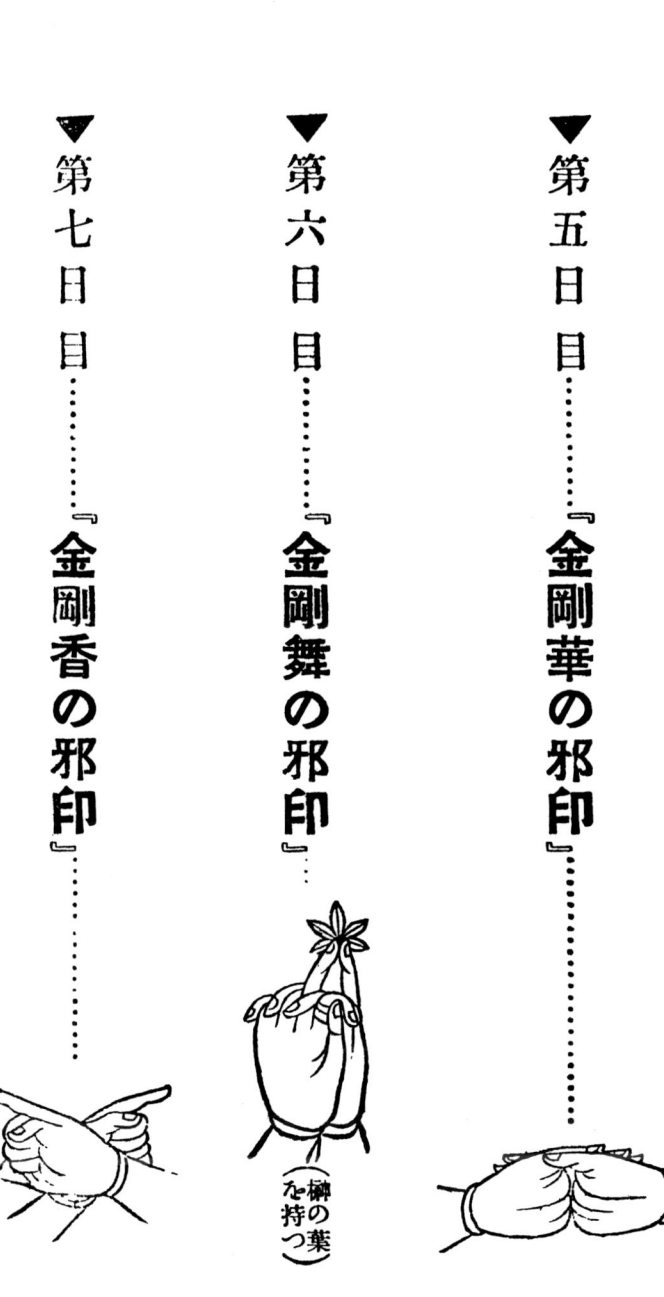

▼第五日目……『金剛華の邪印』……

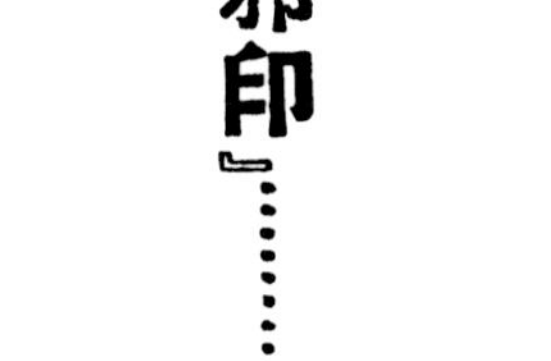

▼第六日目……『金剛舞の邪印』……

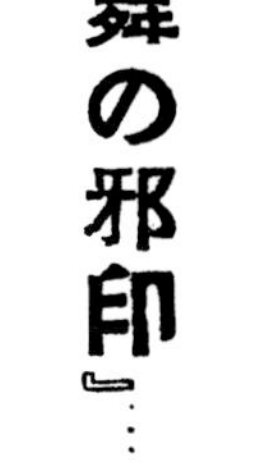

（榊の葉を持つ）

▼第七日目……『金剛香の邪印』……

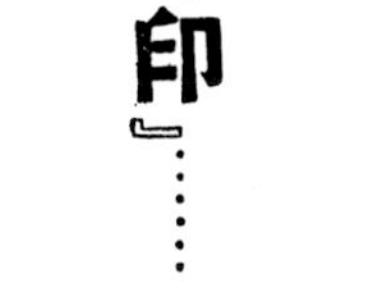

▼第八日目……『金剛牙の邪印』……

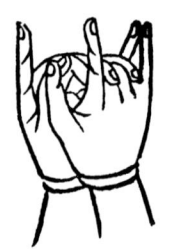

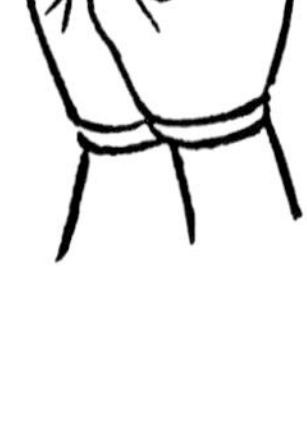

▼第九日目……『金剛歌の邪印』……

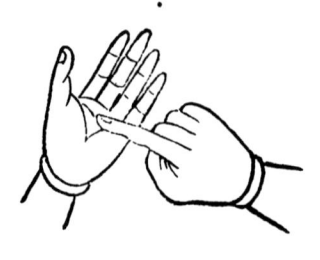

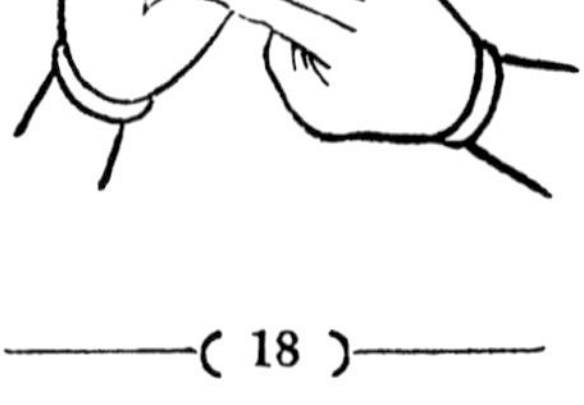

▼第十日目……『金剛因の邪印』……

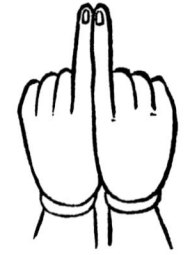

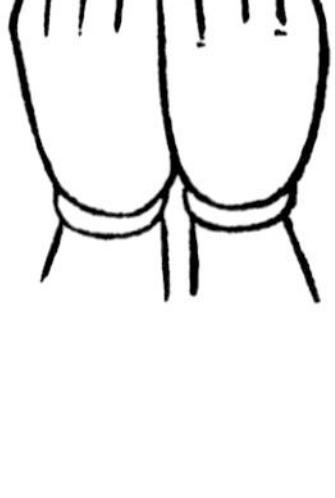

▼第十一日目……『金剛愛の邪印』……

▼第十二日目……『金剛光の邪印』……

▼第十三日目……『金剛喜の邪印』……

▼第十四日目……『金剛鉤の邪印』……

▼第十五日目……『金剛寶の邪印』……

▼第十六日目……『金剛笑の邪印』……

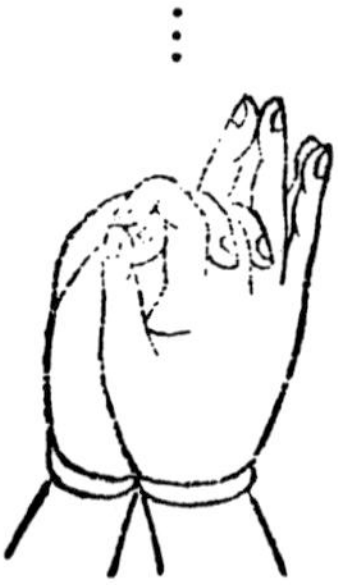

▼第十七日目……『金剛髪の邪印』……

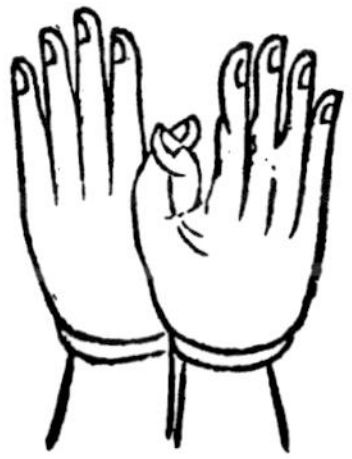

▼第十八日目……『金剛法の邪印』……

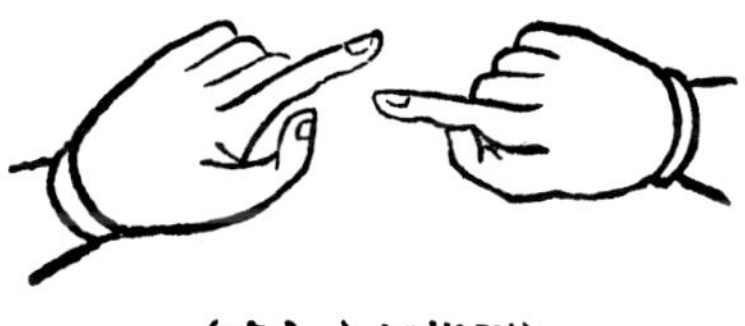

（両指頭をグル〱と廻す）

▼第十九日目……『金剛戯の邪印』……

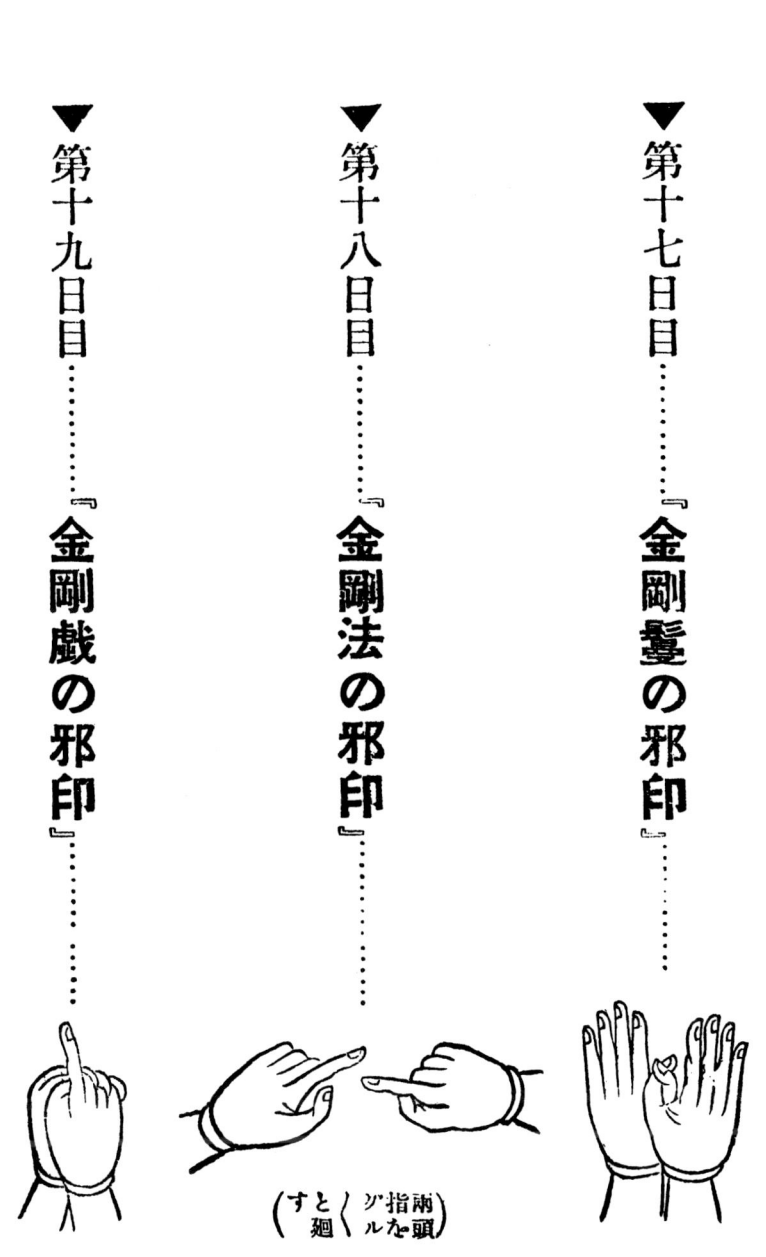

▼第廿日目……『金剛燈の邪印』……

▼第廿一日目……『金剛拳の邪印』……

▼第廿二日目……『金剛鋭の邪印』……

▼第廿三日目……『金剛利の邪印』……

▼第廿四日目……『金剛護の邪印』……

▼第廿五日目……『金剛鑠の邪印』

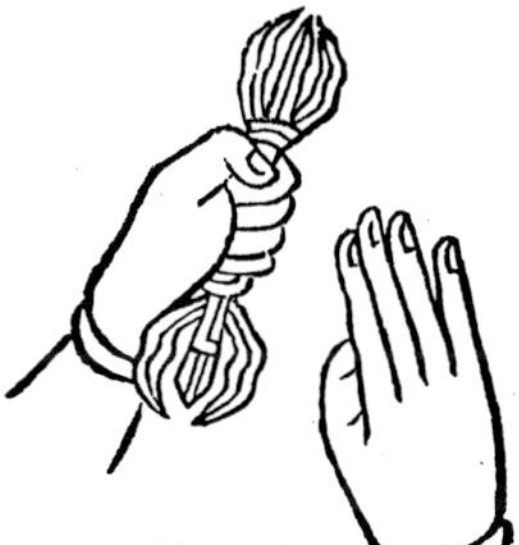

（左手に三古杵と云ふ物を持ち右手で扇ぐ。三古杵は本道場に中込めば須つ。三古杵は大魔力を發現せしむ眞言宗の佛具なり）

▼第廿六日目……『金剛藏の邪印』……

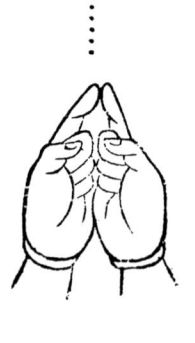

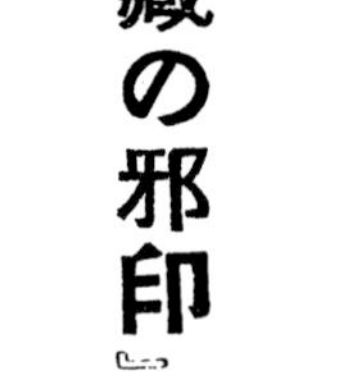

▼第廿七日目……『金剛語の邪印』……

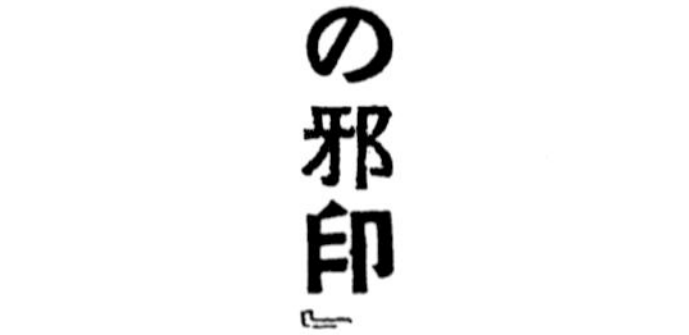

▼第廿八日目……『金剛索の邪印』……

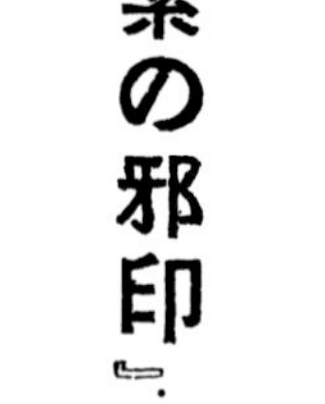

◉法華經廿八品とは、

▼第一日目……『妙法蓮華經序品』……を讀む、

▼第二日目……『妙法蓮華經方便品』……を讀む、

▼第三日目……『妙法蓮華經譬喩品』……を讀む、

▼第四日目……『妙法蓮華經信解品』……を讀む、

▼第五日目……『妙法蓮華經藥草喩品』……を讀む、

▼第六日目……『妙法蓮華經授記品』……を讀む、

▼第七日目……『妙法蓮華經化城喩品』……を讀む、

▼第八日目……『妙法蓮華經五百弟子受記』……を讀む、

▼第九日目……『妙法蓮華經授學無學人記品』……を讀む、

▼第十日目……『妙法蓮華經法師品』……を讀む、
▼第十一日目……『妙法蓮華經見寶塔品』……を讀む、
▼第十二日目……『妙法蓮華經提婆達多品』……を讀む、
▼第十三日目……『妙法蓮華經勸持品』……を讀む、
▼第十四日目……『妙法蓮華經安樂行品』……を讀む、
▼第十五日目……『妙法蓮華經從地漏出品』……を讀む、
▼第十六日目……『妙法蓮華經如來壽量品』……を讀む、
▼第十七日目……『妙法蓮華經分別功德品』……を讀む、
▼第十八日目……『妙法蓮華經隨喜功德品』……を讀む、
▼第十九日目……『妙法蓮華經法師功德品』……を讀む、

▼第廿日目……『妙法蓮華蓮常不經菩薩品』……を讀む、
▼第廿一日目……『妙法蓮華經如來神力品』……を讀む、
▼第廿二日目……『妙法蓮華經囑累品』……を讀む、
▼第廿三日目……『妙法蓮華經藥王菩薩本事品』……を讀む、
▼第廿四日目……『妙法蓮華經妙音菩薩品』……を讀む、
▼第廿五日目……『妙法蓮華經觀世音菩薩普門法』……を讀む
▼第廿六日目……『妙法蓮華經陀羅尼品』……を讀む、
▼第廿七日目……『妙法蓮華經妙莊嚴王本事品』……を讀む、
▼第廿八日目……『妙法蓮華經普賢菩薩勸發品』……を讀む、

但し、右各品の本文は長文につき玆に之を省略し、志望者には直接敎授を以て傳授す。

◉『修験道二十八明神の秘観』は左の如し。但し各神號の文字は金色に輝ける鮮《あざ》やかなる文字に観想し、玉《たま》もまた朱色の莊嚴なる形に観想す。

▼第一日目……熱田大明神

▼第二日目……諏訪大明神

▼第三日目……廣田大明神

▼第四日目……氣比大明神

▼第五日目……氣多大明神

▼第六日目……鹿島大明神

▼第七日目……北野大明神

▼第八日目……江文大明神

▼第九日目……貴船大明神

▼第十日目……天照皇太神

▼第十一日目……八幡大明神

▼第十二日目……加茂大明神

▼第十三日目……松尾大明神

▼第十四日目……大原大明神

▼第十五日目……春日大明神

▼第十六日目……平野大明神

▼第十七日目……日吉大明神

▼第十八日目……稲荷大明神

▼第十九日目……二荒山大明神

▼第廿日目……淺間大明神

▼第廿一日目……住吉大明神

▼第廿二日目……祇園大明神

▼第廿三日目……赤山大明神

▼第廿四日目……健部大明神

▼第廿五日目……三上大明神

▼第廿六日目……兵主大明神

▼第廿七日目……苗鹿大明神

▼第廿八日目……吉備大明神

◉上述の如くして廿八日間の修法も無事に終りなば次には『水割り法《みついり》』と稱する修法をせざる可らず。これは先づ茶椀に水を滿たして台の上に載せ、行者は一間ほど距《へだた》りたる所にて劍術で所謂る『靑眼《せいがん》の構《かまへ》』をなし、茶椀を睨みつつ大喝一聲、全身の念力を奮ひ起して『エイッ』と叫べば、茶椀の中の水は眞中《まんなか》から二つに割れてパッと外《そと》に溢れ出るなり。これを熟達すれば水が溢れるのみならず茶椀が倒れ、つひには茶椀が眞《ま》つ二《ぷた》つに割れるに到るものなり。前述の廿八日間の修法を經たる者ならば、此の術は敢て難事にあらず。よろしく何回も〳〵此の法を行なひて、よく熟達するを要す。諸子よ、今日只今より直ちに之が實修に、とりかかれ。切にすすむ。

◉以上『法華經二十八員の修法』を終へて尙ほ『水割り法』にも成巧すれば玆に始めて『五大明王の祕術』を行なふの資格が備はれり。其の法は左手を握りて腰に

五大火焔觀の圖

置き、右手は刀印を結びて空間に大なる圓形をば大速力で何回も〳〵續けざまに書きつつ、早口で『**五大明王祕驗經**』を唱へて同時に心中に『**五大火焰の觀**』を凝らすべし。『五大火焰の觀』とは圖の如く上方に『**降三世夜叉明王**』、右方に『**軍荼利夜叉明王**』、下方に『**大威德夜叉明王**』、左方に『**金剛夜叉明王**』、中央に『**大聖不動明王**』、の五大明王が大火焰に包まれて各々《おの〳〵》神嚴なる『**八田《やた》の神鏡《かがみ》**』の中に其の姿を現はし給ひて大月輪の中に鎭座したもふと觀念するなり。而して『五大明王祕驗經』とは左の如し、

『養由弓《ヨウイウユミ》ヲ取レバ虛空《コクウ》ノ鳥《トリ》地《チ》ニ落《オ》チ、師子吼《シシク》スル時《トキ》ハ山林《センリン》ノ禽肝《キンキモ》ヲ失《ウシナ》ヒ、魔《マ》王波旬《ワウハジユン》、明王《ミヤウワウ》ノ威勢《イセイ》ヲ聞《キ》イテ寧《ムシ》ロ迷惑《メイワク》セザランヤ、九次第定《シダイヂヤウ》ノ陳内《ヂンナイ》、修練《シユレン》熏習《クンジフ》ノ楯《タテ》ノ間《アヒダ》ニハ、住行向地《ヂウギヤウカウチ》ノ軍地前住上《イクサヂゼンヂウジヤウ》ノ武雲集《ツワモノウンシフ》シ充滿《ジウマン》セリ、設《タト》ヒ億《オク》百千《ヒヤクセン》ノ魔《マ》王波旬《ワウハジユン》タリト雖《イヘド》モ、豈《アニ》以《モツ》テ摧伏《サイブク》セザランヤ、抑《ソモ〳〵》東方《トウハウ》ヨリハ何《イカ》ナル怨敵《ヲンテキ》カ來《キ》タラン、降《カウ》三世《セ》明王師子《ミオウワウシシ》奮迅《フンジン》ノ刀《タウ》ヲ拔《ヌ》キ勢力威猛《セイリキイミセウ》ノ鉾《ホコ》ヲ捧《サヽ》ゲ

タリ、南方《ナンハウ》ヨリハ何《イカ》ナル盜賊《タウゾク》カ競《キソ》ハン、軍荼利明王《グンタリミヤウワウ》、不動《フドウ》三昧《マイ》ノ鎧《ヨロヒ》ヲ着《ツ》ケ金剛喩定《コンガウユヂヤウ》ノ甲《カフ》ヲ被《カウム》リ給《タマ》ヘリ、西方《サイハウ》ヨリハ何《ナニ》モノカ敵對《テキタイ》セン、大威德明王《タイヰトクミヤウワウ》、三昧總持《マイソウヂ》ノ弓《ユミ》ヲ曳《ヒ》キ、畢竟皆空《ヒツキヤウカイクウ》ノ箭《ヤ》ヲ放《ハナ》チ給《タマ》フ、北方《ホクハウ》ヨリ誰《タレ》カ又摧破《マクサイハ》セン金剛藥叉明王《コンガウヤシヤミヤウワウ》三諦卽是《タイソクゼ》ノ菱《ヒシ》ヲ抱《イダ》イテ一心《シン》三觀《クワン》ノ熊手《ユウシニ》ヲ捧《ササ》ゲタリ、乃至《ナイシ》唫迦《コンガ》羅《ヲ》、制多迦《セイタカ》、倶利迦羅明王《クリカラミヤウワウ》、蓮華吉祥《レンゲキチジヤウ》、八大龍王《ダイリユウワウ》、不空羂索《フクウケンサク》、此《コ》レ等《ラ》ノ内《ナイ》護外護《ゴゲゴ》ノ天等《テントウ》、番《バン》ヲ結《ムス》ビ宿直《シユクチヨク》ヲ定《サダ》メテ行者《ギヤウジヤ》ヲ擁護《ヨウゴ》シ給《タマ》ヘリ、何《ナニ》ニ由《ヨツ》テカ怖畏《フヰ》急難《キウナン》ナルコトヲ得《エ》ン、也何《マタイカ》ニ況《イハン》ヤ中央《チウワウ》ノ大聖忿怒聖者《ダイシヤウフンヌシヤウジヤ》一人當千《ニンタウセン》ノ大將《タイシヨウ》ヲ尋《タヅ》ネ奉《タテマツ》ルニ三昧總持《マイソウヂ》ノ靱《エビラ》ニ五百陀羅尼《ヒヤクダラニ》ノ箭數《ゼンスウ》ヲ差《サ》シ並《ナラ》べ、楞嚴《リヨウゴン》三昧《マイ》ノ弓《ユミ》ニ實相般若《ジツサウハンニヤ》ノ弦《ユミツル》ヲ係《カ》ケ、畢竟皆空《ヒツキヤウカイクウ》ノ心武《シンタケ》ク、一心《シン》三觀《クワン》ノ手聞《シユモン》、一度實相《ヒトタビジツサウ》ノ弓《ユミ》ヲ曳《ヒ》キ、一實《ジツ》ノ箭《ヤ》ヲ放《ハナ》チ給《タマ》フニ何等《ナンラ》ノ物類《ブツルヰ》カ止《トトマ》ルべケン云云、第《ダイ》六天上《テンジヤウ》ノ魔《マ》王肝《ワウキモ》ヲ失《ウシナ》ヒ、第《ダイ》四禪頂《ゼンチヤウ》ノ摩《マ》醯首羅術《ケイシユラジユツ》ヲ盡《ツク》セリ云云、煩惱《ボンノウ》ノ魔《マ》事《ジ》ヲ呵嘖《カシヤク》ス、耆婆扁鵲《ギバヘンジヤク》ノ眼《マナコ》ノ前《マヘ》ニハ惡毒《アクドク》轉《テン》ジテ良藥《リヤウヤク》ト爲《ナ》ル、石摩男《シヤクマナン》ノ掌《テ》ノ内《ウチ》ニハ瓦《グワ》礫變《リヤクヘン》シテ金玉《キンギヨク》ト爲《ナ》リ、大聖明王《ダイシヤウミヤウワウ》今日《コンニチ》煩惱《ボンナウ》卽《ソク》菩提《ボダイ》ノ眼《マナコ》ヲ以《モツ》テ生死卽涅槃《シヤウジソクネハン》ノ掌《テ》ヲ觀《ミ》、度《ト》シ給《タマ》フニ寧《ムシ》ロ貪欲瞋恚《トンヨクシンイ》ノ惡毒《アクドク》卽《スナハ》チ法身般若《ホツシンハンニヤ》ノ良藥《リヤウヤク》ト爲《ナ》リ、殺生《セツシヤウ》放逸《ハウイツ》ノ瓦礫《グワリヤク》卽《マ》タ常樂我淨《ジヤウラクガジヤウ》ノ金玉《キンギヨク》ト爲《ナ》ラザランヤ、日輪《ニチリン》ノ出《イ》ヅル時《トキ》ニハ氷解《コホリト》ケテ水《ミヅ》ト爲《ナ》リ、月輪《グワチリン》顯《アラハ》ル、時《トキ》ニハ闇轉《アンテン》ジテ明《ミヤウ》トナル、大聖明王《ダイシヤウミヤウワウ》ノ種智《シユチ》、般若《ハンニヤ》ノ前《マヘ》ニハ惡業《アクゴフ》ノ氷解《コホリト》ケ易《ヤス》ク、忿怒聖者《フンヌシヤウジヤ》ノ智《チ》慧莊嚴《エシヨウゴン》ノ眼《マナコ》ニハ煩惱《ボンナウ》ノ闇留《ヤミトドマ》リ難《ガタ》シ、設《タト》ヒ執着山《シフチヤクヤマ》ノ如《ゴト》ク海《ウミ》ノ如《ゴト》ケレドモ何《ナン》ゾ一旦《タン》ニ摧破《サイハ》セザランヤ、無《ム》明顚倒《ミヤウテンタウ》ハ本《モト》ヨリ有《ア》ラズ、妄想《マウソウ》ノ因緣和合《インエンワガフ》シテ而《シカ》モアリ、印對決定《インタイケツジヨウ》セリ、六道《ダウ》四生《シヤウ》ノ氷《コホリ》ノ結死《ケツシ》スルコトハ一念妄心《ネンマウシン》ノ寒氣《カンキ》ニ由《ヨツ》テナリ、今則《イマスナハ》チ大覺眞如《ダイカクシンニヨ》ノ日輪顯現《ニチリンクンゲン》シ給《タマ》ヘリ、豈《ア》ニ以《モツ》テ惡業《アクゴフ》ノ氷解《コホリト》ケテ解脫《ゲダツ》ノ水流《ミヅナガ》レザランヤ、何《イカ》ニ況《イハン》ヤ惡業何《アクギフナン》ノ處《ドコロ》ヨリ來《キタ》ルヤ、其《ソ》ノ體《タイ》コレ何物《ナニモノ》ゾ、内《ナイ》ニ非《アラ》ず外《ゲ》ニアラズ、四句《ク》百非《ヒヤクヒ》ヲ離《ハナ》レ、有無斷常《ウムダンジヤウ》ヲ出《イ》ヅ、龜毛兎角《キマウトカク》ノ如《ゴト》ク水月鏡像《スヰグワチキヤウザウ》ニ異《コト》ナラズ。』

而して之を唱へ終るや否や大聲にて『**チクマン**』と唱へつつ、右手の刀印に

チクマン

ボロン

ヘイシラマンダヤ

カンマン

シヤ

シツチリヤ

力を罩《こ》めて空中に圖の如き『チクマン』と云ふ梵字を大きく書き、次に

シツタラ

『ボロン』と稱へつつ同じく圖の如き『ボロン』の梵

字を大きく空書し、順次同様に『ヘイシラマンダヤ』、『カンマン』『シヤ』、『シッチリヤ』、『シッダラ』の梵字を空書するなり。而して此の七個の梵字を書き終るや否や直ちに、

『河水逆流術』の時ならば………『念力三角法』(最高口傳書ニテ傳授ス)を。
『山嶽崩壊術』の時ならば………『念力四角法』(同右)を。
『逆浪鎭靜術』の時ならば………『念力五角法』(同右)を。
『逆浪招起術』の時ならば………『念力圓形法』(同右)を。
『魔力波指頭流出術』の時ならば……『念力流動法』(同右)を。
『流星の祕法』の時ならば………『念力點線法』(同右)を。
『雲行變換術』の時ならば………『念力直入法』(同右)を。
『樹水調術術』の時ならば………『念力浮游法』(同右)を。

『不動明王現身術』の時ならば……『念力一點法』（同右）を。
『消燈の神術』の時ならば……『念力圓點法』（同右）を。
『渡舟の神術』の時ならば……『念力上下法』（同右）を。
『走車停止術』の時ならば……『念力發散法』（同右）を。
『火藥爆發術』の時ならば……『念力透射法』（同右）を。
『飛鳥墜落術』の時ならば……『念力空間法』（同右）を。
『念力騰寫の神術』の時ならば……『念力一覺法』（同右）を。
『火生三昧の術』の時ならば……『念力二覺法』（同右）を。
『木葉落葉術』の時ならば……『念力三覺法』（同右）を。
『即身成佛の術』の時ならば……『念力轉換法』（同右）を。

行なひて九字を切るべし。然らば之等の大奇蹟は眼前に現はれて自分ながら驚ろくならん。嗚呼、實に恐ろしき神術なる哉。扨て是れを以つて『五大夜叉明王三昧術』の傳授は正に終りぬ。

◉されば次には『**雨乞《あまご》の秘術**』をば傳授せん。此の法は一名、又『**八大龍王の秘術**』或ひは『**大蛇の秘法**』と稱し『**請雨經法**』とも稱し、眞言宗小野流の絕大無二の大祕法なり。此の祕法に依る時は必ず雨が降るものにして昔より此の祕法によりて雨を降らせし大德、決して少なからず。先づ天長元年に弘法大師が京都の神泉苑に於て之を修して雨を降らし給ひしを始めとし、其後、眞雅上人、觀賢上人、觀宿上人、寬空上人、救世上人、元杲上人、元眞上人、仁海上人、寬德上人、成尊上人、範俊上人、義範上人、勝覺上人、などの諸上人は皆な此の法を修して雨を降らされたり。殊に仁海上人の如きは前後七回こ

請雨經曼荼羅の秘圖

の法を修し給ひるに皆な立派に成巧して降雨滂沱たりしを以て世に『雨僧正』又は『雨の上人』とさへ字《あざな》せられ給ひき。斯くの如き法驗あらたかなる大祕密の法を今茲に於て諸子に傳授せんとす。諸子たるもの夫れ大ゐに喜こばざるべんや。

◉扨て其の法は先づ正面に圖の如き『**請雨經曼荼羅**』と稱する祕佛の掛圖を祭り、其の前に於て大なる火を焚きながら七日の間、晝となく夜となく續けざまに『**大雲輪請雨經**』を讀誦するなり。『請雨經曼荼羅』とは圖に示すが如く、謹書して掛圖にすればよし。而して『大雲輪請雨經』とは左の如し、但し此の經は眞宗言小野流の最も祕密の經なれば殘念ながら本文には假名を附し難し、志望者には直接敎授の方法を以て特に傳授せん。

『**大雲輪請雨經卷上**

如是我聞一時佛在難陀鄔波難陀龍王宮吉祥摩尼寶藏大雲道場寶樓閣中與大苾芻及諸菩薩摩訶薩衆復有諸大龍王衆其名曰

難那龍王、隖波難那龍王、娑伽羅龍王、阿龍那達多龍王
摩那斯龍王、囉嚕拏龍王、德叉迦龍王、持國龍王
嚩素吉龍王、目眞隣陀龍王、伊羅跋拏龍王、芬陀利龍王
威光龍王、吉賢龍王、電鬘龍王、大摩尼髻龍王
摩尼珠髻龍王、光耀火龍王、帝釋仗鋒龍王、帝釋幢龍王
帝釋杖龍王、贍部幢龍王、吉祥龍王、大輪龍王
大蟒蛇龍王、光味龍王、月威龍王、具吉祥龍王
寂見龍王、善見龍王、善住龍王、摩尼瓔珞龍王
興雲龍王、持雨龍王、澍雨龍王、大拍脅聲龍王
小拍脅聲龍王、奮迅龍王、大撥拏龍王、大項龍王
深聲龍王、大深聲龍王、大雄猛龍王、隖鉢羅龍王
大步龍王、螺髮龍王、質怛羅斯那龍王、大名稱龍王

翳羅葉龍王、偏光龍王、驢耳龍王、商佉龍王、
捺度羅龍王、隖波捺度羅龍王、安隱龍王、腹行龍王、
大腹行龍王、大力龍王、呼嚧拏龍王、阿波羅龍王、
藍謨羅龍王、吉哩弭賖龍王、黑色龍王、帝釋軍龍王、
那羅龍王、隖波那羅龍王、劒謨龍王、捺囉弭拏龍王、
端正龍王、象互龍王、猛利龍王、黃色龍王、
電焰龍王、大電焰龍王、天力龍王、嚩嚕蘖蹉龍王、
妙蓋龍王、甘露龍王、河津龍王、瑠璃光龍王、
金髮龍王、金光龍王、月幢光龍王、日光龍王、
警覺龍王、牛頭龍王、白色龍王、黑色龍王、
焰摩龍王、沙彌龍王、蝦蟇龍王、僧伽吒龍王、
尼泯馱囉龍王、持地龍王、千頭龍王、寶髻龍王、

不空見龍王、雲霧龍王、蘇屣那龍王、賓波羅龍王、
仁施龍王、調善龍王、宿德龍王、蛟龍王、
蛟頭龍王、持毒龍王、食毒龍王、蓮華龍王、
大尾龍王、騰轉龍王、可畏龍王、善威德龍王、
五頭龍王、波哩羅龍王、古車龍王、嗢怛羅龍王、
長尾龍王、鹿頭龍王、擯比迦龍王、醜相龍王、
馬形龍王、三頭龍王、龍僊龍王、大威德龍王、
那羅達多龍王、恐怖龍王、焰光龍王、七頭龍王、
大樹龍王、愛見龍王、大惡龍王、無垢威龍王、
妙眼龍王、大毒龍王、焰肩龍王、大害龍王、
大瞋忿龍王、寶雲龍王、大雲施水龍王、帝釋光龍王、
波陀樹龍王、雲月龍王、海雲龍王、大香倶牟陀龍王、

華藏龍王、赤眼龍王、大幢旛龍王、大雲藏龍王、
雪山龍王、大德藏龍王、雲戟龍王、持夜龍王、
雲龍王、雲雨龍王、大雲雨龍王、大光龍王、
雲聲離瞋恚龍王、惡瓶龍王、龍猛龍王、焔光龍王、
雲蓋龍王、應祁羅目佉龍王、威德龍王、出雲龍王、
無邊步龍王、蘇師拏龍王、大身龍王、狠腹龍王、
寂靜龍王、勤勇龍王、老烏龍王、烏途羅龍王、
猛毒龍王、妙聲龍王、甘露堅龍王、大散雨龍王、
揺震聲龍王、相擊聲龍王、皷聲龍王、注甘露龍王、
雷擊龍王、勇猛軍龍王、那羅軍龍王、馬口龍王、
尾羯梵龍王、
有如是等諸大龍王而爲上首復有八十四倶胝百千那庾多諸龍王倶來會坐時彼

一切龍王等從座而起各整衣服偏袒右肩合掌向佛即以種種無量無邊阿僧祇數微妙香華塗香末香華鬘衣服寶幢旛蓋龍華寶冠眞珠瓔珞寶藥綃綵眞珠羅網覆如來上作衆妓樂起大慇重奇特之心右遶佛已却住一面

爾時諸龍心發是願所有一切諸世界海微塵身海一切諸佛菩薩衆海偏於一切諸世界海已過所有一切四大地水火風微塵等海所有一切諸色影像微塵數海已過無量不可思議不可宣說阿僧祇數諸身等海於一身化作無量阿僧祇諸手雲海偏滿十方又於一一微塵分中化出無量供養雲海偏滿十方我等咸皆持以供養一切諸佛菩薩衆海無量無數不可思議不可宣說阿僧祇數無有間斷普賢行願色身雲海滿虛空際住如是菩薩色身雲海以一切寶衆光明色一切日月身宮殿道場雲海以一切寶鬘雲海以上一切寶光明藏樓閣雲海以一切末香樹藏雲海以一切塗香燒香現一色雲海以一切擊諸音樂聲雲海以一切香樹雲海如是等無量無邊不可思議不可宣說阿僧祇數如是一切供養雲海如是等滿虛空際住我等咸皆供養恭

敬尊重禮拜一切諸佛菩薩衆海

復以一切莊嚴境界照耀藏摩尼王雲海滿虛空際住我等咸皆供養恭敬尊重禮拜一切諸佛菩薩衆海　復以一切普徧寶雨莊嚴摩尼王雲海以一切寶光焰佛決定音樂摩尼王雲海以一切佛法平等音聲普徧摩尼寶王雲海以一切普門寶熖諸佛化光雲海以一切衆光明莊嚴顯現不絕摩尼寶王雲海以一切光熖順佛聖行摩尼寶王雲海以一切顯現如來不可思義佛刹電光明摩尼王雲海以一切間錯寶微塵三世佛身影像示現徧照摩尼王雲海如是等滿虛空際住我等咸皆供養恭敬尊重禮拜一切諸佛菩薩衆海

復以一切寶香間錯華樓閣雲海以一切無邊色摩尼寶王莊嚴樓閣雲海以一切寶燈香熖光樓閣雲海以一切眞珠妙色樓閣雲海以一切華臺樓閣雲海以一切寶瓔路莊嚴樓閣雲海以一切寶微塵數嚴飾無量莊嚴示現棚閣雲海以一切徧滿妙莊題樓閣雲海以一切門華幡垂鈴羅網樓閣雲海如是等滿虛空際住我等咸皆供養

恭敬尊重禮拜一切諸佛菩薩衆海
復以一切妙金寶間雜莊嚴瓔珞寶歡喜藏師子座雲海以一切華照耀間雜師子座雲海以一切常青摩尼閻浮檀妙色蓮華藏師子座雲海以一切摩尼燈蓮華藏師子座雲海以一切摩尼光寶幢妙蓮華藏師子座雲海以一切寶莊嚴妙色蓮華藏師子座雲海以一切樂見因陀羅蓮華光藏師子座雲海以一切無盡光焰威勢蓮華藏師子座雲海以一切寶光普照蓮華藏師子座雲海以一切佛音聲蓮華光臟師子座雲海如是等滿虛空際住我等咸皆供養恭敬尊重禮拜一切諸佛菩薩衆海
復以一切妙香摩尼樹雲海以一切諸葉周市皆如合掌出香氣樹雲海以一切莊嚴現無邊明色樹雲海以一切華雲垂布寶樹雲海以一切出於無邊莊嚴藏樹雲海以一切寶焰輪電樹雲海以一切旃檀末菩薩示現神通身樹雲海以一切不思議無邊樹神莊嚴菩提道場寶衣藏日電光明樹雲海以一切妙音聲流出意樂音普徧金光樹雲海如是等滿虛空際住我等咸皆供養恭敬尊重禮拜一切諸佛菩薩衆海

復以一切無邊寶色蓮華藏師子座雲海以一切周帀摩尼王電藏師子座雲海以一切瓔珞莊嚴藏師子座雲海以一切諸妙寶鬘燈焰藏師子座雲海以一切圓音出寶雨藏師子座雲海以一切華香蓮華莊嚴寶藏師子座雲海以一切佛座現莊嚴摩尼王藏師子座雲海以一切闌楯垂瓔珞莊嚴藏師子座雲海以一切摩尼寶峯金末香胎藏師子座雲海以一切妙香寶鈴羅網普莊嚴日電藏師子座雲海如是等滿虛空際住我等咸皆供養恭敬尊重禮拜一切諸佛菩薩衆海

復以一切如意摩尼寶王帳雲海以一切帝靑寶華蘂一切華莊嚴帳雲海以一切香摩尼帳雲海以一切寶燈焰形帳雲海以一切神力出聲摩尼寶王帳雲海以一切華光焰寶帳雲海以一切妙鈴普徧出聲焰帳雲海以一切無邊色無垢妙摩尼臺蓮華焰帳雲海以一切金蘂臺火光寶幢帳雲海以一切不思議莊嚴諸光瓔珞帳雲海如是等滿虛空際住我等咸皆供養恭敬尊重禮拜一切諸佛菩薩衆海

復以一切雜妙摩尼寶蓋雲海以一切無量光明莊嚴華蓋雲海以一切無邊色眞珠

藏妙蓋雲海以一切諸佛菩薩慈門音摩尼王蓋雲海以一切妙色寶焰華鬘妙蓋雲
海一切以寶光明莊嚴垂鈴羅網妙蓋雲海以一切摩尼樹枝瓔珞蓋雲海以一切日
照明徹焰摩尼王諸香煙蓋雲海以一切旃檀末藏普徧蓋雲海以一切廣博佛境界
電光焰莊嚴普徧蓋雲海如是等滿虛空際住我等咸皆供養恭敬尊重禮拜一切諸
佛菩薩衆海

復以一切寶明輪雲海以一切無間寶焰光形輪雲海以一切華雲電光輪雲海以一
切寶光佛化寶光明輪雲海以一切佛刹現入光輪雲海以一切普門佛境界吼聲寶
枝光輪雲海以一切佛刹吠璃瑠寶性摩尼王光輪雲海以一切無邊衆生色心刹那
顯現光輪雲海以一切佛願生放悅意聲光輪雲海以一切所化衆生會妙音摩尼王
光輪雲海如是等滿虛空際住我等咸皆供養恭敬尊重禮拜一切諸佛菩薩衆海
復以一切摩尼藏焰雲海以一切佛色聲香味觸光焰雲海以一切寶焰雲海以一切
佛法震聲徧滿焰雲海以一切佛刹莊嚴電光焰雲海以一切華樓閣光焰雲海以一

切寶末光焰雲海以一切刦數佛出音聲敎化衆生光焰雲海以一切無盡寶華鬘示現衆生光焰雲海以一切諸座示現光焰雲海如是等滿虚空際住我等咸皆供養恭敬尊重禮拜一切諸佛菩薩衆海

復以一切無邊色寶光雲海以一切普徧摩尼王寶光雲海以一切廣博佛刹莊嚴電光雲海以一切香光雲海以一切莊嚴光雲海以一切佛化身光雲海以一切種種寶樹華鬘光雲海以一切衣服光雲海以一切無邊菩薩諸行名稱寶王光雲海以一切眞珠燈光雲海如是等滿虚空際住我等咸皆供養恭敬尊重禮拜一切諸佛菩薩衆海

復以一切不可思議摩尼寶光輪雲海以一切寶焰蓮華光雲海以一切無邊色摩尼寶光輪雲海以一切摩尼眞珠色藏雲海以一切摩尼妙寶旃檀末香雲海以一切摩尼寶蓋雲海以一切淸淨諸妙音聲悅可衆心寶王雲海以一切日光摩尼莊嚴雲海以一切無邊寶藏雲海以一切普賢色身雲海如是等滿虚空際住我等咸皆供養恭

敬尊重禮拜一切諸佛菩薩衆海

爾時諸龍王等作是願已遶佛三帀頭面作禮得佛聖旨各各還依次第而坐　爾時有一龍王名無邊莊嚴海雲威德輪蓋三千大千世界主得不退轉住願力故爲欲供養恭敬禮拜於如來聽受正法來此贍部洲時彼龍王從座而起整理衣服偏袒右肩右膝著地合掌向佛而白佛言世尊我今欲有少問如來正徧知惟願聽許

爾時世尊告無邊莊嚴海雲威德輪蓋龍王言汝大龍王若有疑者恣聽汝問吾當爲汝分別解說令汝心喜作是語已時無邊莊嚴海雲威德輪蓋龍王即白佛言唯然世尊云何能使諸龍王等滅一切苦得受安樂受安樂已又令於此贍部洲時降甘雨生長一切樹木叢林藥艸苗稼皆生滋味令贍部洲一切人等悉受快樂　爾時世尊聞是語已即告無邊莊嚴海雲威德輪蓋大龍王言善哉善哉汝今爲彼諸衆生等作利益故能問如來如是等事汝大龍王善聽善聽極善聽汝當作意我爲汝說龍王汝成就一法令一切諸龍除滅諸苦具足安樂何者一法所謂行慈汝大龍王若有天人行

大慈者火不能燒刀不能害水不能漂毒不能中內外怨敵不能侵擾安樂睡眠安樂覺寤以自福護持其身以大福而獲威德不被他陵於人天中形貌端嚴衆所愛敬所行之處一切無礙諸苦滅除心得歡喜諸樂具足大慈力故命終之後得生梵世汝大龍王若有天人修大慈行獲是福利是故龍王以慈身業以慈語業以慈意業應當修行　復次龍王有陀羅尼名施一切衆生安樂汝諸龍等常須讀誦繼念受持能滅一切諸龍苦惱與其安樂彼諸龍等旣得樂已於贍部洲卽能依時降注甘雨使令一切樹木叢林藥艸苗稼皆得增長爾時龍王復白佛言何者名爲施一切樂陀羅尼句爾時世尊卽說陀羅尼曰

怛儞也佗馱囉抳馱囉抳嘔跢囉抳鉢囉底瑟恥跢尾惹野韈囉拏薩底也鉢囉底枳孃薩賀枳孃曩嚩底嘔答播娜額尾嚧賀額阿鼻曬左額阿鼻弭也賀囉輸婆嚩底阿惹麼底曀呬禁婆路底嚩賀訶囉訖禮餉度曩播跛戍馱野沫巘額哩賀迦達摩曩秫馱路迦尾底銘囉賀囉惹索耨佉捨麼曩薩嚩毋馱嚩路迦曩地瑟恥帝鉢囉枳孃曩

霓娑嚩賀

佛告龍王此陀羅尼句一切諸佛加持汝等常須受持讀誦成一切義利得入法門是名施一切樂句復次龍王有大雲所生加持莊嚴威德藏變化智幢降水輪吉祥金光毗盧遍那一毛端所生種姓如來名號汝等亦復憶念受持彼如來名號者一切諸龍種姓族類一切龍王看屬徒衆拜諸龍女生龍宮者所有苦惱悉皆除滅與其安樂是故龍王應當稱彼如來名號

南無毗盧遮那藏大雲如來　南無性現出雲如來　南無持雲雨如來

南無吉祥雲威德如來　南無大興雲如來　南無大風輪雲如來

南無大雲閃電如來　南無大雲勇步如來　南無須彌善雲如來

南無大雲如來　南無大雲輪如來　南無大雲光如來

南無大雲師子座如來　南無大雲蓋如來　南無大善現雲如來

南無雲覆如來　南無光輪普偏照耀十方雷震聲起雲如來

南無大雲清涼雷聲深隱奮迅如來
南無虛空雨雲如來
南無雲示現如來
南無雲支分如來
南無垂上雲如來
南無散雲如來
南無大涌雲如來
南無大雲施如來
南無雲族如來
南無大雲空高響如來
南無族色力雲如來
南無雲大滿海如來

南無疾行雲如來
南無廣出雲如來
南無如著雲衣如來
南無飛雲如來
南無大優鉢羅華雲如來
南無大自在雲如來
南無大雲摩尼寶藏如來
南無雲攝受如來
南無大發聲雲如來
南無大雲拜雨水如來
南無陽焰旱時注雨雲如來

南無布雲如來
南無雲垂出聲如來
南無擊雲如來
南無雲苗稼增長如來
南無雲名如來
南無大香身雲如來
南無大光明雲如來
南無雲聲藏如來
南無散壞非時雲雹如來
南無大降雨雲如來
南無流水大雲如來
南無無邊色雲如來

南無一切差別大雲示現贍部檀飛雲威德月光焰雲如來等應供正徧知三藐三佛陀

爾時世尊說是如來名已告無邊莊嚴海雲威德輪蓋龍王言汝大龍王此等如來名號汝等一切諸龍若能受持稱名禮敬者一切諸龍所有苦難皆悉解脫普獲安樂得安樂已卽能於此贍部洲降注甘雨令一切藥艸叢林樹木苗稼悉皆增長　爾時三千大千世界主無邊莊嚴海雲威德輪蓋龍王復白佛言世尊我今啓請早來說陀羅尼句令於末來末世之時於贍部洲亢如不降雨處誦此陀羅尼卽當降雨飢饉惡世多饒疾疫非法鬬諍人民恐怖妖星變怪災害相續有如是等無量苦惱以佛威神加持皆得除滅惟願世尊以大慈悲愍諸衆生爲說陀羅尼句警覺諸龍悉令受持能使諸天歡喜踊躍能摧一切諸魔遮止衆生災害逼惱能作息災吉祥之事能除妖星變怪如來所說五種雨障亦皆消滅卽令此贍部洲雨澤以時惟願如來爲我等說

大雲輪請雨經卷上。

大雲輪請雨經卷下

爾時世尊聞此無邊莊嚴海雲威德輪蓋龍王如是請已讚言善哉善哉汝大龍王能請如來利益安樂一切有情是故龍王汝今聽善聽極善聽汝當作意我爲汝說此陀羅尼名爲大悲雲生震吼奮迅勇猛幢一切如來威神加持隨喜宣說利益安樂一切衆生故於未來世若亢旱時能令降雨若滯雨時亦能令止饑饉疾病亦能除滅普告諸龍令使知聞復令諸天歡喜踊躍能摧諸魔安隱一切有情說此陀羅尼曰

怛儞也佗摩賀枳孃曩嚩婆娑顐室哩多帝祖洛乞史銘涅呫荼尾訖囉莫嚩日囉僧伽多寧鉢囉麽尾囉惹涅麽羅虞拏計覩素哩野鉢囉陛尾麽朗識拽瑟置跛囉跛囉三跛囉三跛囉跓砧母跓砧母賀曩賀曩摩賀鉢囉陛尾度多謨輸馱迦嚩鉢囉枳孃顐第跛哩布羅抳每怛嚩每怛嚩每怛哩味囉那莫塞訖哩帝每怛覽母馱嚩惹攞惹攞惹攬母馱嚩冐地孕識渠素銘娜捨麽黎左咄吠舍囉儞曳阿瑟吒娜舍吠抳迦母

馱達謎輸婆麽底本寧野囉始輸婆羯磨三門尾帝儼避㗚尾囉惹娑計尾補黎尾勢
灑鉢囉跛帝顊囉室囉嚩達謎薩嚩路迦惹瑟姹室㗚瑟姹嚩囉鉢囉嚩㗚阿努怛㗚
阿僧霓馱囉馱囉地哩地哩度嚕度嚕扇多麽帝扇多播閉薩囉薩囉左囉唧哩唧哩
祖嚕祖嚕跛囉麽母馱拏麽帝麽賀鉢囉枳孃播囉弭帝娑嚩賀
南無智海毗盧那如來　南無一切諸佛菩薩訶薩衆
我今召請一切諸龍於贍部洲令降雨故以一切佛菩薩誠實眞言誠敕諸龍除滅五
障復說陀羅尼曰
怛儞也佗薩囉薩囉悉哩悉哩素嚕素嚕曩誐喃惹嚩惹嚩爾尾爾尾祖舞祖舞摩賀
曩誐阿蘗摖多母馱薩底曳寧訶贍部儞尾閉鉢囉韈殺陀鑁左囉左囉唧哩唧哩祖
嚕祖嚕摩賀曩誐地跛底曩麽蘗摖他暴摩賀曩誐母馱薩底曳寧訶贍部儞尾閉鉢
囉韈殺陀鑁馱囉馱囉地哩地哩度嚕度嚕母馱薩底曳曩薩嚩曩誐麽嚩訶以史夜
銘每怛囉唧帝曩迦嚕拏唧帝曩母儞地唧帝曩隝閉乞灑唧帝曩薩嚩母馱冒地薩

怛嚩地瑟地寗曩摩賀夜曩拾曳曩蘖㩜佗摩賀曩誐地跛多野娑麼囉多母馱南母
馱達磨喃冐地薩怛嚩覽拏南跋囉跛囉鼻吽鼻吽部嚕部嚕摩賀惹攬謀謎伽嚩吽
馱哩抳摩賀部惹誐跛哩迦囉每怛囉唧帝曩蘖㩜多娑麼囉多嚩囉舍娑難舍娑視
伽吒伽吒岐致岐致具誅具誅鄔佗囉槃嚕馱摩賀吠誐路攞爾賀嚩摩賀尾灑阿蘖
㩜多每怛囉唧跢韈囉灑陀鏤伊訶贍部儞尾閉薩嚩怛佗蘖多薩底曳曩娑嚩賀怛
吒怛吒底致底致咄跓咄跓摩賀麼抳麼矩吒冐里馱囉試尾灑嚧比拏娑麼囉多底
哩囉怛曩地瑟姹難嚩日囉馱囉薩底曳曩韈囉灑多伊訶贍部儞尾閉娑嚩賀迦攞
迦攞枳里枳里槃魯槃魯麼護娜迦嚩悉諾摩賀勃囉槃吒夜曩鼻夜以諾阿蘖燄多
每怛囉唧帝曩伊訶贍部儞尾閉韈囉灑馱囉母此啗惹多怛佗蘖多薩底曳曩怛他
蘖跢地瑟姹寗曩嚩日囉播捉囉枳孃跛野底囉攞囉攞哩里哩里嚕魯嚕魯尾誐多
弭娜嚩婆嚩多蘖嚩部惹虐怛哩拽怛佗蘖多薩底曳曩伽麼伽麼祇弭祇弭具母具
母娑嚩賀阿嚩賀夜弭薩嚩曩巘每怛囉唧帝曩冐地唧多布囉網誐謎曩怛囉怛囉

底哩底哩覩嚕覩嚕娑嚩賀尾矩胝曩尾訖哩多試囉灑娑賀娑囉試囉灑訖跢乞灑
摩賀韈囉拏摩賀摩護囉誐曩嚩訶夜弭暴暴摩賀部惹虐娑麽囉多摩賀迦嚕捉迦
喃薩嚩本孃帝惹娑帝爾跢喃輓多訖禮舍喃怛佗誐跢曩麽地瑟姹難誐娜誐娜儗
儞儗儞奠努奠努娑嚩賀阿鉢囉底訶多麽攞跛囉訖囉謨祖馱嚕韈囉灑馱嚕鉢囉
韈囉灑帝訶贍部儞尾閉捨囉捨囉始哩始哩秫嚕秫嚕娑嚩賀暴摩賀曩虐娑嚩渠
攞遇怛囉麽努娑麽囉多韈囉灑馱囉嚪此哩惹帝訶贍部儞尾閉薩嚩禰嚩薩底野
地瑟姹寗曩麽尾攬麽多娑嚩賀沒囉賀麽薩底野地瑟姹寗曩鉢囉韈囉灑帝訶贍
部儞尾閉娑嚩賀爍訖囉薩底曳曩鉢囉韈囉灑多摩賀曩虐伊訶贍部儞尾閉娑嚩
賀拶咄摩賀囉惹薩底曳曩鉢囉韈囉灑帝訶贍部儞尾閉娑嚩賀阿瑟吒麽迦薩底
曳曩鉢囉韈囉灑多摩賀曩虐伊訶贍部儞尾閉娑嚩賀阿瑟吒麽迦薩底曳曩鉢囉
灑多摩賀曩虐伊訶贍部儞尾閉娑嚩賀鉢囉韈囉灑多摩賀曩虐素嚕多阿半曩薩
底曳曩伊訶贍部儞尾閉娑嚩賀鉢囉韈囉灑多摩賀曩虐娑訖哩那誐弭薩底曳曩

伊訶贍部儞尾閉娑嚩賀鉢囉韈囉灑多摩韈曩虐阿曩誐弭薩底曳曩伊訶贍部儞
尾閉娑嚩賀鉢囉韈囉灑多摩韈曩虐阿囉恨薩底曳寗訶贍部儞尾閉娑嚩賀鉢囉
韈囉灑多摩賀曩虐鉢囉底曳迦母馱薩底曳寗訶贍部儞尾閉娑嚩賀鉢囉韈囉灑
多摩賀曩虐薩嚩冐地薩怛嚩薩底曳寗訶贍部儞尾閉娑嚩賀鉢囉韈囉灑多摩賀
曩虐薩嚩怛佗蘖跢喃薩底野地瑟姹寗曩伊訶贍部儞尾閉娑嚩賀薩嚩禰嚩喃薩
底曳曩捨麽野多薩冐鉢㮈囉嚩抳娑嚩賀薩嚩曩誐喃薩底曳曩鉢囉韈囉灑帝訶
摩賀畢哩體吡琰娑嚩賀薩嚩藥乞灑喃薩底曳曩囉乞灑多薩嚩薩怛嚩喃娑嚩賀
薩嚩彥達嚩喃薩底曳曩跛賀囉多薩冐播夜素鉢㮈囉嚩抳麽努灑喃娑嚩賀薩嚩
阿素囉喃薩底曳曩尾顭韈多野多薩嚩尾灑麽諾乞察怛嚩抳娑嚩賀薩嚩誐嚕拏
喃薩底曳曩毎怛哩淫矩嚩多薩嚩曩誐喃野儞訶贍部儞尾閉摩賀韈囉灑馱囉鄔
此哩惹欲娑嚩賀薩嚩緊娜囉喃薩底曳曩捨麽野多薩嚩播半鉢囉賀攞娜野多薩
嚩薩怛鑁娑嚩賀薩嚩麽護囉誐喃薩底曳曩尾補攞尾娑底囉拏韈囉灑馱囉鄔此

哩惹多散馱囉野多半左韈產㘦囉夜抳娑嚩賀薩嚩麼努灑喃薩底曳㘦跋哩播攞
野多薩嚩麼努灑喃娑嚩賀迦囉枳哩䋈嚕䋈娜囉麼儞哩播攞
努嚕㘦吒㘦吒頞胝努跓努迦羅嚩呬頞摩賀謎儉謀馱㘦謎祇謎祇摩賀
謎祇摩賀謎祇儉謀馱試伽羅嚩呬頞摩賀謎儉謀馱㘦謎祇謎祇摩賀
伽蘗惹寧謎伽具史帝謎伽冒里謎伽麼邏達哩謎伽尾步灑抳謎娑嚩寧謎伽
㘦拾頞謎伽蘗陛謎伽鉢囉陛謎伽䋈哩馱㘦尾攞謎伽地廋史帝謎伽
野枳跛尾帝薩須跛賀哩儗哩建娜囉䋈㘦㘦頞㘦麼帝娑㘦室哩沫
乳底囉細試多僧娑鉢勢摩賀謎㘦誐尾訖哩膩帝娑誐賀底
報拏𡁜殺榛囉娑野㘦䋈哩馱䋈鉢囉䋈韈灑母馱薩底曳寗訶贍部儞尾閉娑嚩賀
伽囉䋈伽囉祇哩具麼儞哩具祇哩抳具麼具哩具麼哩㘦
試誐囉曬賀謎麼里頞廋曬迦邏跛麼里頞薩䋈步惹誐哩抳娑伽跛吒㘦
韈娑怛囉馱囉抳謎伽尾數疢囉過左䋈謎伽尾廋訶䋈賀寗蘗惹㘦娜頞㘦儞

帝曩誐再散租娜額租娜野禰徵摩賀謎伽麼里額怛佗蘖多薩底曳曩薩嚩曩誐韈
囉灑跢麼尾攬麼帝訶贍部儞尾閉娑嚩賀伽囉伽囉祇哩祇哩具嚕具嚕祖嚕祖嚕
爾哩爾哩惹囉惹囉薩囉薩囉虞拏虞拏蘖拏蘖拏擬膩擬膩賀羅賀羅呬里呬里戶
魯戶魯怛攞怛攞底里底里覩魯覩賀曩賀曩諾賀諾賀鉢左鉢左疙哩恨拏疙哩恨
拏沫娜沫娜鉢囉沫娜鉢囉沫娜薩嚩韈囉灑尾覩南每怛𠼝夜枳孃跛野底娑嚩賀
母第母第母沒第母沒第賀囉賀囉播半薩嚩薩怛嚩南阿地瑟姹野奔額演薩嚩母
馱南馱囉抳馱𠼝輸娑麼帝虞抳數鉢囉跛抳摩賀枳孃怒勸計輸娑達謎薩底野鉢
囉底枳寧摩賀夜曩儞澀史帝路迦惹瑟蘗娑誐嚩底母馱每怛𠼝阿布囉野薩嚩乞
灑怛囉抳束訖禮[illegible]吠擔韈𠼝半拏囉嚩枲額度度𠼝度度𠼝捨麼捨麼扇多麼曩細
薩嚩韈囉灑尾覩南尾色檢婆野娑嚩賀薩嚩怛囉拽陀嚩怛佗蘖多薩底曳曩每怛
囉唧怛多夜迦嚕拏唧怛多夜三藐沒囉多多布額野麼唧怛多夜摩賀曩誐囉惹散
租娜夜弭娑嚩賀阿難多跛哩迦囉娑蘖囉謎伽尾庾訶帝曼拏羅擦怛囉迦囉囉殘

摩賀曩誐地鉢底散租娜夜弭鉢囉韈囉灑帝訶贍部儞尾閉娑嚩賀
誐囉遭散租娜夜弭鉢囉韈囉灑帝訶贍部儞尾閉娑嚩賀難奴跛難奴曩
夜弭鉢囉韈囉灑帝訶贍部儞尾閉娑嚩賀蘗囕曩誐囉殘散租娜
囉韈囉灑帝訶贍部儞尾閉娑嚩賀阿曩嚩多跛單曩誐囉殘散租娜夜弭
帝訶贍部儞尾閉娑嚩賀廢曩娑尾難曩誐囉殘散租娜夜弭鉢囉韈囉灑
閉娑嚩賀多乞灑捷曩誐囉嚕祢曩誐囉殘散租娜夜弭鉢囉韈囉灑帝
哩多囉嚩瑟尾曩囉殘散租娜夜弭鉢囉韈囉灑帝訶贍部儞尾
囉殘散租娜夜弭鉢囉韈囉灑帝訶贍部儞尾閉娑嚩賀素緊曩誐
夜弭鉢囉韈囉灑帝訶贍部儞尾閉娑嚩賀愛囉嚩難曩誐囉殘散租娜
囉灑帝訶贍部儞尾閉娑嚩賀報拏曩誐囉殘散租娜夜弭鉢囉韈
儞尾閉娑嚩賀室哩跋嚩曩誐囉殘散租娜夜弭鉢囉韈囉灑帝訶贍部
嚩賀室哩跋曩曩誐囉殘散租娜夜弭鉢囉韈囉灑帝訶贍部儞尾

多麼里難曩誐囉殘散租娜夜弭鉢囉韈囉灑帝訶贍部儞尾閉娑嚩賀摩賀摩抳租
赧曩誐囉殘散租娜夜弭鉢囉韈囉灑帝訶贍部儞尾閉娑嚩賀祖拏麼抳馱囒曩誐
囉殘散租娜夜弭鉢囉韈囉灑帝訶贍部儞賀閉娑嚩曩阿嚩婆娑曩矢棄難曩誐囉
殘散租娜夜弭鉢囉韈囉灑帝訶贍部儞尾閉娑嚩賀曀鑁鉢囉目佉薩嚩曩誐囉惹
散租娜夜弭鉢囉韈囉灑帝訶贍部儞尾閉娑嚩賀曩霓賀霓摩賀曩霓具囉麼曩細
曩誐紇哩乃曳度麼渠黎鼽疙囉盧囇鉢囉贊拏帝惹尾數疙嚇阿試尾囇阿呬具嚇
訖哩史拏冰蘗黎贊左黎路攞爾賀吠摩賀頗拏迦嚇迦羅播勢嘮嘮囉嚩枲頞跓跓
謎跛囉跛囉畢哩畢哩補嚕尾嚕普娑普爾帝咄嚕咄嚕摩賀暴霓麼抳馱嚇呬哩呬
哩戶嚕戶嚕頗囉頗囉嚩囉灑嚩囉灑惹攬母馱嚇咎謀謀嚩邏賀計怛吒怛吒跓
跓謀跓跓謀度度度度謎謎伽鉢囉陛謎伽嚩呬頞荼迦荼迦荼迦跓跓謎伽
拏伽拏矢棄頞迦拏迦拏誐拏誐拏摩賀曩誐蘗抳頞囉怛囕母閉惹囉得迦紇哩摩
賀曩誐訖哩乃曳具麼具麼具麼跛夜娑底迦葬儗哩部葬誐謎尾迦吒僧迦吒具囉

尾娑普爾帝尾紫稟婆寧阿嚩賀夜弭薩嚩曩巘薩嚩母馱地瑟姹寗曩薩嚩怛哩拽
陀嚩怛陀蘖多薩底曳曩毎怛囉喞帝曩鉢囉䕶灑帝訶贍部儞尾閉娑嚩賀
爾時三千大千世界主無邊莊嚴海雲威德輪蓋大龍王及諸龍王等幷龍眷屬聞佛
教敕皆大歡喜信受奉行

天阿蘇囉藥叉等　來聽法者應至心　擁護佛法使長存　各各勤行世尊教
諸有聽徒來至此　或在地上或居空　常於人世起慈心　日夜自身依法住
願諸世界常安隱　無邊福智益群生　所有罪業並消除　遠離衆苦歸圓寂
恒用戒香塗瑩體　常持定服以資身　菩提妙華徧莊嚴　隨所住處常安樂

大雲輪請雨經卷下。』

◉而して尚ほ毎夜、十二時には『**大日如來五智の術**』を行なふ、即ち『五智の術』とは手に『**五智の印**』（五智印は大祕密の神印なり。故に之は特別口傳書にて傳授す。）を結び、心中には圖の如き『胎藏界大日如來』、『金剛界大日如來』、『金剛童子』、『葉衣觀音』、及び『五祕密曼荼羅』の五祕佛の畫像をば順次に觀想しつつ、左の如き『佛頂尊勝陀羅尼』を百〇八遍、唱へるなり。

『ナモバギャバテイタレイロキャハラチビシシュダヤ、バギャバテー、タニヤター、オンビシュダヤ、ビシュダヤ、サマサマ、サマンダ、ババーシャソハラダ、ギャチギャカナ、ソバハダ、ビシュデー、アビシンジャト、マン、ソギャタ、バラバシャナ、アミリタービセイケイマカーマンダラ、ハダイ、アカラアカラ、アユサンダーラニ、シュダヤシュダヤ、ギャギャナ、ビシュデー、ウシュニシャ、ビジャヤビシュデー、サカサラアラシメー、サンソニテー、サルバタターギャター、バロキャニ、サタハラミタ、ハリフラニ、サルバタターギャター、キリダヤ、チシュタナ、チシュチタ、マカボダレー、バサラギャヤ、ソーカタナ、ビシュデー、サルバアバラダ、バヤドラギャチ、

五祕密曼荼羅

金剛童子

葉衣觀世音

ハリビシュデー、ハラチニバリタヤ、アヨクシュデー、サムマヤヂシュチテー、マニマニ、マカマニ、タタタボタ、クチ、ハリシュデー、ビソホダ、ボーヂシュデー、ジャヤジャヤ、ビジャヤ、ビジャヤ、サンマラサンマラ、サルバボダー、ヂシュチタシュデー、バジリバザラゲルベー、バサラムハバト、ママ、シャリラン、サルバサタバナンシャ、キャヤ、ハリビシュデー、サルバギャチ、ハリシュデー、サルバタターギャタ、シッシャメー、サムマジムバサ、エンド、サルバタターギャタ、サムマシムバサー、ヂシュチテー、ボーヂヤ、ボージヤ、ビボーヂヤ、ビボーヂヤ、ボーダヤ、ボーダヤ、ビボーダヤ、ビボーダヤ、サンマンダ、ハリシュデー、サルバタターギャタ、キリダヤ、ヂシュタナ、ジシュチタ、マカーボダレイソワカ。』

斯くて七日間、誠意を罩めて修法する時は如何なる旱魃の時と雖も必ず大雨が降るものなり。されば請雨品にも『若シ時ニ雨ナケレバ此ノ經ヲ讀誦スルコト

胎藏界大日如來

金剛界大日如來

一日二日乃至七日、音聲斷エズ、又上ノ法ノ如ク必定シテ降雨ス、大海ノ水潮ハ留ルコト限ヲ過グベキモ、若シ能ク具足シテ此ノ修行ニヨラバ降雨セザルコト是處アルコトナシ、唯ダ不信不至心ノ者ヲ除ク云々』とあり。諸子たるもの若し旱魃にして農民の困る事あらば先づ大ゐに此の秘法を修して天下の農民を救へ。

◉以上は『雨乞ひの法』なりしが、

扨て次には『祕密大根本咒術』とも稱すべき大祕術を傳授せんとす。此の術こそは恐ろしき中でも最も恐ろしき『人《ひと》を咒《のろ》ひ殺《ころ》す術』にして實に戰慄すべき大呪咀の邪術なれば或ひは又これを『咒咀調伏法』とも云ふ。但し『人を呪ひ殺す』と稱しても善人に對して妄りに此の法を行なはゞ其の効あらざるのみならず反つて大なる神罰を蒙むるに到らん。されば此の法は國家の一大事に臨み惡人に對して行なふものにして、私慾のため又は私怨のため等に妄りに行なふべきものに非ず。ただ惡人調伏のためには、『彌陀も時には利劍を揮《ふる》ふ』が如く之がためには神佛も其の祈念に感應して惡人を折伏したまふものなり。ゆめ〳〵妄りに行なふべからず、豈それ愼しまざるべけんや。

◎扨て其の法は、先づ祈禱室の正面には本尊として『烏蒭沙摩《うすさま》明王』か『大元帥《だいげんする》明王』か『ダキニ大鬼神』か『カルラ大鬼神』かを倒逆《さかしま》に書けるもの、即ち圖の如

く『倒書《さかが》き烏蒭沙摩《うすさま》明王』か『倒書《さかが》き大元帥《だいげんすゐ》明王』か『倒書《さかが》きダキ

倒書き烏蒭沙摩明王

倒書き大元帥明王

ニ大鬼神』か『倒書《さかが》きカルラ大鬼神』かの倒逆《さかさま》の像を書きて以て之を掛圖として祭るべし。斯く畫像の倒掛《さかが》けを祈るが故に此の『根本呪術』をば又『倒《さか》祈《いの》りの邪術』とも云ふなり。殊に『ダキニ大鬼神』は人間の肉を食ひ血を飲みて以て大呪力を現はすと云ふ大祕佛なり。即ち赤黒色の餓鬼形にして圖に示す如く右手に人間の足を持ち口を開《あ》いて之を食ひつつあり、而して左手には人間の腕を持つ、而も二人の侍者は左右に侍べりて各々、人間の血を盛《も》れる皿を捧げつゝあり。何ぞ恐ろしき光景なるかな。此の恐ろしき鬼神を、尚ほ倒に垂《つ》るして祈る、以つて呪術の恐ろしさを知るべし。

倒書きダキニ大鬼神

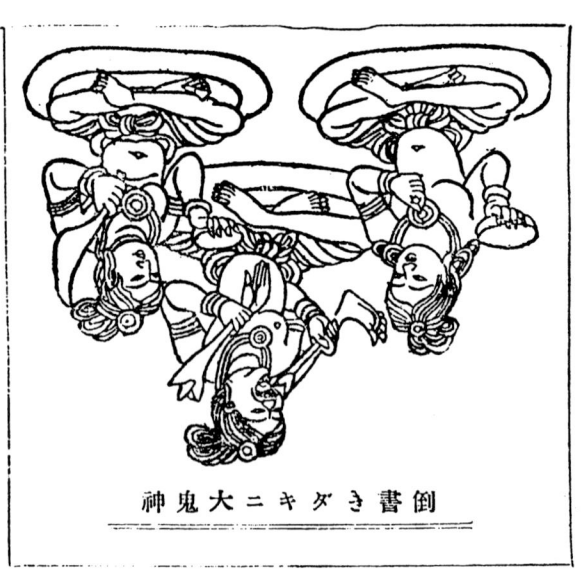

倒書きカルラ大鬼神

◉右の如き本尊の畫像を正面に祭り、而して其の下方、卽ち行者の坐する壇の向側に閃々たる白刄を七本立て、本尊の、すぐ前には蛇《へび》、蟇《がま》、鼠《ねづみ》の生《い》きたる三虫を十四も二十四も一個の鑵の中へ入れ密封して置き、而して、七日の間毎日三回づゝの護摩を焚いて祈るなり。但し護摩壇の眞上《まうへ》へ天井より長き御幣の四垂《しで》紙を幾條も〳〵垂《た》れ置くべし。これ壇内を清めるためなり。而して尙ほ、護摩壇の向側には人間の骸骨髑髏を箱に入れて置くなり。これ卽ち眞言祕密の『歡喜母法』による祕法にして『**骸骨髑髏祈念術**』と云ふ。其の他、壇の飾り物を、適當になすべし。護摩木は百〇八本を用ひ、雜然と積む、但し刺棘《とげ》のある木を用ふることを要す。

◉斯くて準備、終りなば、其の護摩の焚き方は最初より直ちに火を移し、初めから、燃え終るまで左の『**烏蒭沙摩明王經**』を大聲にて唱へ續けよ。

『烏樞瑟摩《うすしま》明王神通陀羅尼經《めうをうじんずうだらにきやう》。如是我聞一時《によぜがもんいちじ》、佛在拘尸那國《ぶつざいくしなこく》、力士生處跋提《りきじしやうしよはつだい》河邊《かへん》、婆羅雙樹間《しやらさうじゆけん》、爾時如來《にじにょらい》、臨入涅槃《りんにゆねはん》是時《ぜじ》有《う》無量百千萬衆《むりやうひやくせんまんしゆ》、天龍八部《てんりゆはちぶ》、人非人等《にんひにんとう》、啼泣向佛《ていきうがうぶつ》。四面《めん》哽咽《こういん》、悲惱而住《ひのうにしゆ》、爾時復有諸天大衆《にじぶうしよてんだいしゆ》、釋提桓因《しやくだいかんいん》等《とう》、皆來供養《かいらいくやう》、唯有螺髻梵王《ゆいうらけほんのう》、將諸天女《しやうしよてんによ》、依於《ゑを》四面圍繞《めんいにやう》而坐《にざ》前後《せんご》天女《てんによ》、千萬億衆《まんおくしゆ》、共相娯樂《ぐさうごらく》、聞如來入般涅槃《もんにょらいにうはつねはん》、而不來觀省《にぶらいきんしやう》、時諸大衆爲言《じしようだいしゆういごん》、今日如來《こんにちによらい》。臨般涅槃《りんはつねはん》、是彼梵王《ぜひほんのう》、何不來耶《かふらいや》、其王必有我慢之心《とをうひつうがまんししん》、而不來至此《にふらいしし》、我等《がとう》徒衆《としう》、驅使小咒仙《くししやうしふせん》。往彼令取《みやうひりやうしゆ》、作是語已《さぜごい》、策《さく》白千衆咒仙《しゆしうせん》、到於彼處《とうをひしよ》、乃《ない》見種々不淨《けんしゆうじうふじやう》、而爲城塹《にいじようざん》、其仙見已《ごせんけんい》各犯咒而死《かくほんじゆにし》、時諸大衆《じしよだいしゆ》、恠未曾有《けみぞうう》、復策《ぶさく》無量金剛《むりやうこんどう》、示持咒而去《やくじしゆにこ》乃至《ないし》七日《にち》、無人取得《むにんしゆとく》、大衆見是事已《たいしゆけんぜじい》、倍復悲哀《はいぶひあい》、爾《に》時大衆同聲《じだいしゆとうしやう》、而說偈言《にせつげごん》

苦哉大聖尊《くさいだいしやうそん》、　涅槃《ねはん》一何速《かそく》、　諸天猶決定《しよてんゆけつじやう》、　無人追喚得《むにんついくわむとく》
痛哉天中天《つうさいてんちうてん》、　涅槃如火滅《ねはんによくわめつ》

時《じ》諸大衆《しよだいしふ》、說此偈己《せつしげい》、倍復哽咽《はいふがふいん》、悲啼嘷咒《ひたいがうこく》、是時如來《ぜじによらい》、愍諸大衆《みんしよだいしゆ》、即以大《そくいだい》遍知神力《へんちじんりき》、隨意化出《ずいいけしゆつ》、不壞金剛《ふゑこんどう》、即於衆中從座而起《ろくをしゆちうじゆうざにき》、白大衆言《びやくだいしうごん》、我有大神《がうだいしん》咒《しう》、能取梵王《のうしゆぼんのう》、作是語己《さぜごい》、即於大衆中《そくをだいしゆちう》、顯大神通《けんだいにんづう》、變此三千大千世界六反《へんしさんせんだいせかいへん》震動《しんどう》、天宮龍宮《てんぐうりうぐう》、諸鬼神宮《しよきしんぐう》、皆悉摧崩即自騰身《かいしつさいほうそくしとうしん》、至梵王所《しぼんのうしよ》、以指指之《いしし》、其《ご》彼種々穢物《ひしゆじゆゑもつ》、變爲大池《へんいだいち》、爾時金剛《にじこんどう》、至彼報言《しひほうごん》、汝大愚癡《によだいぐち》、我如來欲入涅槃《がによらいよくりふねはん》汝何不去《によがふこ》、即以金剛不壞之力《そくいこんどうふえしりき》、微以指之《びいしし》、梵王發心《ぼんのうほつしん》、至如來所《しによらいしよ》、爾時大衆《にじだいしゆ》讃言大力士《さんごんたいりきじ》、汝能有是神力《によのうぜじんりき》、取彼梵王《しゆひぼんのう》、來至於此《らいしをし》、時金剛即報言《じこんどうそくほうごん》、若有世《にやくうせ》間衆生《けんしうじやう》、被諸天惡魔《ひしよてんあくま》　一切外道《いつさいげどう》、所惱亂者《しよのうらんしや》、但誦我咒《たむしゆがしう》、十萬遍《まんべん》、我自現身《がじげんしん》、令一切有情《りやうさいうじよう》、隨意滿足《ずいいまんぞく》、永離貧窮常令安樂《えいりびんさうじやうりやうあんらく》、其咒如是《としゆによぜ》、先發此大願《せんはつしだいがん》、南《な》無我本師釋迦牟尼佛《むがほんじしやかむにぶつ》、於如來滅後《をによらいめつご》、受持此咒《じゆじししう》、誓度群生《せいどぐんじやう》、令佛法不滅《りやうぶつほうめつ》、久《く》住於世《じゆうをせつ》、說是願己《せつぜがんい》、即說大圓滿陀羅尼《そくせつだいゑんまんだらに》、神咒穢跡眞言《じんしゆゑしやくしんごん》。ヲーンバザラー、クロフダ、マカー、マラ、カナフダカハシヤ、ビダバフ、ザヤ、ウスシマ、クロウダ、ムハツタ、ソワーカー。時彼《じひ》金剛《こんごう》、說此呪已《せししうい》復作是言《ぶさぜこん》、我於如《がをによ》來滅後《らいめつご》、常誦此呪《じやうじゆししう》、若有衆生《にやくうしゆじやう》、請願受持此呪者《しやうがんじゆぢししゆしや》、我常爲給使者《がじやういきふししや》、令所求如《りやうしよぐによ》願《がん》、我《が》今於如來前《こんをによらいぜん》、說此神呪惟願如來於涅槃中照知我等世尊若有衆生多被《せつししんしゆゆゐがんによらいをねはんちうしやうちがとうせそんにやくうしうじやうたいひ》諸惡鬼《しよあくき》神之《じんし》所惱亂誦此呪者皆不能爲害永離苦難世尊若有善男子善女人欲救《しよのうらんじゆししゆしやかいのふいがいゑいりくなんせそんにやくうぜんなんしぜんによにんよくく》療萬病者先持此神呪《りうまんびやうしやせんぢしじんしゆ》四十萬遍《まんぺん》、見有病者《けんうびやうじや》、治之有驗《ししつけん》、無問淨與不淨《むもんじやうよふじやう》、隨意《ずいい》驅使《くし》、我當隨從《がとうずいじゆ》、滿《まん》一切願《さいがん》、若欲令枯樹生枝葉者取白膠香《にやくよくりやうこじゆうしようしよふしやしゆびやくきやうこう》一大雨《だいう》、塗《づ》樹心楊枝《じうしんようじ》、呪樹《しゆじゆ》一百遍《へん》、日《にち》三時《じ》、至滿《しまん》三日《にち》、即生華果若欲令枯泉出水者《そくしやうけくわにやくよくりやうこせんすいすいしや》、淨灰圍之《じやうゆいし》、取井華水《しゆせいけすい》三斛《じよー》、置泉水中《ちせんすいちゆ》、於寅時《をいんじ》、呪《しゆ》一百八遍《いつはちへん》、水如車輪涌出《すいによしやりんゆしゆつ》、若欲令枯山生草木《にやくよくりやうこさんしやうそうもく》、取鑌鐵刀《しゆひんてつとう》一口《く》、於《を》四方圍《ほうい》山呪《さんしゆ》三千遍《べん》、七日滿即生《まんそくしやう》、若欲令野《にやくよくりやうや》獸歸依者取安息香《じぶきふくしやしゆあんそくこう》、燒向有獸住處呪《しようこううじゆじふしよしゆ》一千遍《べん》、其獸至夜間《とじゆしやけん》、並集《びやうじゆ》持法人門首《じほうにんもんしゆ》、歸降如人間《きかうによにんげん》六畜相似《ちくさうじ》隨意驅使《ずいいくし》、永不相捨《ゑいふさうしや》、若欲令夜叉自來歸《にやくよくりやうやしやじらいき》降者取桃柳枝《かうしやしゆとうりうし》十翦《せん》、齊截取水《さいさいしゆすい》一石《しやく》、煎取《せんしゆ》五斗《とう》、撈桃柳枝《ろうとうりうし》、出以丁香《すいいちやうこう》三大兩《だいりやう》、乳頭香《にうづかう》三大兩《だいりやう》、白膠香《びやくきやくかう》三大兩《だいりやう》、復和《ぶわ》柳水《りうすい》、煎取《せんしゆ》五升《しよう》、即置《そくち》一破《は》盆中《ほんちう》、取《しゆ》一桃枝長《とうしちやう》三尺《しやく》、攪水誦呪《かふすいじゆしゆ》、一百遍《ひくくへん》一切夜叉羅剎《さいやしやらせつ》、皆來現共行法人語《かいらいげんくぎやうはうにんご》、請求《しやうぐ》與《よ》人先爲侍者《にんせんいじしや》、若令諸惡鬼神《にやくりやうしよあくきじん》、毒蛇蠍猛獸等《どくじやかつめうじうとう》、毒心滅者取淨灰圍所居穴《どくしんめつしやしゆじやうけいしよこけつ》孔並自出來《くびやうじしゆつらい》、當徹出聲《とうひすいしやう》、呪之《しゆし》一百遍《へん》、其蛇等《こしやとう》一切蟲獸《さいちうじう》、各滅毒心不敢傷人《かくめつどくしんふかんしやうにん》速得解脱《そくとくげだつ》若令惡狗不傷人者《にやくりやうあくくふしやうにんしや》、食《じき》一摶呪《だんしゆ》七遍與食《へんよじき》、永不傷人《ゑいふしやうにん》、復不出聲《ぶふすいしやう》又《ゆふ》法若令惡鬼《ほうにやくりやうあくき》、自歸降人者《じきごにんしや》、取水《しゆすい》三斗《ど》、盛於銅《じやうをど》器《き》中《ちう》、取淨灰俵之《しゆじやうけひようし》、默誦此《もくじゆうし》呪《しゆ》、一百八遍《へん》、其鬼自來《ごきじらい》、歸於人也《きをにんや》、若欲令惡人來降伏者《にやくよくりやうあくにんらいがうふくしや》、書前人姓名《しよぜんにんしやうめう》、置《ち》呪人脚下《しゆにんきやくげ》、呪之《しゆし》百遍心念彼人《へんしんねんひにん》、其人立至降伏《ごにんりやうしがうふく》、捨怨憎之心《しやをんぞうししん》、又法《ゆふほう》若令《にやくりやう》前人不信者《ぜんにんふしんしや》、誦呪《じゆしゆ》一百八遍《へん》、其人即生怨恨《ごにんそくしやうをんこん》、若令如故者《にやくりやうによこしや》、依前法《ゑぜんほう》、若欲《にやくよく》令人相憎者《りやうにんさうぞうしや》、書彼《しよひ》二人名號、於自足下《をじそくげ》、呪《しゆ》二百十六遍《へん》、其人等《ごにんとう》、便相離背《へんさうりは》不相愛敬《ふさうあいきやう》、若有相憎人《にやくゆうさうぞうにん》、令相愛敬者《りやうさうあいきやうしや》、即書取彼名姓、於自足下《をじそくげ》、呪一百《しゆいつ》八遍《へん》、其人便相愛重《ごにんべんさうあいじゆう》、永不相捨《ようふさうしや》、若有未安樂之人《にやくうみあんあくしにん》、令安樂者《りやうあんらくしや》、取前人名字《しゆぜんにんみやうじ》書足下《しよそくげ》、呪《じゆ》三百遍《へん》、當爲《とうい》彼《ひ》人《にん》、發大誓願《ほつだいせいがん》、我於彼時《がをひじ》、卽自送無量珍寶《そくじそうむりやうちんほう》、施《せ》與《よ》彼《ひ》貧人《ひんにん》、悉得充足《しつとくじうそく》、又法若持呪人《ゆふほうにやくじしゆにん》、求《ぐ》種々慧者《しゆじゆゑしや》、但誦呪《たんじゆしゆ》十萬遍《まんぺん》、自得《じとく》種《しゆ》々大智慧《じゆだいちゑ》、種々辨才無滯《しゆじゆべんざいむたい》、隨行者意《ずいぎやうじやい》、所須之者《しよしゆししや》、並悉施與《べうしつせよ》、若持呪人《にやくじしゆにん》、求《ぐ》種々珍寶《じゆぐちんほう》、摩尼如意珠等者《まにによいしゆとうしや》、但至心誦呪《たんししんじゆしゆ》、自限多少《じげんたしよう》、我卽自送《がそくじそう》、滿其所願《まんごしよがん》、若欲治人病者《にやくよくじにんべうしや》、作頓病印《さとんびやういん》、先以左手《せんいさしゆ》、頭指中指《ずしちうし》、屈押素文《くつかうそもん》、卽呪之《そくしゆし》一百遍《へん》、以印頓病人《いいんとんべうにん》、七下立瘥《ひちげりうさ》、若病人臨欲死《にやくべうにんりんりくし》者《しや》、先作禁五路印《せんさかんごろいん》、然後治之《ねんごじし》、卽不《そくふ》死《し》三日《にち》如是《によぜ》先以准前《せんいじゆんぜん》、以無名指屈向掌中《いむめうしくつこうしやうちう》、豎小掌《じゆしうし》呪《しゆ》、之《し》百八遍《へん》、其患速除《ごげんそくじよ》、若治邪病者《にやくじしやべうしや》、但於病患人頭邊燒《たんをべうけんにんづへんしよう》、安息香《あんそくこう》、誦之呪立除之《じゆししゆりゆじよし》、若治蠱毒病《にやくじこどくべう》、書《しよ》患人名字紙上《けんにんめうじしじやう》、呪之卽瘥《しゆしそくさ》、若治精魅病者《にやくじしよびべうしや》、亦如上法《やくによじやうほう》、若治伏連病者《にやくじふくれんべうしや》、書患《しよけん》人姓名《にんしようめう》、及作病鬼姓名《ぎうさひよきしようめう》、埋患人牀下《まいげんにんじやうげ》、呪之其鬼速奉名字《しゆしごきそくぶめうじ》、自出現身《じしゆつげんしん》、便令《べんりやう》彼鬼《ひき》看《かん》三世《ぜ》之《し》事《じ》、一一具說向人《ぐせつかふにん》、其病速瘥《ごべうそくさ》、有人患時氣病者《うにんげんしぎべうしや》、咒師見之卽《しゆしけんしそく》瘥《さ》、若欲令行病鬼王《にやくよくりやうぎようべうきをう》、不入界者《ふにんかいしや》、於十齊日《をじつさいにち》、誦我此咒《じゆがししゆ》、一千八遍《へん》、能除《のうじよ》

八幡大明神

准提観音

『百萬《まん》病《べう》患《げん》穢《ゑ》跡《しやく》金《こん》剛《どう》説《せつ》神《じん》通《つう》大《だい》滿《まん》陀《だ》羅《ら》尼《に》法《ほう》術《じゆつ》靈《れい》要《よう》門《もん》經《けよ》』。

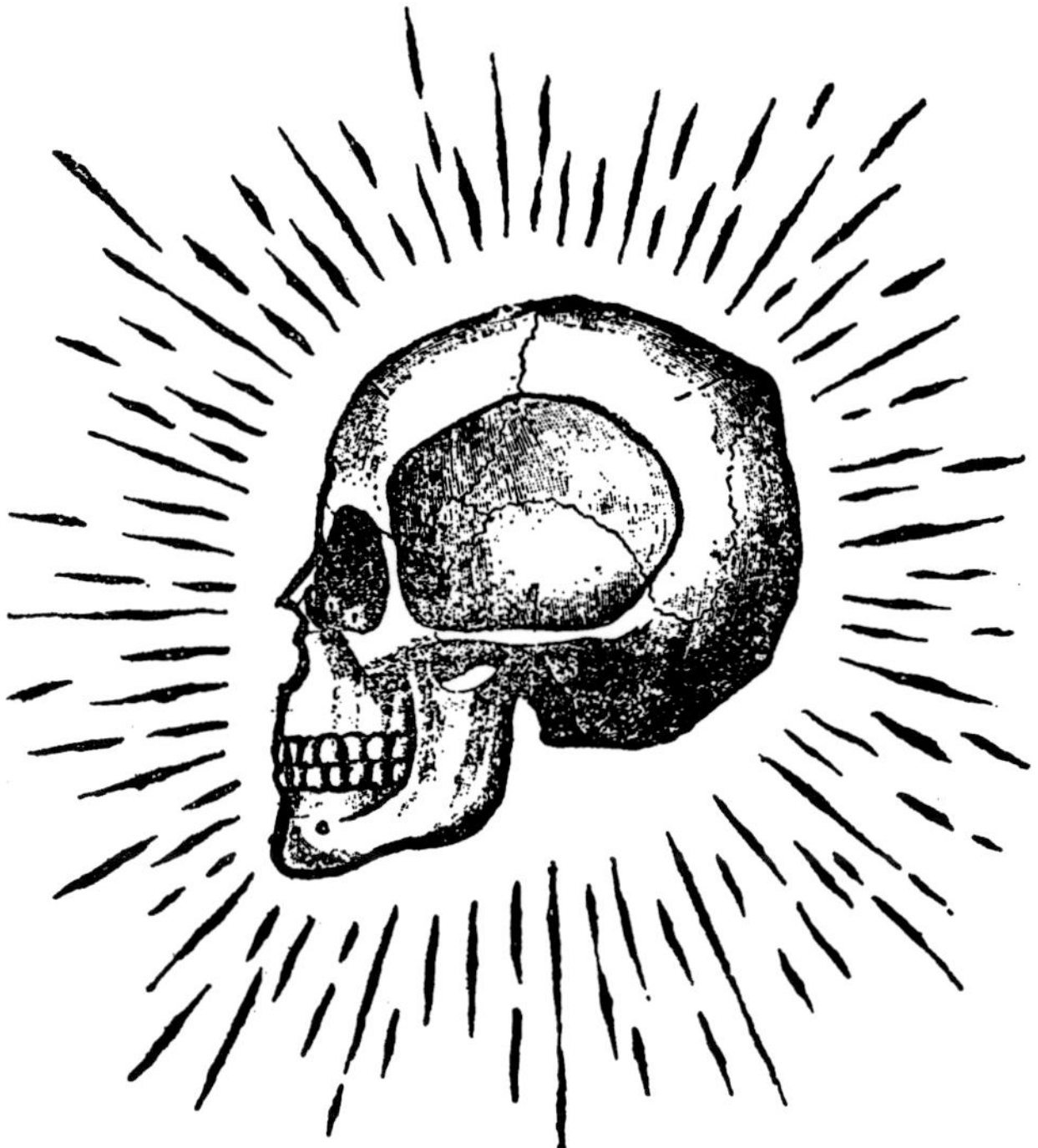

髑髏の觀

但し此の讀經中は手に『髑髏《どくろ》の印《いん》』を結び、心に『髑《どく》髏《ろ》の觀《かん》』を凝らさゞるべからず。『髑髏の印』とは骸骨髑髏の大魔印なれど絶對祕密なるが故に『最高口傳書』に於て傳授せん。『髑髏の觀』とは圖の如く金色の髑

◉而して第七日目の最後の護摩の時には、陰陽道の所謂る『**六畜の咒法**』と稱する祕法を行なふべし。『六畜の咒法』とは、牛馬雞犬猪鹿の六畜獸をば擽《なぐ》り殺し、其の腹を切り開いて中から血《ち》だらけの臟腑を引出して各々《おのおの》、土器《かわらけ》へ入れ六個の八足台の三寶《さんぽう》に載《の》せて之を本尊に獻《そな》へるなり。斯くて護摩の焚き方は右

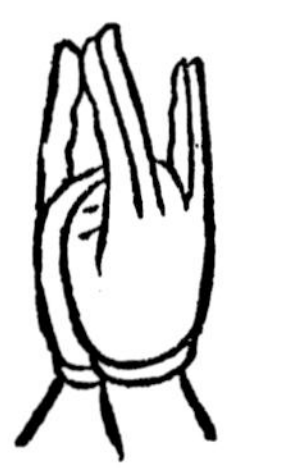

第一咒殺の印

に述べたると同樣の方法なれど、此の護摩が將に燃え終らんとする時に、更に其の火中へ、新らしく百〇八本の護摩木を投じ而して其の焔々たる火焔の中へ、上述の六個の臟腑と前述の、三毒虫の鑵とを投じて、先づ圖の如き『**第一咒殺の印**』を結びつつ、心に圖の如き『**八幡大明神**』の尊像を觀じて『**大鬼神の咒文**』を一千遍、唱へ、次に『**第二咒殺の印**』を

結び心に圖の如き『准提觀音』を觀じつつ同じく、『大鬼神の咒文』を一千遍、唱へ續くべし。但し『第二咒殺の印』の右手は左手の周圍を廻す。『大鬼神の咒文』とは左の如し。

『ノウマクサンマンダ殺《さつ》ボダナム

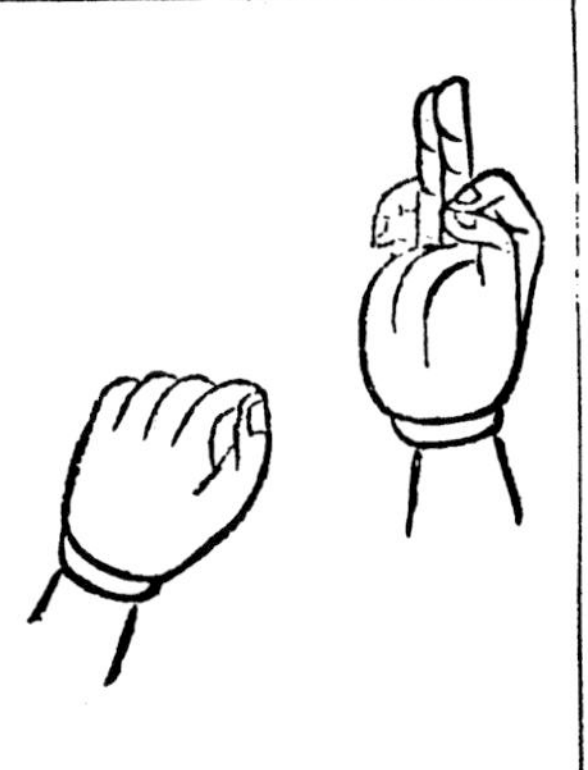

第二咒殺の印

（敵の姓名）キリカクソワカ』。

斯くの如く、『殺』の一字と、敵の姓名とを咒文の中へ挾み唱へる事は、最も祕密の大法なれば決して忘るべからず。

◉これを以つて『大根本の咒術』も傳授し終りぬ。此の術は最も祕密なる大法なれば斷じて他言を許さず。尚ほ一言附加すべき事は、此の術を應用すれば、戀人の身體へ自分の一念を魅《み》こませて以つて戀人の心を意の如く自分の方へ向かせる事も出來得るものにして即ち『男女戀愛魅込み術』と云ふ。此れは殆んど右の根本咒術と同じ方法なれど、たゞ異なる點は最終の日の拜《おが》み方《かた》の中に於て、『第一咒殺の印』の代りに、圖の如き『**愛明王の印**』を結び、而して『第二咒殺の印』の代りに圖の如き『**染明王の印**』を結びて『第二咒殺の印』の時の如くに右手を左手の周圍に廻轉させるなり。而して『大鬼神の咒文』の代りに左の如き『**愛染ダラニ**』を唱ふべし。

愛明王の印

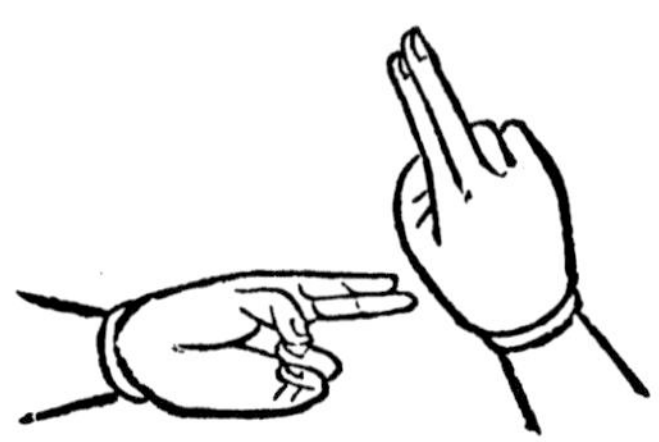

染明王の印

『オムマカラキャバ愛ゾロシュニシャ バサラサトバ(戀人の姓名)**ジャクウンバンコク』**。

『愛』の一字と戀人の姓名とを入れて唱ふることが祕傳なり。此の法を用ふるときは必ず戀に成功すべし。

◉以上、第一卷より茲に到るまで述べ去り述べ來りて數千言、未だ靈術の全部を盡せしに非ずと雖も密敎に於ける大祕密の祕術は殆んど殘りなく傳授し終りたれば茲に一先づ筆を擱きて本祕錄の終結とせん。顧みれば方今所在に靈界精神界と稱して山師的際物師の跋扈し内容の空虛なる怪しき射利の徒の多き秋に當り、茲に本道場は此の祕錄を以て熱心なる諸子に神嚴なる天下の祕法を傳授し得たる事は眞に限りなき滿足に思ふ所なり。今や諸子は敬虔なる心を以て熱心に祕術を受け終りぬ。諸子は今や我が靈術道場の門友にして且つ同胞なり、故に諸子たるものは各自、大ゐに實修し、地方宣傳の中堅人物たるの實力を充分に發現せられん事を切望して止ます。さらば、諸子の健在を祈りつつ、茲に

いよ〳〵筆を擱く。尙ほ最後に諸子よりの奇拔なる實驗報告が一日も早く續々
として提出せられんことを望む。南無春日大明神、南無春日大明神、南無春日
大明神!!

『魔　の　卷』終了

大正十年二月二十八日印刷
大正十年三月五日發行
（非賣品）

東京府荏原郡入新井村不入斗三八三
著作兼發行者　木原通德
東京市神田區小川町三十六番地
印刷人　武藤正廣
東京市神田區小川町三十六番地
印刷所　成巧社印刷所
東京府荏原郡入新井村不入斗三八三番地
發行所　靈術道場
振替口座東京二八三四番

真言秘密の魔力
実修法 通信伝授 秘録

大正十年三月五日　初版発行（霊術道場）
平成十七年八月八日　復刻版初刷発行
令和五年六月十日　復刻版第四刷発行

著者　木原鬼仏

発行所　八幡書店
東京都品川区平塚二—一—十六
KKビル五階
電話　〇三（三七八五）〇八八一
振替　〇〇一八〇—一—四七二七六三

ISBN978-4-89350-636-8 C0014 ¥4800E